はじめに

益々高まる法律的素養、知識！
それにマッチするビジネス実務法務検定試験

昨今の新聞記事を読んで、またテレビのニュースなどを理解するにあたって、法的素養（リーガルマインド）と法的知識がないと正しくまた的確に理解することができません。

またビジネスパーソンとして取引先、外部の方と交渉、折衝するにあたってもリーガルマインドと法的知識が足らないと、取引先、外部の方に対し恥ずかしい思いをしたり、会社に対し不利益な結果を生じるリスクも出てきます。

技術の急速な進歩、発展によりネット通販の急激な成長やSNSでの"炎上"など便利になった反面様々なネット絡みの問題が起きています。

職場の労働条件、労働環境、セクハラ、パワハラ、過労死、労働災害などの労務問題は日々身近な問題となっています。

プライバシー、個人情報に対するケア、要請も日々より厳しくなり、それに合わせ個人情報保護法も日々改定されています。

上場会社の社員は自分が株式を保有していなくとも、友人、取引先に未公開の会社の情報を話すだけで、インサイダー取引として金融商品取引法違反に問われるリスクがあります。

またビジネスのグローバル化により、国際的なリーガルマインドと法的知識が足らないと外国企業との契約交渉で不利な条件を飲まされる可能性が大いにあります。

さらに外国人の社員が増えてきて、今までの日本人同士の曖昧なやり取りや、"阿吽の呼吸"といったものは通用せず、彼らは就業規則や労働契約に照らして自分の業務や残業が整合性があるものかどうかを問う局面が益々出てきます。

特許権、商標権、意匠権、著作権など知的財産の理解が不十分であると商品の製造、広告などの販促活動において思わぬ訴訟を権利者（社）から受けるリスクもあります。

企業の資金調達の多様化、IPO（株式上場）、金融商品の多様化、マネーロンダリ

これ1冊で最短合格

本書専用
CBT/IBT
付き!

ビジネス実務法務

要点解説

テキスト&問

飯田善明 著

ングなど、経済マターであってもリーガルマインド、法律的見地から考察しないと正しく実態と全体像を理解したことになりません。

・相続について言えば、数年前の相続税の控除額の大幅な引き下げ、配偶者居住権の制定などにより、相続税を始め相続の問題はより身近な問題、関心事となっています。

・夫婦間の法律的また財産的関係も老若を問わず年々増加する離婚の増加によって切実な、身近な問題となっています。

上記のように縷々述べましたが、日々重要性を増す法律的知識、コンプライアンス・マインド醸成のニーズ、要請に的確にマッチしているのがビジネス実務法務検定試験3級です。

本書は分厚い公式テキストを読みこなしたり、法律の関連条文に眼を通す時間がない多忙なビジネスパーソン向けに、最新の受験方式による受験経験を踏まえ、また過去の試験問題の徹底した分析を通じて、試験に出題されたことのある分野、Themeについて、図表やチャート、用語の説明などを使い、ビジネスの実務経験者の観点から判り易く解説しています。

また"ひっかけ問題"にかからないための「得点アップ講義」も本書の特徴、"売り"です。さらに以前より充実した用語集をテキスト本文の用語との相互活用を行なえば、本文の内容理解度もアップします。

100%読みこなす、あるいは理解しなくても8割から7割理解いただければ、合格ラインの7割を余裕を持って超えることができる構成になっています。

本書を利用してビジネス実務法務検定試験3級合格後、さらにコンプライアンス、法律に日々関心、興味を持ち、法律に慣れ親しんだビジネスパーソンとなるよう念願します。

次はビジネス実務法務検定試験2級にチャレンジしてください！

最後に、今回の改訂にあたり同じ神奈川販売士協会の齋藤彰氏には内容、文章チェックも含め多大のご協力を頂きました。秀和システム編集本部と併せて改めて御礼申し上げます。

３級の出題傾向と対策

（１）問題形式と時間配分：

A) 問題は全部で５０問です。構成は全て正誤問題です。旧方式の穴埋め問題はな
くなりました。配点は1問、2点です。制限時間は1時間半です。

B) 正誤問題３０問は2択ですが、必ずしも正しいのを選ぶのでなく、"いずれも正
しい"、"いずれも間違い"の4パターンがあり、解答は4種類あります。
　⇒公式問題集は2者択一となっていますが、著者の受験経験では実際は違い、本
　　文のとおりとなっています。
　従い、**各設問が法律的に正しいかどうかを判断することがポイントです。**

C) 残りの正誤問題２０問は4択で解答パターンは下記4種類あります。
　（ア）内容が適切なものの組み合わせを4種類〜6種類の解答パターンの中から
　　　　1つ選ぶ
　　　　⇒非常にトリッキーなのですが、全部正解、全部不正解のものは数は少な
　　　　　いものの出題されますので、注意が必要です。
　（イ）内容が最も適切なものを1つ選ぶ
　　　　より詳しく言うと「最も適切な組み合わせ」と「最も適切なものの数」の2
　　　　パターンに分かれます。
　（ウ）内容が適切なものを2つ選ぶ
　（エ）内容が最も適切でないものを1つ選ぶ
　　　　Bと同じく、**各設問が法律的に正しいかどうかを判断することがポイント
　　　　です。**

D) 正誤問題のBパターンとCパターンは混在して（アトランダムに）出題されま
す。従い、2択は時間がかからず、予定時間より早く終わると思うと4択が次々
に出題され、残り時間が少なくなる危険があります。

E) 分野は色々で各問題文の関連性はありません。要はテキストの順番通りには出題されません。

F) 解答は５０ケありますが、見直し用のチェック欄はありません。

1時間半（９０分）で１０分の解答見直し時間を考慮すると１分40秒弱であり、即座の解答が求められます。

（2）出題分野：

・出題分野は従来とほぼ同じで、新規の法律や改正された法律に関する出題は少ないですが、要注意です。

しいて挙げるならば、「瑕疵担保条項」が無くなり、「契約不適合責任」に置き換えられたこと、時間外労働に対する制限、有給休暇取得に関する義務、各種ハラスメントなど労働法関係が追加になったことです。

・２級と違い、ビジネスパーソン、社会人として職場、家庭生活を日々過ごすにあたり、最低限必要なまた基礎的な法的知識を網羅しています。

また２級には出題されない**夫婦の契約＆財産関係、相続**などビジネスとは違う身近な分野からも多く出題されています。

・ビジネス関係では２級には出題されない**手形・小切手関係**など実務的な分野からも出題されています。

・労働法関係は２級でも出題されますが、通勤災害や労働災害が中心で、３級の方が網羅している部分が多いと言えます。

・逆に２級では多く出題される会社の破産・民事再生法・清算関係からの出題は３級ではほとんどありません。

また民事訴訟関係、強制執行、企業の合弁・合併・吸収、国際法務も３級での出題もほとんどありません。

・**第２章の「企業取引の法務」**は再度、２級でも出題されるので３級だけでなく２級も目指す受験者はよりしっかり、深く勉強してください。

（２級テキストで網羅せず、２級の問題に再度出題される分野もあります）

	CBT試験	旧試験
設問数	50問	10問
解答数	50ケ	85ケ
制限時間	1時間半	2時間
選択肢	正誤2問・4択（30ケ）	穴埋め問題4題(40ケ)
	正誤4問・4〜6択（20ケ）	正誤問題3題(30ケ)
		4択正誤問題3題(15ケ)
1解答にかけられる時間（＊）考慮	1分40秒弱	3分弱

[対策その1：時間配分と解答]

・上記のように、1問にかけられる時間は10分の見直し時間を除くと、1分40秒もないので、判らない問題でも、一応解答をマークしておいてください。以前と違い、**試験会場には鉛筆、白紙など一切持ち込み禁止**なので、解答に自信がない問題については**画面のメモに問題番号を打ち込み**、後で再度クリックして読み直すことをお勧めします。

[対策その2：正誤問題]

・繰り返しになりますが、正誤の二者択一もあれば、それ以外のケースもあるので各設問が法律的に正しいかどうか、判断することになります。則ち、正答の確率50％の二者択一問題は旧式のテストより限られています。

[対策その3：設問の熟読]

・（1）の**問題形式と時間配分**で触れたように、設問には色々なパターンがありますので各設問への適切な解答方式をよく把握しておくことが大事です。問題文についても法律的に最初は法律的に正しく書かれていても、最後は「〜でない。」と否定で終わる問題文もありますので最後までよく問題文を読むことが大事です。上記の逆のケースもあります。

[対策その４：CBT方式への慣れ]

・本書ではパソコン上で行えるCBT試験が付いていますので、時間を設定して予行演習することをお勧めします。

・また本書の模擬問題をPDF化して、パソコンをダブル画面にして正答を書く練習も効果的かと思います。

[対策その５：法律用語の理解]

・３級は、２級に比べ法律用語の意味、内容を問う問題が多いです。また、法律関係の試験に初めて臨む方には法律用語は馴染みがあまりありません。

したがって、本テキストはこれらについて平易な表現、解説をつけているので参照してください。

一通りテキスト読んだ後、頻出、重要な法律用語を網羅した用語集を読み、法律用語の理解度を深めてください。また試験直前には理解が不十分の用語の再確認を行ってください。

ビジネス実務法務検定試験の受験に あたっての手続きと注意事項

（1）申込期間

- 申込はインターネットによる方法のみで、電子メールアドレスが必要です。
- 他の資格試験と違い、年に2回ある申込期間が極めて短いので注意が必要です。 週末を入れて春秋の各々11日～12日しかありません。
  - ➡実質、2週間にも満たない短さです。
- したがって、**受験申込期間をあらかじめ、手帳にメモしておくこと**をお勧めします。

（2）検定試験申込みの流れ

①東京商工会議所検定サイトから登録・受験日時の選択をする。

はじめて申込をする場合はアカウントを作成する必要があります。

②クレジットカード決済またはコンビニ決済にて受験料を支払う。

③申込完了メールが届けば申し込み完了。

（3）受験可能期間・試験会場

- 受験期間内であれば、原則、平日、土曜、日曜、祝日を問わず受験でき、都合の良い日時を選択できます。併せ、支払情報も入力が必要となります。
- ただし、受験可能期間は申込期間より長いものの、17日間程度しかありません。
- CBT試験対応のパソコンスクールや各種学校などが試験会場になりますが、交通至便な大都市のターミナル駅周辺にある会場は人気が高いです。また各試験会場も17日間ずっと対応可能な訳ではありません。（他のCBT試験の会場にもなるため。）

  よって、上記の試験会場は直ぐ予約が入ってしまう恐れがあります。

  たとえ、受験申込ができても希望とは違う自宅から遠い会場になる可能性があります。

<u>したがって、希望の試験会場の予約をするには、早めの受験申込をお勧めします。</u>

● IBT方式で受験する場合、以下のような環境を用意する必要があります。

・インターネットに接続できるパソコンを用意します。タブレットやスマートフォンは使用できません。

・WebブラウザはGoogle ChromeもしくはMicrosoft Edgeを使用します。「Firefox」「Safari」「Internet Explorer」は使用できません。

・受験環境をモニターするため、カメラとマイクを準備します。なお、試験開始前の待機時間から試験終了までの間に、受験者以外の人が映ったりほかの人の声が入った場合、失格となりますので注意してください。

・CBT会場で受験する際と同様、メモ用紙や筆記用具は使用できませんので、カメラに映らないところに移動してください。

（4）試験当日の流れ

● CBTで受験する場合

①受験予定時間の30分から10分前までに試験会場に到着する。

②受付での本人確認➡写真付身分証明書が必要。時計、携帯、筆記用具、小銭入れ他所持品は全て試験会場内のロッカーに収納する。

③試験会場に入室し、設置されたパソコンで試験をスタートする（Excertにログインする）

④パソコンの画面に受験IDを入力し、「試験開始」をクリックし、解答する
➡「試験開始」ボタンをクリックすると、残りの試験時間が画面に表示される

⑤すべての解答終了後、「試験終了」をクリック。試験結果（点数）が画面に表示される。

⑥試験終了

⑦（合格の場合）「デジタル合格証」が発行される。
➡「デジタル合格証」取得サイトのURLがメールで届く

● IBTで受験する場合

①受験サイト（Excert）にログインし、受験する検定・級を選択する。

②カメラに身分証明書を写し本人確認を行う。同時に受験環境の確認をする。

③［試験を開始］ボタンを押して試験を開始する。

④［試験を終了する］ボタンを押して試験を試験終了する。

⑤試験結果画面に移動し、試験結果を確認する

⑥ （合格者の場合）「受験後デジタル合格証」が発行される。

　➡「デジタル合格証」取得サイトのURLがメールで届く

（5）問合せ先

- Webサイトでの問い合わせ

以下のURLで「よくあるご質問」をご確認の上、問合せフォームからお問合せください。

　　https://kentei.tokyo-cci.or.jp/inquiry.html

- 電話でのお問い合わせ

　電話：050-3150-8559（10：00～18：00　※土日・祝日　年末年始を除く）

無料CBTの紹介

　本書の読者の方の限定特典として、CBT方式の無料模擬問題を設けています。各サイトへは、下記のQRコードまたはURLからアクセスしていただけます。

　CBTはPCなどで回答することで、本試験の形式に慣れておきましょう。合否判定もありますし、間違った問題は復習もできます。また、何度でも無料でご利用いただけます。

◀CBT方式模擬問題
https://bizlaw3.trycbt.com/

3級合格への効率学習ロードマップ

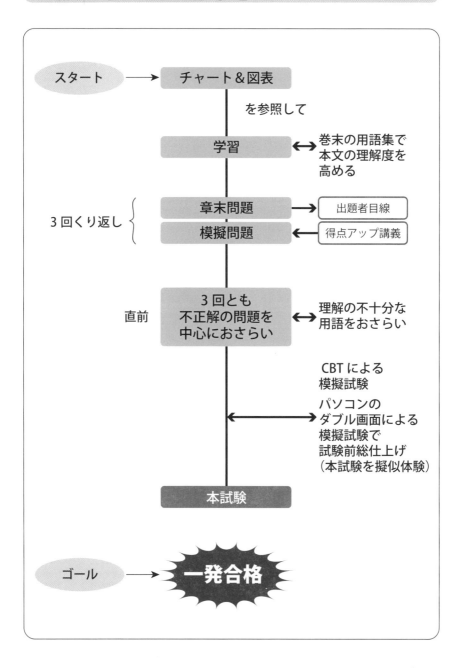

スタート　→　チャート＆図表

を参照して

学習　←→　巻末の用語集で本文の理解度を高める

3回くり返し
章末問題　→　出題者目線
模擬問題　←　得点アップ講義

直前　3回とも不正解の問題を中心におさらい　←→　理解の不十分な用語をおさらい

CBTによる模擬試験

パソコンのダブル画面による模擬試験で試験前総仕上げ（本試験を擬似体験）

本試験

ゴール　→　一発合格

本書ならではの一発合格のための**6**つの工夫!

本書は、ビジネス実務法務検定試験® 3級に最短で合格できるよう、下記のような紙面構成とさまざまな工夫を盛り込んでいます。これらの特徴を生かし、ぜひ確実に合格の栄誉を勝ち取ってください。

ポイントその**1**

学習のアドバイスで要点が把握できる!

レッスンの最初に、学習のアドバイスがあり、学習内容の概略、学習上の要点が説明されているから、スムーズにレッスン学習に取り組むことができる。

ポイントその**6**

法律用語の理解度アップ!

重要な法律用語のうち、試験によく出るものを用語集として収集。これを覚えるだけで理解度がアップする。

ポイントその**3**

出題分野を71テーマに分け、効率学習!

3級試験の特徴として、かなりの割合で毎回同じようなテーマで出題されている。本書では過去の出題の9割強をカバーしているので正答率70%以上で合格なので、このテキストをしっかり(8割~9割)把握すれば90%×80%=72%で合格できる。

ポイントその**2**

実務家が出題傾向を徹底解説!

出題者の目線では、専門家が過去の出題傾向を分析し、出題者側の観点から問題を解くカギをわかりやすく解説。どこにポイントを置いて学習すればいいのがわかり、効率よく学習することができる。

Theme

3 物権とは、債権とは

民法上の財産権は主に物権と債権からなる。

重要度:★★☆

●財産権には物権と債権のほかに、著作権などの知的財産権、営業秘密その他の財産権も含まれます。用益物権は、地上権のように他人の(を利用する物権をいいます。他方、担保物権は、他人の物を利用するのなく、債権の担保のために物の価値を利用する物権です。債権も代表財産権です。

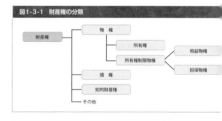

図1-3-1 財産権の分類

物権、債権、その他の財産権

■物権の分類

民法上の財産権は主に物権と債権からなります。物権に含まれる代表的な権して所有権があります。所有権を制限する物権として用益物権*と担保物権*がます。

●この分野は過去にあまり出題されていません。「用益物権*」と「担保物権*」に関する正誤問題が出題されています。

★ 巻末の用語集に記載あり。

24

12

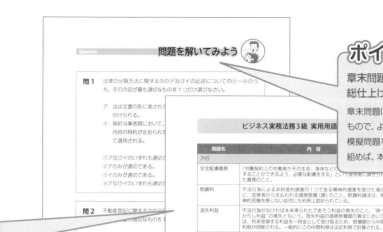

ポイント その **5**

章末問題と模擬問題で試験前の
総仕上げ！

章末問題は問題傾向を分析して作成した
もので、より実践的で応用力が身につく。
模擬問題を本試験と同じ時間配分で取り
組めば、本試験であせらず試験に臨める。

Theme1　財産の対抗要件、即時取得とは

■ 即時取得とその例外

(1) 即時取得*

売買などの取引行為により動産を取得した者が、取得の際に相手の所有物である
と信じるなど善意・無過失の取得者だった場合は、その動産に関する権利を取得し
ます。これを「**即時取得*** ＝ **善意取得**」といいます。

図3-1-1　即時取得の成立要件

即時取得の成立
- 取得者は善意・無過失
- 取得物（目的物）は動産
- 取引行為により取得

(2) 即時取得の例外

不動産については、譲渡人の登記移転手続を信頼して取得しても、実際の移転登
記がなされていなければ、不動産を取得できません。

また、「即時取得」は上述のように**取引行為により動産を取得した者だけに適用さ**
れるので、**盗品や遺失物、相続財産には適用されません**。

さらに、自分の所有物（動産）であるという**"勘違い"**によって他人の所有物（動産）
を取得した者は、**たとえ善意・無過失でも「即時取得」が適用されません**。

図3-1-2　即時取得の例外

即時取得の例外
- 不動産
- 盗品・遺失物
- 相続財産
- 勘違いによる取得

- 設問はいろいろ書いてあるケースがありますが、あくまで「対抗要件は不動産な
ら登記、動産なら引渡し」だというシンプルなポイントを把握しておいてください。
- 「即時取得」は、取得者が善意・無過失であり、取引行為によって取得した動産
のみに適用されます。盗品や遺失物、相続、勘違いによる取得、不動産には適用
されないことを覚えておいてください。

ポイント その **4**

得点アップ講義で、
ひっかけ問題にも対処！

随所にひっかけ問題が見られ、そのため得点
が上がらない。そこで、本書では得点アップ
講義を設け、ひっかけ問題の注意点ととも
に、その対処法をわかりやすくアドバイス、
即得点力アップにつながる。

97

目次

はじめに ……………………………………… 2

3級の出題傾向と対策 ………………………… 4

ビジネス実務法務検定試験の受験に
　　　あたっての手続きと注意事項 ……… 8

無料CBTの紹介 ……………………………… 10

3級合格への効率学習ロードマップ ……… 11

本書ならではの一発合格のための
　　　6つの工夫！ …………………………… 12

第1章　ビジネス実務法務の法体系

Theme 1　ビジネスにおけるリスクと法律 ………………………………… 20

Theme 2　ビジネス実務と私法の基本原理 ……………………………… 22

Theme 3　物権とは、債権とは …………………………………………… 24

Theme 4　法律の分類方法 ………………………………………………… 26

Theme 5　権利の実現方法 ………………………………………………… 28

・問題を解いてみよう …………………………………………………… 30

・答え合わせ ……………………………………………………………… 32

第2章　企業取引の法務

Theme 1　契約の解除と取消し、契約の分類 ………………………… 34

Theme 2　手付と内金 ……………………………………………………… 36

Theme 3　権利・義務の主体となる者の能力 ………………………… 38

Theme 4　制限行為能力者 ………………………………………………… 41

Theme 5　心裡留保とは …………………………………………………… 44

Theme 6　代理制度 ………………………………………………………… 47

Theme 7　契約の無効・取消し、期限と条件 ………………………… 50

Theme 8　契約成立後の法律関係 ………………………………………… 53

Theme 9　債務不履行の3類型、契約不適合責任 …………………… 55

Theme 10　消費貸借契約と法定利息 ……………………………………… 61

Theme 11　不動産の賃貸借契約 …………………………………………… 64

Theme 12　請負契約 ………………………………………………………… 68

Theme 13　その他の労務型契約（委任契約と寄託契約） ……………… 70

Theme 14　国際取引 ………………………………………………………… 72

Theme 15　不法行為とは？　その成立要件 …………………………… 74

Theme 16　損害賠償の方法、範囲および額の確定 …………………… 77

Theme 17　特殊な不法行為 ………………………………………………… 81

Theme 18　事務管理、不当利得 ……………………………………………… 85
・問題を解いてみよう…………………………………………………………… 89
・答え合わせ …………………………………………………………………… 93

第3章　企業財産の管理と法律

Theme 1　財産の対抗要件、即時取得とは ……………………………… 96
Theme 2　債権譲渡 ……………………………………………………… 98
Theme 3　不動産登記 …………………………………………………… 100
Theme 4　著作権 ………………………………………………………… 102
Theme 5　特許権・実用新案権 ………………………………………… 106
Theme 6　意匠権 ………………………………………………………… 110
Theme 7　商標権 ………………………………………………………… 113
Theme 8　不正競争防止法：営業秘密とは …………………………… 116
・問題を解いてみよう…………………………………………………………… 118
・答え合わせ …………………………………………………………………… 122

第4章　企業活動に関する法規制

Theme 1　独占禁止法 …………………………………………………… 126
Theme 2　消費者契約法① ……………………………………………… 129
Theme 3　消費者契約法② ……………………………………………… 131
Theme 4　割賦販売法 …………………………………………………… 134
Theme 5　特定商取引法 ………………………………………………… 136
Theme 6　個人情報保護法 ……………………………………………… 140
Theme 7　ビジネスと犯罪 ……………………………………………… 144
・問題を解いてみよう…………………………………………………………… 147
・答え合わせ …………………………………………………………………… 151

第5章　債権の管理と回収

Theme 1　債権の消滅事由 ……………………………………………… 154
Theme 2　時効 …………………………………………………………… 157
Theme 3　手形・小切手の特徴と役割 ………………………………… 160
Theme 4　手形 …………………………………………………………… 162
Theme 5　小切手 ………………………………………………………… 166
Theme 6　担保の種類と有する性質 …………………………………… 168
Theme 7　法定担保物権①：留置権 …………………………………… 171
Theme 8　法定担保物権②：先取特権 ………………………………… 173

Theme 9 　約定担保物権①：質権 ···································· 175
Theme 10 　約定担保物権②：抵当権、根抵当権 ················· 177
Theme 11 　非典型担保 ··· 180
Theme 12 　人的担保 ··· 182
Theme 13 　裁判所の手続による債権回収 ······················· 185
・問題を解いてみよう ··· 188
・答え合わせ ··· 192

第6章　企業と会社のしくみ

Theme 1 　法人の分類とNPO ······································· 196
Theme 2 　商行為、民法と商法の違い ····························· 199
Theme 3 　商業登記と商号 ··· 202
Theme 4 　株式会社のしくみ ··· 205
Theme 5 　株主総会 ·· 208
Theme 6 　取締役会と取締役 ·· 210
Theme 7 　代表取締役、監査役等、会計参与 ····················· 213
Theme 8 　委員会設置会社：指名委員会ほか ····················· 217
Theme 9 　支配人 ··· 220
・問題を解いてみよう ··· 222
・答え合わせ ··· 226

第7章　企業と従業員の関係

Theme 1 　労働基準法と労働契約法 ································· 230
Theme 2 　就業規則 ·· 234
Theme 3 　賃金 ··· 236
Theme 4 　休憩時間と年次有給休暇の取得 ······················· 239
Theme 5 　解雇権濫用法理とは ······································ 241
Theme 6 　男女雇用機会均等法：セクシャルハラスメントほか ····· 243
Theme 7 　労働者派遣法 ··· 246
・問題を解いてみよう ··· 249
・答え合わせ ··· 253

第8章　ビジネスに関する家族法

Theme 1 　夫婦間の法律関係 ·· 256
Theme 2 　夫婦間の財産関係 ·· 258
Theme 3 　相続①：法定相続人と法定相続分 ····················· 260

Theme4　相続②：遺言、相続の承認と放棄 ･･････････････････････ 263
・問題を解いてみよう ･･･････････････････････････････････････ 266
・答え合わせ ･･･ 268

模擬問題

・問題を解いてみよう ･･･････････････････････････････････････ 270
・答え合わせ ･･･ 299

ビジネス実務法務3級 実用用語集 ･･････････････････････････････ 313

●索引 ･･･ 328

本文中、★が付いている用語等は巻末の「ビジネス実務法務3級 実用用語集」に項目が
立っているので、適宜ご参照ください。

第 **1** 章

ビジネス実務法務の法体系

Theme

1

ビジネスにおける リスクと法律

重要度：★☆☆

ビジネスにおける様々なリスクと、リスクをコントロールするリスクマネジメント。リスクマネジメントを考える上で、コンプライアンスは重要な概念の1つだといえる。

●様々な事業リスクのうち、ビジネス実務法務に関係するのは法務リスク、労務管理リスク、株主リスク、知的財産リスクです。

また、コンプライアンスは法令遵守とイコールではなく、個人として会社として社会規範を守ることも含まれる、より広い概念です。

リスクマネジメントは、予防対策と事後処理対策の両方が必要です。

 企業を取り巻く様々なリスク

ビジネスを行うにおいて、一般的に何らかの損失・損害が起きる危険性、不確定な要素を「リスク」と呼びます。投資・為替などの失敗による**投機リスク**、株主・取引先などとのトラブルや労使間の紛争による**訴訟リスク**、地震・台風その他の自然災害により原料・商品や製造設備などが損害を被る**自然災害リスク**、行政・税務当局から罰金・課徴金を課せられたり、顧客・消費者から損害賠償を請求される**法務リスク**といったものがあります。

 リスクマネジメントとコンプライアンス

このような多種多様な把握可能なリスクを予測し、管理して、必要な対策を事前に準備し、顕在化*した際には効果的な対策を実施し、事後処理を行う──という一連の経営手法のことを**リスクマネジメント**といいます。

⇒次ページ「リスクマネジメントのプロセス」参照

●CSRなど各用語の意味を尋ねる問題が、ときどき出題されています。

***顕在化（けんざいか）** 形にあらわれて存在するようになること。

　リスクマネジメントを考える上で、コンプライアンスは重要な概念の1つです。

　コンプライアンス (compliance) は一般に「法令遵守等」と訳されますが、法令だけでなく業界団体の自主ルールや社内規定、その他の確立された社会規範を遵守するという幅広い意味を持っています。

[リスクマネジメントのプロセス]

① 　自社の活動の中に潜む**リスクの洗い出し**

↓

② 　**リスク**の発生確率や損害の規模の**分析**

↓

③ 　**リスク**を回避し、除去するための**処理**

↓

④ 　実行した処理の内容とその**結果の検証**

CSRとは

　CSRは Corporate Social Responsibility の略で、一般的に「企業の社会的責任」と訳されます。

　企業は、自身の利益追求のみならず、様々なステークホルダー (利害関係者) の利益を重視した企業活動を求められる、という考え方です。

　ステークホルダーには株主、取引先 (仕入先・販売先・債権者・債務者・下請業者を含む)、従業員、周辺住民などが含まれます。

　CSRに基づく企業活動の例として、環境保護に配慮した企業活動や、ボランティアなどの社会貢献活動を挙げることができます。

2 ビジネス実務と私法の基本原理

重要度：★★★　ビジネス実務法務に関わる主な法律は、民法、商法、会社法といった私法である。

●民法の４つの基本原理を覚えてください。３つは原則で、「権利能力平等の原則」、「私的自治の原則」、「所有権絶対の原則」です。４つ目は「過失責任主義」です。このうち私的自治の原則は、取引では「契約自由の原則」として現れます。

■ 民法の４つの基本原理

ビジネス実務法務に主に関わるのは私法です。

私法の中でも中心的な法律は民法、商法、会社法です。

商法、会社法およびその他の社会法にしても、法律の基本的な考え方（原理）は民法に基づいています。

次の表にある民法の４つの基本原理は、頻出事項なので必ず覚えてください。

●私法、民法の基本原理の４つは必ず出題されています。それぞれの意味することをよく理解してください。
●"実際の法律のいくつかは、この４つの基本原理から乖離している（はなれている）"ことを問う問題も出ています。

＊**私法**　私人間の関係を規律する法律。規律を受ける双方あるいは一方が国や地方公共団体の場合は、「公法」という。本章 Theme 4（2）参照。

権利能力平等の原則	人は平等に権利主体として扱われる
契約自由の原則	個人の意思に基づいて契約相手を選定し、契約内容を決定できる。私的自治の原則に基づく
所有権絶対の原則	所有権は不可侵のものとして尊重される。他人によっても国家権力によっても侵害されない
過失責任主義★	人はたとえ他人に損害を与えても、故意や過失がなければ法的責任（損害賠償責任）を問われない

※**契約自由の原則、所有権絶対の原則、過失責任主義については、公共の福祉**の観点から一定の**制約があります**。あるいはこれらの原則を修正・否定する関連法も実際数多く存在します。

例えば、

①私的自治の原則にもとづく、契約自由の原則は、契約当事者間に力の差がある場合、弱者に対する配慮が必要となります。例えば、事業者と消費者間の場合では、消費者契約法や特定商取引法（いずれも4章）などには両者が合意した場合でも修正できない規定（強行規定）が設けられています。

②過失責任主義では、たとえ無過失であっても当事者が責任を負わなければならないとする規定が、製造物責任法や環境保全関連法（第2章Theme15）に設けられています。

※過失責任主義は、契約自由の原則が不法行為の場面で現れたものといえます。

物権とは、債権とは

民法上の財産権は主に物権と債権からなる。

重要度：★★☆

●財産権には物権と債権のほかに、著作権などの知的財産権、営業秘密など その他の財産権も含まれます。用益物権は、地上権のように他人の物（土地） を利用する物権をいいます。他方、担保物権は、他人の物を利用するのでは なく、債権の担保のために物の価値を利用する物権です。債権も代表的な 財産権です。

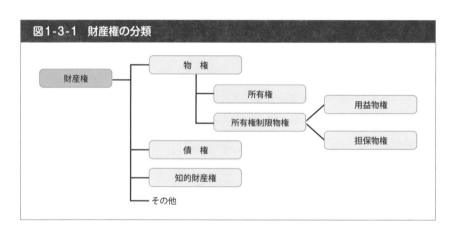

図1-3-1　財産権の分類

- 財産権
  - 物　権
    - 所有権
    - 所有権制限物権
      - 用益物権
      - 担保物権
  - 債　権
  - 知的財産権
  - その他

物権、債権、その他の財産権

■物権の分類

　民法上の財産権は主に物権と債権からなります。物権に含まれる代表的な権利と して所有権があります。所有権を制限する物権として用益物権★と担保物権★があり ます。

●この分野は過去にあまり出題されていません。「用益物権★」と「担保物権★」 に関する正誤問題が出題されています。

★：巻末の用語集に記載あり。

（1）物権とは

物権とは、特定の物を直接的・排他的に支配できる権利です。すべてを有する所有権と、一定の制限が加えられた**制限物権**に分けられます。

「制限物権」には**用益物権**[★]と**担保物権**[★]があります。

・「用益物権[★]」とは、他人の物を利用することを内容とする物権であり、地上権や地役権、永小作権などがあります。

・「担保物権[★]」とは、物の利用を目的とするものでなく、債権の担保のための物の価値を把握する物権であり、留置権や先取特権、質権、抵当権などがあります。

（2）債権とは

債権とは、特定の人に対して一定の行為を請求することができる権利です。

代表的なものとして、代金の支払いにより商品や役務（サービス）の提供を受ける売買契約があります。売主は買主に有料の商品や役務を提供し、買主は売主に商品や役務の代金を支払うことになります。

（3）その他の財産権

年々、重要性を増している財産権に**「知的財産権」（知的所有権）**があります。

「知的財産権」としては特許権、実用新案権、意匠権、商標権、著作権が代表的なものです。ほかには、ノウハウ、営業秘密[★]（トレードシークレット）、顧客リストのように、財産的に価値のあるものを公にせず保護する財産権もあります。

● ビジネス実務法務全体にいえることですが、用語の別の言い方も覚えてください。「役務」というとあまり聞き慣れないですが、「サービス」と同じ意味であることを覚えておけば、戸惑うことがなくなります。

● 「顧客リスト」が財産権の一種だということには少し違和感があるかもしれませんが、企業の立派な財産であることを認識してください。

法律の分類方法

法律には、その目的や機能を異にした多くの種類のものがあり、様々な観点から分類されている。

重要度：★★★

●法律の分類は、「強行法規」と「任意法規」のようにセットで覚えてください。ここで「強行法規」は、当事者同士がその法規と異なる取り決めを結べない規定をいいます。言い換えれば、当事者の意思に関係なくその適用が強制される規定のことです。したがって、「契約自由の原則」からの例外といえます。

法律の形式・内容による分類

(1) 法律の形式による分類

①文書の形に表されているか否かの観点から：

・**成文法** ➡ **不文法**（例）慣習法、**判例法**
（文章の形）　（文章の形になっていない）

②法の適用領域が限定されているか否かの観点から：

・**一般法**（例）民法 ➡ **特別法**（例）商法
（適用領域が限定されていない）　（適用領域が限定されている）

　他の例として、雇用関係の条件に関しては、「一般法」の民法でなく「特別法」の労働基準法が適用されます。
　「特別法」の規定は「一般法」の規定よりも優先して適用されるのが原則です。

●民法は当事者の自由意思を尊重しているので「任意規定」ですが、過去に「強行規定」であるとする正誤問題が出ています。
●裁判の判例が成文法か不文法かの問題がよく出ています。
●このThemeは毎回必ず出題されます。

③当事者間で法律の規定と異なる別の取り決めができるか否かの観点から：

・**任意法規**（任意規定）　　　　　↔　　**強行法規**（強行規定）
（法律の規定と異なる取り決めが　　　　　　　　（当事者の意思とは関わりなく適用）
当事者間で可能）

　強行法規には、公序良俗に関する規定、物権に関する規定等があります。
契約の中の特約よりも優先して適用され、強行法規と異なる特約は無効となります。言い換えれば、契約当事者が強行法規と異なる合意をした場合、当該合意よりも強行法規が優先されます。

④**取締規定**とは、経済政策や行政目的に基づき、**国民に対してある行為を制限し、または禁止することを定める規定**をいいます。

(2) 法律の内容による分類

①その法律の規律を受ける者が誰であるかの観点から：

・**私法**　　　　　　　　　　　　↔　　**公法**
（規律を受ける者が私人）　　　　　　　　　　（規律を受ける双方あるいは一方が国や地方
公共団体）

　「公法」には憲法・刑法・行政法などがあります。

②**民事法**［民法・商法・民事訴訟法］　↔　　**刑事法**［刑法・刑事訴訟法］
（民事裁判の基準となる法律）　　　　　　　　　（刑事裁判の基準となる法律）

③**実体法**★（例）民法　　　　　　　↔　　**手続法**★（例）民事訴訟法
（権利・義務など法律関係の内容を定める）　　　（実体法の内容を実現するための手続を定める）

　例えば、不法行為の被害者が加害者に損害賠償を求める場合、不法行為の要件＊を定める**民法は「実体法」**ですが、その内容を実現するための民事訴訟の手続について定める**民事訴訟法は「手続法」**です。
　同じことが刑法関係にもいえます。**刑法が「実体法」、刑事訴訟法が「手続法」**です。

● 「私人」といっても個人だけでなく、**企業などの法人も「私人」であること**が重要であり、誤解を招きやすいので要注意です。
● 判例は判決文に書いてあるので、成文法だと思われがちですが、「法律に掲載されているかいないか」が判断基準なので、「**不文法**」となります。

＊**要件**　必要な条件のこと。

Theme

5 権利の実現方法

重要度：★★★

近代市民社会においては、被害者が加害者に対して罰を与えたり、借金の回収を貸主が借主の下に赴いて自分で強引に行ったりすることは禁じられている。

●権利を有する者が自力で権利を行使することを、現代の法律は原則として認めていません。これを法律用語で「自力救済の禁止★」と呼んでいます。そこで、権利の行使に対し相手が応じない場合は、裁判所の手続を通じて権利を行使することになります。

■ 権利の実現方法：自力救済の禁止

(1) 自力救済の禁止★

商品の売買契約に基づき売主が商品を引き渡したにもかかわらず、買主が代金を支払わないなど債務者がその債務の履行をしない場合に、債権者が自らの実力を行使して権利の実現を図ることを、**自力救済**といいます。**日本では「自力救済」は原則禁止**されています。

「自力救済」を認めてしまうと、

①本来は権利がないにもかかわらず実力行使をする、といった誤った権利の行使がなされる恐れがある
②権利がある場合であっても、過度の暴力が用いられるなど、社会秩序が保たれない恐れがある

――といった問題があるため、日本では原則禁止されています。

●過去に「自力救済の禁止」が何度となく出題されているので、意味を確実に覚えてください。
●裁判の判決に不服がある場合の「上訴★」ならびにその下位概念である「控訴★」と「上告★」が出題されます。
●「日本では民事訴訟と刑事訴訟がある」という問題が過去に出ていますが、我々の日常生活に馴染みのない「行政訴訟」も含めて３つの訴訟制度があります。

権利の実現方法：裁判制度・裁判所

(1) 裁判による権利の実現

　権利の行使に対して相手が応じない場合は、裁判により権利の実現をしていくことが大原則になります。

　法律は**自力救済を禁止する代わりに、裁判所という国家機関によって強制的に債務を執行させる制度を設けています**。

①裁判所の種類

　最高裁判所、高等裁判所、地方裁判所、簡易裁判所、家庭裁判所の**5種類**です。

②裁判所で扱う訴訟の種類

　日本の訴訟制度★には、**民事訴訟、刑事訴訟、行政訴訟**の3種類があります。

訴訟の種類	目　的
民事訴訟	私人間の法的紛争の解決
刑事訴訟	犯罪を犯した人に対する国家による犯罪事実の認定と刑罰の決定
行政訴訟	行政権の行使その他の公法上の権利関係についての法的紛争の解決

　いずれの裁判所も民事・刑事訴訟の両方を扱いますが、**行政訴訟は地方裁判所以上の上級裁判所で扱います**。

③上訴★

　裁判所の判決に不服がある場合、より上級の裁判所に対して再審査を求めることを**上訴**★といいます。また、この制度を**審級制度**★といいます。

　「上訴」には**控訴**★と**上告**★があります。

　「控訴」は、第一審の判決に不服がある場合、上級の裁判所に再審査を求めることです。また「上告」は、第二審(控訴審)に不服がある場合、さらに上級の裁判所に再審査を求めることです。

得点アップ講座

> 5種類の裁判所、3種類の訴訟の名前を覚えてください。
> 「上訴」と「上告」は似た法律用語ですが、「上訴」が上位概念と覚え、下位概念の「控訴」と「上告」はセットで覚えてください。
> 第一審後の判決である第二審を意味する「控訴審」という用語も覚えてください。

問1 権利の実現方法に関する次のア及びイの記述についての①～④のうち、その内容が最も適切なものを1つだけ選びなさい。

ア．裁判所の第一審の判決に不服がある場合に、より上級の裁判所に対して再審査を求めることを上告という。

イ．債権者は、債務者が債務の履行をしないまま、その履行期が過ぎた場合であっても、原則として、自らの実力を行使して、自己の債権を回収することは認められていない。

① ア及びイのいずれも適切である。
② アのみが適切である。
③ イのみが適切である。
④ ア及びイのいずれも適切でない。

問2 法律の分類方法に関する次のア～エの記述のうち、その内容が適切なものの個数を①～⑤の中から1つだけ選びなさい。

ア．ある事項について規定する一般法と特別法が存在する場合、特別法が一般法に優先して当該事項に適用される。

イ．民法の規定はすべて強行規定であり、契約の当事者間において民法の規定と異なる定めをしたとしても、その定めは無効である。

ウ．経済政策や行政目的に基づき、国民に対してある行為を制限し、または禁止することを定める規定を手続法という。

エ．権利・義務などの法律関係の内容を定める法律を実体法といい、実体の内容を実現するための手続を定める法律を手続法という。

① 0個　② 1個　③ 2個　④ 3個　⑤ 4個

問3 私法の原理に関する次のア～エの記述のうち、その内容が適切なものの組み合わせを①～⑥の中から1つだけ選びなさい。

ア．他人に損害を与えたとしても、故意または過失がなければ損害賠償責任を負わないという原則は、過失責任主義と呼ばれる。

イ．人は、原則として、誰とどのような内容の契約を締結するかを自由に決めることができる。これを一般に契約自由の原則という。

ウ．権利能力はすべての個人に平等に認められるという原則は、権利能力平等の原則というが、今日では会社等の各種団体にも一定の要件の下に権利能力が認められている。

エ．所有権は、個人が物を全面的に支配する私有の権利である。そして、所有権が不可侵のものとして尊重されるという原則は、所有権絶対の原則と呼ばれる。

① ア－○　イ－○　ウ－○　エ－○
② ア－○　イ－×　ウ－×　エ－×
③ ア－×　イ－○　ウ－×　エ－×
④ ア－×　イ－×　ウ－×　エ－○
⑤ ア－○　イ－○　ウ－○　エ－×
⑥ ア－×　イ－×　ウ－×　エ－×

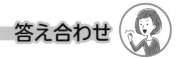

答え合わせ

問1　正解：③

解説（テキストp28～29参照）

アは適切でない。第一審の判決に不服がある場合に、より上級の裁判所に対して再審査を求めることは「控訴」です。

イは適切である。**自力救済の禁止**を述べています。

問2　正解：③

解説（テキストp26～27参照）

アは適切である。同じ事項について一般法と特別法が存在する場合、特別法が適用されます。

イは適切でない。民法はすべて任意規定です。したがって、民法の規定と異なる定めをしたとしても法的に有効です。

ウは適切でない。設問の法律は**取締規定**です。国民に対しある行為を制限し、あるいは禁止します。

エは適切である。実体法と手続法について記述しています。

問3　正解：①

解説（テキストp22～23参照）

アは適切である。民法の４つの基本原理の**過失責任主義**について述べています。

イは適切である。民法の４つの基本原理の**契約自由の原則**について述べています。

ウは適切である。民法の４つの基本原理の**権利能力平等の原則**について述べています。会社法上の会社の場合、登記をすることにより権利能力が認められます。

エは適切である。民法の４つの基本原理の**所有権絶対の原則**について述べています。

第 **2** 章

企業取引の法務

契約の解除と取消し、契約の分類

契約の解除と取消しの違いは？
口約束も立派な契約？

●契約の解除と取消しの違いを理解してください。
また、頻繁に使われる契約が何型の契約なのか、という種類と分類も覚えてください。

契約の解除と取消し

（1）契約の定義と契約成立の流れ

基本は「契約自由の原則」が適用されます。契約とは、相対立する2つ以上の意思表示が合致することにより成立する法律行為です。

一方の当事者から契約の申込みの意思表示がなされ、他方の当事者がこの申込みを承諾する旨の意思表示を行い、これらが合致する——というプロセスを経て契約が成立します。書面作成は必要ではなく、**"口約束"も立派な契約です。**

当事者間に契約が成立すると、原則として、当事者の一方が正当な理由なく契約内容を変更したり、契約を解除することはできません。

（2）契約の解除・取消しとは

・契約の解除

契約が成立した後に、当事者の**一方の意思表示で契約がはじめからなかったこと**にすることをいいます。

・契約の取消し

いったん有効に成立した契約を、一定の事由がある場合に、一方の者が取り消すという意思表示をすることにより、**はじめに遡って無効にすること**をいいます。

●契約全体に関する問題が、過去に何度か出題されています。
契約の種類や分類、売買契約の分類も出題されています。

契約の分類

(1) 契約の種類

　民法は13種類の契約を定めています。これを**「典型契約★」（有名*契約）**といいます。「〜型」という表現が使われているために、このような言い方になっています。

　例を挙げれば、売買契約は**移転型の契約**であり、消費貸借契約と賃貸借契約は**賃借型の契約**、雇用契約と請負契約は**労務型の契約**といえます。

　民法の定める13種類以外にも、契約自由の原則により、複雑な契約や新しい内容の契約が多く締結されています。これらを**「非典型契約」（無名契約）**といいます。

　「非典型契約」の代表的なものはファイナンス・リース契約で、賃貸借契約と金銭消費貸借契約の双方の性格を持つものです。

(2) 契約の分類

双務契約	当事者双方が対価的な債務を負担する契約	(例) 売買契約
片務契約	当事者の一方のみが債務を負担する契約	(例) 贈与契約

諾成契約	当事者の合意のみで成立する契約	(例) 口約束、売買契約、贈与契約
要物契約	当事者の合意のほかに物の引渡しが必要となる契約	(例) 消費貸借契約

有償契約	当事者双方が代価の支払いを伴う契約	(例) 売買契約
無償契約	当事者の一方のみが代価の支払いを伴う契約	(例) 贈与契約

　この表より、売買契約は**双務契約**、**諾成*契約**であり、**有償契約**に分類されます。
　贈与契約は片務契約、諾成契約であり、無償契約に分類されます。

> ●契約の解除と取消しの違いを覚えてください。「解除」は、契約の相手方の通告により最初からなかったことにするものです。一方の「取消し」は、相手方が取り消すという意思表示をして、はじめに遡って無効にするものです。
> ●売買契約と贈与契約の3つの分類を覚えておきましょう。
> ●贈与契約は金銭など財産が絡みますが、代価の支払いに対する対価の支払がないので「無償契約」となることに注意が必要です。また贈与は"契約"と表記されることがあまりありませんが、「典型契約」の一つであり、「諾成契約」です。

***有名**　民法にその契約**名**が**有**るということ。「誰にでもその名前が知られている様子」という一般的な意味とは異なる。

***諾成（だくせい）**　相手が承**諾**して契約が**成**立すること。

Theme 2 手付と内金

契約締結に伴う手付と内金の違いは？

重要度：★★☆

●契約締結に伴う手付と内金の違いを理解してください。手付の場合、相手方が債務の履行に着手するまでは、手付を放棄することによって契約を解除できます。他方、内金は売買代金の一部前払なので、内金を放棄しても契約の解除はできません。

手付と内金

(1) 手付の定義と法的効力

売買契約が成立したときに、買主が売主に対して一定の金銭を交付することがあります。この金銭を**手付**あるいは**手付金**といいます。

「手付」のうち、契約を解除する権利を留保*する趣旨で買主が売主に対し金銭を交付するのを**解約手付**★といいます。

民法上、買主は売主が**債務の履行に着手するまで**は、**「解約手付」を放棄することによって契約を解除**することができます。売主は「手付」の倍額を償還することで契約を解除できます（**手付倍返し**★）。

また、「債務不履行があった場合に違約罰として没収する」ことを定めて交付される「手付」、すなわち**違約手付**★もあります。

(2) 内金

「内金」は売買代金の**一部前払としての意味があるに過ぎず、「手付」のような特別な法律的意味はありません**。

●内金の問題は過去に出ていませんが、手付はよく出題されています。

(3) 商法の諾否通知義務

　契約は申込みと承諾の合致があって成立するものですが、商法では**商人が平常取引をしている者**から、その営業の部類に属する契約の申込みを受けた場合、**遅滞なくその諾否*の通知をしなければなりません**。通知を発しなかったときは、契約の申込みを承諾したものとみなす、と商法では規定されています。これを**諾否通知義務**★といいます。

(4) 意思表示の効力発生時期

　契約者の意思表示は、改正民法では、従来の発信主義から、「隔地*者へのその通知が相手に到達したときに効力を生じる」という**到達主義**★に変更となりました。

●「手付」と「内金」の違いを覚えましょう。
●改正民法により、契約の意思表示の効力の発生時期が"通知"から"到達"に変更になったことも覚えましょう。

＊**留保（りゅうほ）**　すぐにそうしないで一時差し控えること。
＊**諾否（だくひ）**　「承諾するかしないか」の意味。
＊**隔地（かくち）**　都会から遠く離れた、交通不便な土地。

3 権利・義務の 主体となる者の能力

重要度：★★★　物の売買や物の製作依頼などの取引において、売主や買主などの当
事者になる者を、「権利・義務の主体」という。権利・義務の主体と
なるには、いくつかの能力が必要。

●「権利・義務の主体」となれる法律上の資格が「権利能力」ですが、有効
な法律行為を行うためには、権利能力に加えて、「意思能力」と「行為能力」
も必要となります。なお、権利能力は個人だけでなく法人にも認められて
いる点に注意が必要です。

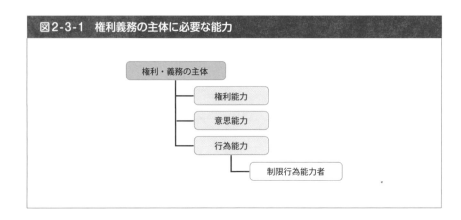

図2-3-1　権利義務の主体に必要な能力

- 権利・義務の主体
  - 権利能力
  - 意思能力
  - 行為能力
    - 制限行為能力者

●権利能力は法人にも認められていますが、試験ではそのまま法人とはいわず、"自
然人の団体や財産の集合"というひねった言い方になっています。

権利・義務の主体となる者の能力

(1) 権利・義務の主体となる者

　物の売買や物の製作依頼、事務処理の依頼などの取引において、売主や買主など
の**当事者となる者**を、**権利・義務の主体**といいます。

　「権利・義務の主体」となることができる法律上の資格を**権利能力**といいます。

　民法上、権利能力が認められている者としては、

　①「人」(法律用語では「自然人」という)
　②「法人」=「自然人」の団体および一定の財産の集合(財団)

があります。

　例えば、会社法上の会社の場合、登記をすることにより権利能力が認められます。

(2) 意思能力

　契約を締結する場合のように、有効に法律行為を行うためには、権利能力のほか
に**意思能力**と**行為能力**が必要となります。

　「意思能力」とは、「自分の行った行為の法的結果を判断することができる精神的
能力」のことをいいます。**この「意思能力」を持たない人を「意思無能力者」**とい
います。

・**意思無能力者の例**

　a) 小学校入学前(6歳)程度の児童
　b) 重度の精神障害者
　c) 泥酔者

　意思無能力状態で行った契約などの行為は、「無効」(法律上の効力を生じない)と
なります。

　すなわち、泥酔状態で交わした保険契約に署名しても、その契約は無効で法律的
効力が発生していないことを意味します。

(3) 行為能力

　有効に法律行為を行うためには、「**意思能力**」のほかに「**行為能力**」が必要となります。

　民法は「行為能力」を有さない者やその不十分な者を、一定の年齢や手続によって画一的に「**制限行為能力者**★」として定めています。

> ・「**制限行為能力者**」**の行った行為は取り消すことができます**。
> ・「**制限行為能力者**」**として、民法では「未成年者」、「成年被後見人」、「被保佐人」、「被補助人」の4つが規定**されています (Theme 4 で詳述)。

> ● 「意思無能力者」は、児童だけでなく、泥酔状態の大人も含みます。
> ● 「意思無能力者」の行為は「**無効**」である一方、「制限行為能力者」の行為は「**取消可能**」である、という違いを覚えてください。

Theme

制限行為能力者

未成年者および精神上の障害によって1人では有効な法律行為ができない人を、法律では「制限行為能力者★」というお堅い言葉で呼んでいる。

重要度：★★★

●行為能力は、毎回出題される最重要な分野の1つです。

「制限行為能力者」の4つの類型と定義、違いをしっかり覚えてください。

「制限行為能力者」であっても「成年被後見人」のように障害の程度の軽い人は、日常生活に関する行為は単独でできます。

制限行為能力者：4つの類型

(1) 未成年者

未成年者とは、18歳未満の者をいいます。

法定代理人が未成年者に営業の許可を与えた場合、その営業に関する取引に限り、**法定代理人の個別の同意を得る必要はありません**。

監督義務者は通常、両親などの親権者ですが、法定代理人のときもあります。

監督者の同意のない未成年者の法律行為は、原則として取り消すことができます。

(2) 成年被後見人

精神上の障害によって**事理弁識能力★**を欠く状況にある者で、家庭裁判所の審判を受けた者をいいます。

「成年被後見人」は、日用品の購入その他の日常生活に関する行為はできますが、それ以外の有効な法律行為を単独で行うことはできません。

●毎回必ず出題される頻出分野です。
●正誤問題で、問題文が「適切でないものを選べ」となっている場合があるので、注意が必要です。

＊**事理弁識能力**　物事の良し悪しが判断できる能力のことをいい、小学校入学前後(5〜6歳)でその有無が区別されている。

(3) 被保佐人

精神上の障害によって事理弁識能力★が著しく不十分な者で、家庭裁判所の審判を受けた者をいいます。

一定の重要な行為、例えば「借金をする」、「重要な財産を処分する」などについては保佐人の同意が必要であり、同意がない場合は取消事由になります。

(4) 被補助人

精神上の障害によって事理弁識能力★が不十分な者で、家庭裁判所の審判を受けた者をいいます。具体的な例としては、「認知症が発症し、成人としての言動が満足にできない老人」が挙げられます。

被補助人の申立てまたは同意を要件として、補助人には代理権または同意権が付与されます。

特定の行為について補助人が同意権を付与された場合、その行為を本人（被補助人）が補助人の同意を得ないで行うと、本人または補助人はその法律行為を取り消すことができます。

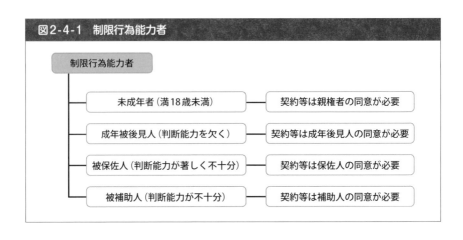

図2-4-1　制限行為能力者

制限行為能力者

- 未成年者（満18歳未満）　→　契約等は親権者の同意が必要
- 成年被後見人（判断能力を欠く）　→　契約等は成年後見人の同意が必要
- 被保佐人（判断能力が著しく不十分）　→　契約等は保佐人の同意が必要
- 被補助人（判断能力が不十分）　→　契約等は補助人の同意が必要

(5) 詐術（偽り）による取引

「**詐術**」とは例えば未成年者が成年であると偽ったり、あるいは親の同意を得ていないのに得ていると偽ったりすることです。

未成年者が詐術を用いて契約した場合、それを信用して契約した相手方に対しては当該契約を取り消すことができません。これは、未成年者を保護する前提に欠けるからです。

また、この場合には法定代理人でも（事後なので）当該契約を取り消すことができません。

- 「最終的（最後）に誰が法律行為を行ったのか」に注意が必要です。後見人や保佐人など、「制限行為能力者」本人でない者の行為は取消しができません。
- 「制限行為能力者」は、後見、補佐などをされる受け身の立場なので、"被"という文字が冒頭に付きます。
- 図2-4-1のように、成年被後見人➡被保佐人➡被補助人の順に、判断能力の欠乏度合が「欠く」➡「著しく不十分」➡「不十分」と徐々に軽くなっていく点に注意が必要です。

改正民法（2022年4月施行）

成年の規定が「年齢18歳をもって成人とする」となりました。①成年年齢を今までの20歳から18歳に引き下げ、これに伴い②男女の婚姻可能年齢が18歳に統一されました（今まで女性は16歳）。

Theme
5
心裡留保とは
しんり

相手が応じないだろうと思い、真意ではないことを相手に言って、
相手が意外にも応じて契約が成立したら？　その際の法的効力は？

重要度：★★★

学習アドバイス

● 意思表示にはいろいろな類型があります。ポイントは、本人や相手が善意なのか悪意なのか、ということです。

● 善意も悪意も日常用語とは違い、法律的に別の意味合いがあります。

● 「心裡留保」の際の善意の意思表示は有効ですが、「虚偽表示」の意思表示は無効、「錯誤」、「詐欺」や「強迫」による意思表示は取消しとなります。

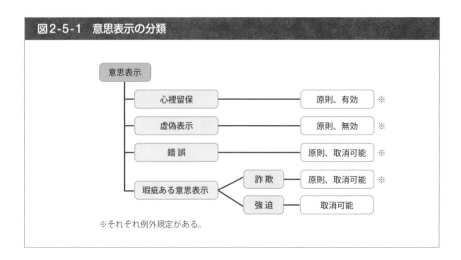

図2-5-1　意思表示の分類

意思表示
├─ 心裡留保 ──── 原則、有効　※
├─ 虚偽表示 ──── 原則、無効　※
├─ 錯誤 ──── 原則、取消可能　※
└─ 瑕疵ある意思表示 ┬─ 詐欺 ── 原則、取消可能　※
　　　　　　　　　　└─ 強迫 ── 取消可能

※それぞれ例外規定がある。

出題者の目線

● 「心裡留保」、「通謀虚偽表示」、「錯誤」、「詐欺」、「強迫」に関する設問が過去に出題されています。善意の第三者には「無効」や「取消可能」になるのかを問う設問も出題されています。

● 原則論のほかに、取消しできない場合の意思表示についての応用問題が出題されています。

意思の不存在、瑕疵ある意思表示ほか

(1) 意思の不存在 (意思の欠缺)

　意思の不存在とは、「意思表示をする者 (表意者) が、表示した意思に対する真意を欠いている」ことを意味します。

　欠缺＝けんけつとは、法律用語で「欠けていること」を意味します。

　これには**心裡留保★**、**虚偽表示★**、**錯誤**の**3つの類型**があります。

(2) 善意と悪意と第三者

　「**善意**」とは、「表意者の真意でないことを相手方が知らない」ことを意味します。

　「**悪意**」とは、「表意者の真意でないことを相手方が知っている」ことを意味します。

　法律関係に直接関与する者を「**当事者**」といいます。「**第三者**」とは、この当事者以外の者をいいます。

表2-5-1　意思の不存在 (意思の欠缺)	
心裡留保	「表意者が、意思表示に対応する真意が存在しないことを知りながら意思表示をした」場合は**有効**。ただし、相手方が意思表示をした者の真意を知っていた、または知ることができたときは、その意思表示は**無効**
虚偽表示	相手方と通じていた (通謀の) 虚偽の意思表示は**無効**。ただし、**善意の第三者には対抗できない**
錯　　誤	法律行為の要素に錯誤があった場合、意思表示は**取消可能**。ただし、**表意者に重大な過失があるときは、原則として錯誤を主張できない**

(3) 瑕疵*ある意思表示★

　他人に欺かれたり脅かされたりして行った意思表示の場合、真意と表示行為との間に不一致はありませんが、効果意思の決定にあたっては表意者の自由な判断がゆがめられています。このような意思表示を**瑕疵ある意思表示★**といいます。

　瑕疵ある意思表示には**「詐欺による意思表示」**と**「強迫による意思表示」**の**2種類**があります。

●契約が各意思表示により有効・無効・取消可能の原則論だけでなく、例外規定もよく出題されるので、例外規定もセットで覚えてください。
ただし、強迫の場合の例外規定はなく、どういったケースでも取消可能です。

＊瑕疵 (かし)　法律用語で、傷・欠点のこと。

表2-5-2　瑕疵ある意思表示	
詐　欺	だまされてした意思表示は**取消可能**。ただし、**善意無過失の第三者には対抗できない**（取消しを善意無過失の第三者に対し主張することができない）
強　迫	脅かされてした意思表示は**取消可能**。**善意無過失の第三者にも対抗できる**（取消しを善意無過失の第三者に対しても主張することができる）

改正民法（2020年4月施行）

　錯誤の意思表示は従来は「無効」でしたが、改正民法により瑕疵のある意思表示と同じ「取消可能」となりました。

Theme 6 代理制度

代理人になるにはどのような要件が求められるのか？
また、「顕名」や「表見代理」とはいったい何を意味するのか？

重要度：★★★

●代理が成立するための要件を覚えてください。また、「顕名」という特別な用語の意味を把握してください。「表見代理」とは、実際には代理の権限がない「無権代理」に対し、いかにも代理権があるかのように思って信頼した相手方を保護するための制度です。

代理制度、顕名とは

（1）代理が成立するための3要件

次の3要件がすべて充たされなければ、代理は成立しません。

①**代理権の存在** ：本人が、代理人に代理権を与えている。
②**顕名**[★] ：代理人が相手方に、本人のために行うのだと示している。
③**代理行為** ：有効な法律行為（契約）が行われている。

ただし、**商行為の代理の場合は、代理人が「顕名」をしなくても、原則として代理が成立します**。一般的に、代理行為を行うため、代理人は本人から当該代理行為にかかる委任状を取得します。

●「表見代理」、「顕名」、「任意代理」と「法定代理」は、よく出題される分野です。それぞれの意味をよく理解してください。

(2) 任意代理と法定代理

任意代理：代理権限の付与が本人の意思に基づいて行われるもの。

法定代理：代理権限の付与が本人の意思に基づかず、法律上の規定に基づくもの。

(例) 親権者が未成年者を代理する場合

無権代理と表見代理

(1) 無権代理と追認 *

代理権を有しない者による代理。原則として、このような無権代理行為の効果は本人に帰属しません。

ⅰ) **本人の「追認」により、無権代理人の行為は行為のときに遡って有効**となります。

ⅱ) 本人が「拒絶」すれば、本人にその効果が帰属しないことが確定します。

ⅲ) 本人が「追認」も「拒絶」もしない場合、相手方は本人に対し、相当の期間を定めて当該法律行為を「追認」するか否かを回答するよう催告することができます。当該期間内に回答がない場合は、「追認」を拒絶したものとみなされます。

(2) 表見代理 ★

無権代理人のことを代理権のある正規の代理人だと誤信し、かつそのように誤信することについて正当な理由があるときは、誤信した相手方を保護する必要があるため、「**表見代理** ★」という制度を設けています。⇒表見とは、**表**向きそのように**見**えるということです。

表見代理に該当する場合は、代理権がなくても代理人と同じように代理効果が有効となります。

ただし、悪意の (代理権を与えられていないことを知っている) 相手方は、代理人と称する者に対し、契約内容の履行の請求や損害賠償の請求をすることはできません。

(3) 自己契約・双方代理

「**自己契約**」とは、同一の法律行為について、当事者の一方が相手方当事者の代理

＊**追認（ついにん）** 過去に遡ってその事実を認めること。

人となることをいいます。

「**双方代理**」とは、同一の法律行為について、同一の者が当事者双方の代理人となることをいいます。

(例) 売買契約において、「売主が買主の代理人になる」ような場合が「自己契約」であり、「売主および買主のいずれもが同一の第三者を代理人とする」ような場合が「双方代理」です。

民法では**「自己契約」、「双方代理」とも原則として禁止**されています。「自己契約」は相手方の利益を害する危険性が高いため禁止されていますが、相手方があらかじめ許諾した行為については許されます。

- 「表見代理」は、「本人が追認しなくても有効」であるところが、無権代理との違いです。
- 「双方代理」では、当事者以外の第三者が双方の代理人になるので、関係者は3人になることに注意してください。

改正民法（2020年4月施行）

改正民法では、「自己契約」および「双方代理」の禁止に違反する行為が無権代理とみなされることが明文化されました。

Theme 7

契約の無効・取消し、期限と条件

重要度：★★★ 　例えば殺人の依頼契約は、公序良俗に反する反社会的な契約なので無効となる。
契約の効力の発生時期とその条件は？
また、契約の期限とは？

●契約が取消可能または無効となる代表的な有効要件をいくつか覚えておいてください。「公序良俗」に加え、「錯誤」、「詐欺」、「強迫」によって結んだ契約は取り消すことができます。

契約の取消し、無効

(1) 公序良俗

「公の秩序、善良の風俗」を意味し、現在では法律行為の社会的妥当性を判断する基準であると考えられています。

公序良俗に反する法律行為は民法上無効です。たとえ相手方が契約の履行を請求してきても、これに応じる必要はありません。

例として、麻薬取引、賭け麻雀、殺人委嘱契約などがあります。

(2) 契約が取消可能または無効となる場合

代表的な場合を以下に挙げます。

●「公序良俗」に反する反社会的（犯罪）契約として、"クレジットカードの偽造を依頼し、それに対し報酬を支払う旨の契約"が出題されています。
●「期限の利益」、「停止条件と解除条件」は毎回出題される頻出分野です。
●「取消しができる行為でも、一度その行使者が追認すると有効になる」旨の設問が出題されています。

・契約内容が「公序良俗」に反している⇒無効

・契約当事者が意思能力を備えていない（意思無能力者）⇒無効

・契約当事者が行為能力を備えていない（制限行為能力者）⇒取消し

・意思表示が「錯誤」、「詐欺」、「強迫」等によってなされたものである

⇒取消し（本章Theme5参照）

（3）取り消すことが行為の追認

　取り消すことができる行為は、取消権を有する者が追認した場合は、以降、取り消すことができず有効性が確定します。

期限の利益

（1）期限★とは

　契約の効力ないし履行を将来発生することが確実な事実にかからせる特約を「**期限**」といいます。

　「期限」には、将来発生する期日が確定している「**確定期限**」と、将来的に期日が到来することは確定しているもののいつ到来するか不確実な「**不確定期限**」の2つがあります。「不確定期限」の代表例として、遺言での「人の死亡」があります。

（2）期限の利益★

　期限が付与された場合、期限の到来までは債務の履行を要求されず、あるいは買主は期限まで売買代金を支払う必要がないため、売買代金を期限まで自ら運用することができます。

　このような、期限によって享受できる利益を「**期限の利益**」と呼び、**債務者のために定めた利益**と推定されます。

　「期限の利益」は放棄することもできますが、そのことによって相手方の利益を害することはできません。

（3）期間の計算方法

　期間の計算において民法は**午前0時から始まる場合を除き**、初日は原則不算入とします。

　これを**初日不算入の原則★**といいます。

（例1）「4月1日から5日間」と起算する契約

　➡満了日は4月6日（4月2日からカウントするため）

2

企業取引の法務

51

（例2）「4月1日の午前0時から5日間」と起算する契約

　　➡満了日は4月5日

・例外規定

　　午前0時からの始**期限**期条項に加え、年齢計算（出産日）の場合にも、初日を算入します。

停止条件と解除条件

(1) 条件★とは

期限	⬌	**条件**
（将来事実が発生することが確実）		（将来事実が発生することが不確実）

　将来発生するかどうか不確実な事実に、契約の効力の発生・消滅を絡ませる特約を「**条件**」といいます。

(2) 停止条件と解除条件

停止条件★	⬌	**解除条件★**
（条件成就＝実現によって効力が生じる）		（条件成就＝実現によって効力を失う）

- ●「期限の利益」は、債務者のための利益であることに注意してください。
- ●「停止条件」という表現に惑わされないでください。契約が停止するのでなく、条件成就によって契約が有効になる（効力が生じる）条件のことをいいます。

契約成立後の法律関係

重要度：★★☆　債務の履行にあたり、契約の目的物を持参するのか？　債権者が目的物を取立てに行くのか？　その区別は？　また特定物とは？

- 「持参債務」と「取立債務」の意味、そして「債務の履行により発生する費用はどちらの負担なのか」を理解してください。
- 「特定物」の代表例は不動産、中古車、美術品です。「特定物」の引渡しは、「その行為のときにその物が存在した場所」において行うのが原則です。

持参債務と取立債務

(1) 持参債務と取立債務

　債務者が債権者の営業所で債務を履行すべきことが契約で定められた場合、債務者は期日に債権者の営業所へ目的物を持参して債務を履行しなければなりません。このような債務を**持参債務**といいます。

　この場合、**債務履行にあたっての費用**（債権者の営業所までの交通費、振込送金の場合の手数料）は**債務者の負担**となります。

　期日に債権者が債務者の営業所で目的物を取り立てることが契約で定められた場合、債権者が取り立てる前に、債務者は目的物を引き渡す準備を終えていなければなりません。このような債務を**取立債務**といいます。

　この場合、**債務を取り立てるのに要する費用**（債権者の営業所までの交通費）**は債権者の負担**となります。

- 「特定物」の引渡し場所に関する問題が、過去に何回か出題されています。

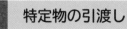

特定物の引渡し

(1) 特定物*とは

不動産、中古車、美術品のように、当事者が物の個性に着目して取引をする場合のその物を「**特定物**」といいます。

「特定物」の引渡しを内容とする債務を**特定債務**といいます。

「特定債務」でない債務は**「不特定債務」（種類債務）**です。「特定物」の引渡しは、その行為のときにその物が存在する場所において行うのが原則です。

(2) 債務の履行時期

特段の定めがなく、かつ商慣習もない場合は、買主が履行の請求をしたときが引渡時期となります。

(3) 目的物の所有権の移転時期

目的物の**所有権の移転時期は、売買契約当事者間で意思表示が合致した時点**です。

(4) 受領した売買目的物の検査・通知義務

商人間の売買の場合には、買主は売買目的物を受領したら遅滞なくその検査をしなければならず、その結果、当該目的物に異常や数量不足を発見したときは、直ちに売主にこれを通知しなければなりません。

直ちに発見できない異常についても、当該目的物受領後6か月以内にその異常を発見したときは、直ちに売主にその旨を通知しなければなりません。

● 「特定物」が存在する場所で「特定物」は引き渡されますが、債権者の所に「特別物」を持参するという（誤りの）設問が出題されているので、注意が必要です。

債務不履行の３類型、契約不適合責任

取り決めた債務を履行できないケースには３つの類型があり、これらは日常生活でもよく起きている。

●債務不履行には３つの類型があります。「履行遅滞」、「履行不能」、「不完全履行」です。「履行遅滞」については、相手方の債務の履行が遅れている場合に、こちらも自己の債務の履行を拒むことができる「同時履行の抗弁権」がよく出題されます。

履行遅滞、履行不能、不完全履行

（1）債務不履行責任

　債務者が非難される事由＝**帰責事由**に基づいて、債務者が債務を本来の趣旨＝本旨に従って履行しない場合に、債務者が負う責任を「**債務不履行責任**」といいます。**帰責事由**としては**次の３つ**があります。

①**故意**（債務者がわざと履行しない）
②**過失**（債務者の立場にある一般的な者なら払うべき注意を怠ったために履行できない）
③**履行補助者の故意・過失**

➡例として、会社の従業員が過失によって債務を履行しなかった場合には、会社自身が債務不履行責任を負います。

　債務不履行には「履行遅滞」、「履行不能」、「不完全履行」の３つの類型があります。

●単純な正誤問題は過去に出題されていません。上記の３つの債務不履行に伴う当事者の権利と義務を問う設問が出題されています。

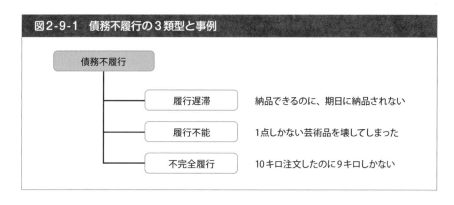

図2-9-1 債務不履行の３類型と事例

債務不履行
- 履行遅滞 — 納品できるのに、期日に納品されない
- 履行不能 — 1点しかない芸術品を壊してしまった
- 不完全履行 — 10キロ注文したのに9キロしかない

(2) 履行遅滞

債務を履行できるのに、債務者の帰責事由により、かつ正当な理由なく、履行期限までに債務の履行をしないことを、「**履行遅滞**」といいます。

ここで "正当な理由" の1つとして、以下の状況が考えられます。

・"正当な理由"＝同時履行の抗弁権★

双務契約で双方の履行期が同一である場合、当事者の一方は、自己の債務の履行期が到来しても、相手方がその債務の履行を提供するまで、自己の債務の履行を拒むことができます。これを**同時履行の抗弁権**★といいます。

履行遅滞による効果には、以下のものがあります。

①本来の債務の履行を請求できます。

②履行が遅れたことによる損害の賠償（損害賠償）を請求できます。

③**催告**★*しても履行されない場合、契約を解除して、債務が履行されたら本来得られたであろう利益の賠償を請求できます。➡**塡補賠償**

(3) 履行不能

契約締結時には履行可能だった債務について、その後、債務者の帰責事由により履行が不可能になることを、「**履行不能**」といいます。**債権者はもはや履行を請求できません。**

「履行不能」は不動産、中古車、美術品などの**「特定物」に典型的に現れます。**

「履行不能」にあたる場合、**「催告」なしに直ちに契約を解除**できます。また債務者に「塡補賠償」を請求することができます。

---

*催告　相当の期間を定めて相手方に履行を催促すること。

(4) 不完全履行

　債務は一応履行されたが、不完全な履行（目的物に瑕疵があったり、数量が不足している場合）であって、債務の本旨に従った債務が履行されていないことを「**不完全履行**」といいます。

　「不完全履行」にあたり、債務者が負う責任には次の2つのケースが考えられます。

ア）改めて完全な債務の履行をしても意味がない場合➡**追完不能**。例えば、「卸問屋から賞味期限切れの菓子を納品され、それを販売した結果、多数の顧客を失った小売業者」がこれにあてはまります。この場合は、債務者の履行が不完全なので損害賠償を請求でき、**履行不能に準じて催告なしに契約を解除**できます。

イ）改めて完全な債務の履行をしても意味がある場合➡**追完可能**。例えば、「卸問屋から菓子を納品された小売業者が、消費者に販売する前に賞味期限切れに気付いた場合」があてはまります。この場合、債権者は債務者に改めて完全な債務の履行を請求できます。**契約解除をしたい場合には、相手方への催告が必要**となります。

　なお、商人間の売買の場合には、売買目的物の受領にあたり、買主に検査・通知義務があります（本章Theme8の「特定物の引渡し」（4）参照）。

　したがって、買主が所定の通知義務を怠った場合には、完全な物や不足分の履行を求めたり、損害賠償請求や契約の解除を主張することはできません。

(5) 受領遅滞

　債務者が債務の本旨に沿った弁済の提供をしたにもかかわらず、債権者が協力することを拒絶したり、あるいは協力がもらえないために、債務の履行ができない状態を「**受領遅滞**」といいます。

ア）**買主の受領拒絶**

　売買目的物を受領することは、買主の権利であって義務ではありません。

　しかし、買主が目的物の受領を拒否すると、売主は債務の履行を完了することができません。

イ) 売主の自助売却権

買主の受領拒絶につき、民法は①売買目的物が供託に適しないとき、②滅失・損傷の恐れがあるとき、③その保存に過分の費用を要するときには、裁判所の許可を得てかつ競売手続により、さらに競売代価を供託することを条件に、売主に**自助売却権**を認めています。

契約不適合責任

(1) 契約不適合責任★

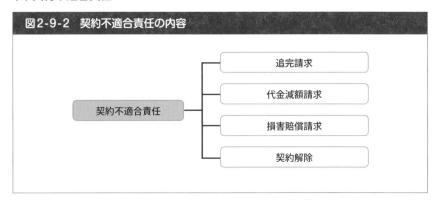

図2-9-2　契約不適合責任の内容

契約不適合責任 ── 追完請求／代金減額請求／損害賠償請求／契約解除

「**契約不適合責任★**」とは、引き渡された目的物が、種類、品質、数量に関して契約内容に適合しないときに、買主から売主に対し追及できる責任です。

改正民法で明文化された売主の責任です。

追及できる内容は①**追完請求**、②**代金減額請求**、③**損害賠償請求**、④**契約解除**の4つです。

なお、契約不適合について、買主の責めに帰すべき事由（帰責事由）があるときは、上記の権利を行使することができません。

①追完請求★

「契約不適合」の場合、買主は売主に対して、

a.目的物の修補、b.代替物の引渡し、c.不足分の引渡し

による履行の追完を請求できます。

②代金減額請求

「契約不適合」の場合、買主が相当の期間を定めて売主に催告したにもかかわらず、売主が履行の追完をしないときには、買主は不適合の程度に応じた代金減額請求ができます。

③損害賠償請求

「契約不適合」の場合、買主が追完請求や代金減額請求を行えるときであっても、「契約不適合」について売主に帰責事由があり、買主に損害が生じている場合は、買主は不適合の程度に応じた損害賠償請求ができます。

④買主の契約解除

「契約不適合」の場合、買主が追完請求や代金減額請求を行えるときであっても、買主は不適合の程度に応じて「催告による契約の解除」または「催告によらない契約の解除」ができます。

(2) 危険負担の問題

　改正民法では、危険負担について、当事者双方の帰責事由によらずに、債務を履行できなくなった場合、その債務の債権者（買主）は反対給付の履行を拒むことができます。具体的には、買主は契約解除ができます。

　危険負担について、当事者双方に<u>責めに帰すべき事由</u>（帰責事由）がない場合、買主は損害賠償請求ができません。

買主の救済方法	買主に帰責事由あり	双方とも帰責事由ない	売主に帰責事由あり
追完請求	できない	できる	できる
代金減額請求	できない	できる	できる
損害賠償請求	できない	できない	できる
契約解除	できない	できる	できる

●履行不能は「特定物」の引渡しの場合に発生します。「不特定物」（種類物）の場合は追完可能なので、履行不能は起きません。

●催告なしに契約解除 ─┬─ 履行不能
　　　　　　　　　　　└─ 追完不能の場合の不完全履行

「履行遅滞」と「追完可能の場合の不完全履行」の場合、契約解除のためには「催告」が必要です。

●商人間の売買においては、商品受領後に直ちに検査・通知義務を果たさないと、履行の請求、損害賠償請求、契約の解除はできないことに注意してください。

改正民法（2020年4月施行）

①旧法では、瑕疵担保責任すなわち危険負担についての規定が曖昧でした。改正民法では用語を「契約不適合責任」に変更し、買主の具体的救済方法を4つに類型化しました。

②不確定期限がある債務について、債務者が期限の到来後、債権者から履行の請求を受けたときにも、「履行遅滞」は発生することが、改正民法で明文化されました。

③帰責事由のありなしによって4つの救済方法に「できない」ケースが多かったのですが、買主の立場を考慮し、「双方とも帰責事由がない」場合において買主は損害賠償以外の請求や契約解除が「できる」ように、大きく変更されました。

消費貸借契約と法定利息

会社や商店の間でのお金の貸し借りでは、利息を定めていなくても、貸主は利息をもらえる!?

●企業（商人）間での金銭消費貸借契約においては、利息の定め（約定）がないときでも、貸主は法定利息（変動利率）を請求することができます。金銭消費貸借契約では「利息制限法」、「出資法」、「貸金業法」の３つの法律による規制があります。それぞれの規制対象・事由を覚えてください。

消費貸借契約と法定利息

（1）消費貸借契約

　当事者の一方が種類、品質および数量の同じ物を返還すると約束し、相手方から金銭その他の物を受け取ることによって効力が生じる契約を「**消費貸借契約**」といいます。要物契約です。

　ただし、書面でする消費貸借契約は諾成契約とすることができます。

➡改正民法

　特に金銭に関するものを「**金銭消費貸借契約**」といい、典型例は銀行からの借入れです。

　金銭消費貸借契約において、借入金を返済する場所に関する約定がなされていない場合、商法上、借主は、貸主（債権者）の現在の住所で借入金債務を弁済しなければなりません。特に金銭に関するものを金銭消費貸借契約といい、典型例は銀行からの借り入れです。

　金銭消費貸借契約において、借入金の返済期限に関する約定がなされており、借主が当該借入金を返済する前に破産手続開始決定を受けた場合、民法上、借主は貸主に対する借入金債務について有する期限の利益を失います。

●消費貸借契約は請負契約、寄託契約、委任契約など他の形態の契約と一緒に、４択正誤問題で出題されることが多いです。

また、**金銭消費貸借契約において、自然災害などの不可抗力をもって損害賠償請求の抗弁*とすることはできません。**

なお、消費貸借契約と似たものに、**消費寄託契約**があります。消費寄託契約の典型例は預金者の銀行への預入れ（預金契約）で、要物契約です。

(2) 法定利息

企業（商人）間で金銭消費貸借契約を締結し、利息の定め（約定）をしなくても、貸主は法定利息を請求することができます。

法定利息は改正民法により、3年ごとに見直しをする変動制に移行しました。ただし、**いったん発生した債権の利率は、利率が生じた時点のものに固定されます。**

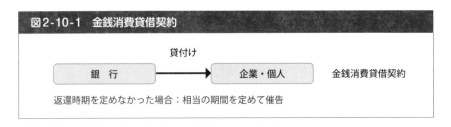

図2-10-1　金銭消費貸借契約

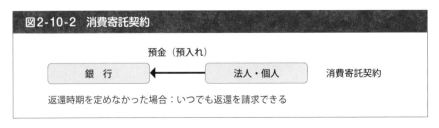

図2-10-2　消費寄託契約

***抗弁（こうべん）**　債務者が、相手方の請求権の行使を拒否し、その延期を要求すること。

(3) 利息・利率・貸付けに関する規制

法律名	規制内容
利息制限法★	約定利率の**上限を超えた部分の利息は無効**
貸金業法★	貸金業者が業として年109.5％を超える金銭消費貸借契約を締結した場合は、**契約自体が無効** 相手方の年収の3分の1を超える貸付けは不可➡総量規制（ただし、銀行は貸金業法の対象外）
出資法★	年利率の最高限度の20％を超える貸付契約をしたり金利を受け取った場合は、**刑事罰が科される**

- ●「消費貸借契約」では返還に際し、"直ちには"請求できず、相当の期間を定めて催告する必要がありますが、「消費寄託契約」ではいつでも返還を請求できるという点が異なります。
「消費寄託契約」の典型例である預金契約ではいつでも銀行から預金を引き出せる、ということを思い出せば容易に理解できると思います。
- ●金銭消費貸借契約は他の契約と違い、自然災害などの不可抗力による支払遅延は認められませんし、損害賠償請求についても貸主に対し反論（抗弁）できません。理由は金銭は代替物が必要なく、場所や時間に関係なく調達できるからです。
- ●利息制限法➡貸金業法➡出資法の順に、規制が厳しくなっていくことに注意してください。
- ●利息制限法では約定利率を超えた部分の利息だけが無効となりますが、出資法では違反した業者に対し刑事罰が科されます。
- ●銀行は個人・法人にお金を貸し付けますが、貸金業法の規制対象になっていないので注意が必要です（銀行法の規制の対象です）。

2

企業取引の法務

11 不動産の賃貸借契約

アパートを借りていて、契約満了で大家さんに契約を更新する気が
なければ、即追い出される!?

重要度：★★★

● 「借家権」と「借地権」に関する問題は必ず出題されます。借家権者・借
地権者などの賃借人は大家・地主に比べて弱い立場にあり、また現実に使
用しているので、借地借家法は賃借人の保護を目的としています。したがっ
て、賃貸借契約の更新にあたっては、賃貸人の側に更新を拒絶する正当な
理由がない限り、更新拒絶は認められません。

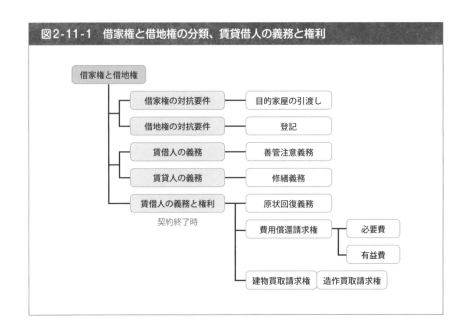

図2-11-1　借家権と借地権の分類、賃貸借人の義務と権利

● 「借地権と借家権の対抗要件」、「賃貸借契約の更新にあたっての拒絶」、「借主
の義務：①善管注意義務、②返還時の原状回復義務、③費用償還請求権」、「必
要費と有益費」、「賃借権の譲渡・転貸における賃貸人の承諾」など、毎回多く
の設問が出題されています。

不動産の賃貸借契約（借家権と借地権）

（1）不動産の賃貸借契約と借地借家法

不動産（借地・借家）の賃貸借契約をカバーする法律が「**借地借家法**」で、賃借人の保護を目的とする特別法です。

（2）賃貸人および賃借人の義務

ア）賃貸人の義務＝「修繕義務」

賃貸人は賃借人に目的物を貸す義務を負います。したがって、賃借人が目的物を使用収益する上で支障がある場合、賃貸人は目的物について修繕義務を負います。

イ）賃借人の義務＝「善管注意義務」

賃借人は目的物を善良な管理者の注意をもって管理しなければなりません。

（3）賃貸借の第三者への対抗要件

ア）建物の所有を目的とする借地契約：**登記**

借地上の建物の登記です。

イ）借家契約：賃借の目的家屋の**引渡し**

居室やオフィスなど賃貸借の目的家屋を、実際に賃借人に引き渡すことです。

（4）賃貸借の期間

更新時の条件により以下のようになります。

ア）借地権の種類と期間

```
普通借地権（更新あり）：30年 ┐
                          ├─ 更新後の期間の定めあり：＋20年以上
                          └─ 更新後の期間の定めなし：＋20年
定期借地権（更新なし）：50年以上
```

（注）上記の定期借地権は一般定期借地権です。専ら事業で用いる事業用定期借地権には、存続期間「10年以上30年未満」と「30年以上50年未満」の2種類があります。

イ）借家権

最短で1年となります。期間の上限については制限がありません。

（5）賃貸借契約の更新

賃貸人からの**賃貸借契約の更新の拒絶は、正当な事由がないと認められません。**

(6) 賃借権の譲渡・転貸 ★

賃借人が賃借権を譲渡したり、**賃借している物を第三者に転貸する場合は、賃貸人の承諾を得なければなりません。**

賃貸人に**無断で譲渡・転貸した場合、賃貸人は賃貸借契約を解除**できます。

転貸の場合、賃貸人は転借人に対して直接、賃料の請求ができます。

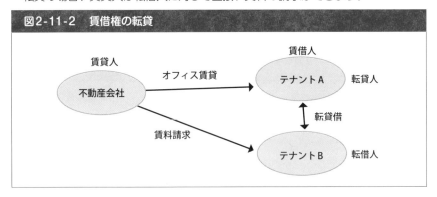

図2-11-2　賃借権の転貸

(7) 賃貸不動産が譲渡された場合の対応

不動産の譲受人(新たな所有者)が、賃借人に賃料を請求するためには、賃貸物である**不動産の所有権移転登記**が必要となります。

(8) 特殊な不動産賃貸借

「博覧会の期間中だけ土産物屋を開く」というように、一時的な使用のために設定されたことが明らかな建物の賃貸借については、前述の存続期間や更新の制約に関する規定が適用されないので、注意が必要です。

賃貸借契約終了に伴う義務

(1) 原状回復義務

賃借人は、目的物の通常の使用収益を妨げるものを設置していたときは、これを取り除いて賃貸借開始時の原状に戻した上で返還しなければなりません。これを「**原状回復義務**」といいます。

(2) 費用償還請求権

必要費 ★：賃貸目的物の保存に必要な費用

　　　　➡賃借人は**直ちに**賃貸人に**全額の償還**を請求できます。

有益費 ★：賃借人が目的物に改良を加えるなど、賃貸目的物の価値を高める費用

➡賃貸人は「賃借人が事実上支出した金額」か「目的物の価格の現在の増加額」のいずれかを選択し、**賃貸借契約終了時**に賃借人に**償還**します。

(3) 建物買取請求権

　借地契約が更新されずに終了した際、その借地上に借地人が建てた建物が残存している場合、借地人は土地の所有者（賃貸人）に対し、**時価**で当該建物を買い取るよう**請求**することができます。

(4) 造作買取請求権★

　賃借人が賃貸人の同意を得て借家に建具などを設置した場合、**当事者間に特約がない限り**、賃借人は、賃貸借契約終了時に「**造作買取請求権★**」を行使して、借家に投下した費用を回収することができます。

　なお、造作買取請求権は任意規定です。強行規定ではありません。

- ●不動産の賃貸契約にあたっての賃借人の義務＝①善管注意義務、②原状回復義務、権利である費用償還請求権と内容をよく覚えておきましょう。また、賃貸人の義務＝修繕義務と内容もよく覚えておきましょう。
- ●「必要費」と「有益費」の違い、賃借人への償還時期の違いも覚えておきましょう。
- ●改正民法での改正点（下記コラム参照）に関する設問が出題される可能性があります。

改正民法（2020年4月施行）

①改正民法では賃借人の義務について、通常損耗*の回復義務までは負わないこと、損傷に賃借人の帰属性がない場合は「原状回復義務」を負わないこと、が明文化されました。

②建物の賃貸借契約が継続している間に建物の所有者が代わった場合の対応について、旧法には規定が設けられていませんでした。改正民法では、「不動産が譲渡されたときは、賃貸人としての地位は、原則として不動産の譲受人（新たな所有者）に移転する」という規定が設けられました。

---

*通常損耗　畳の擦れ、壁紙の傷みなど、経年変化に伴う損耗。

請負契約

土木・建設工事の契約では、目的物（例えばトンネル）が完成したら
契約解除はできないの？

●売買契約では、契約不適合によって契約の目的を達成できないとき、買主
は契約を解除することができます。請負契約の建物・土地の工作物に関し
ては、工事完成後は契約を解除できませんでしたが、改正民法では解除で
きるようになりました。

請負契約と契約不適合責任

(1) 請負契約

「請負人がある仕事を完成させることを約束し、注文者がその仕事の結果（成果）
に対し報酬を与える」という労務型の契約を「**請負契約**」といいます。

代表的なものとして、**土木・建設工事契約**、**演奏家・役者との出演契約**、**洋服の
仕立て屋への注文**などが挙げられます。

(2) 請負契約の内容と効果

民法上は、当事者間の意思表示の合意で成立する「諾成契約」です。

ただし建設工事については、その特殊性や金額に鑑み、**建設業法上、書面による
契約が必要**となります。

請負人は仕事を完成させるために、従業員などの補助者を使用することができ、
また下請人に仕事をさせることもできます。

ただし建設業法では、請け負った仕事を一括して下請業者に請け負わせる**「一括
下請」を禁止**しています。

●請負契約の一種である建設工事は、書面による契約が必要です。しかし、これ
はあくまで業法である**建設業法**での規定です。過去問では問題文に"民法上"
という但し書きがあり、民法上では諾成契約なので書面による契約は不要とい
うことになります。

　請負契約の場合、注文者は請負人が仕事を完成する前であれば、いつでも損害を賠償して契約を解除できます。

(3) 請負契約の契約不適合責任

　仕事の目的物が請負契約の内容に適合しない場合、注文者は売買契約と同様、請負人に対して契約不適合責任を追及することができます。

　具体的には、①追完請求、②代金減額請求、③損害賠償請求、④契約解除です（本章Theme9参照）。

(4) 請負契約の契約不適合責任の期間制限

　注文者（買主）が種類・品質における契約不適合を知ったときから請負人にその旨を**連絡**するまでは、**原則1年以内**となっています。

　ただし、注文者の与えた指示により契約不適合が発生した場合には、たとえ1年以内であっても、請負人に対して契約不適合責任を追及することはできません。

得点アップ講義

● 請負契約を解除できる権利（解除権）を保有するのは契約当事者双方ではなく、注文者のみであることに注意が必要です。

● 設問が請負契約全般の話なのか、それとも建設請負契約のみの話なのか、区別することが大事です。

● 報酬を受ける権利の発生時期と、報酬の支払時期が異なることにも注意が必要です。

● 契約不適合があることを知った注文者の請負人に対する最初のアクションは、**連絡**です。上記(3)のような請求・解除の責任追及は1年経過後であっても構わない、ということは大事なので覚えておきましょう。

コラム

改正民法（2020年4月施行）

　改正前の民法の請負契約における担保責任の規定では、目的物が建物・土地の工作物であるとき、契約内容に適合しない場合であっても契約の解除ができませんでした。現行の民法にはこのような "縛り" はありません。

その他の労務型契約（委任契約と寄託契約）

●善良な管理者の注意義務＝「善管注意義務」は、委任契約の場合には有償契約だろうと無償契約だろうと要求される、受任者の義務です。一方、寄託契約の場合は、無償契約ならば「善管注意義務」は要求されず、「自己の財産を管理するのと同一の注意義務」に軽減されます。この違いには十分注意してください。ただし、商人間の寄託契約の場合はこの軽減規定は適用されません。

その他の労務型契約（委任契約と寄託契約）

（1）委任契約

　委任者が受任者に、法律行為をなすことあるいは事務の処理を委任し、受任者がこれを承諾することによって成立する契約を、「**委任契約**」といいます。

　「**委任**」は「法律行為をなすことを委任する」ことをいい、「**準委任**」は「その他の処理を委任する」ことをいいますが、法律的な効果には違いがありません。

（2）委任契約の効果

　委任契約は、当事者間の意思表示の合意で成立する**諾成契約**です。

　商人間で委任契約を締結した場合は、契約に報酬の約定がなくても、受任者は委託者に対し報酬を請求することができます。

　善良な管理者の注意＝善管注意義務は、有償契約であろうと無償契約であろうと受任者に課される注意義務です。

●寄託契約と委任契約は、消費貸借契約、請負契約など他の形態の契約と一緒に、4択正誤問題で出題されることが多いです。

(3) 寄託契約とその効果

　倉庫業者が、商品などの品物を他人のために保管することを約する契約を「**寄託契約**」といいます。

　寄託契約は、改正民法で要物契約から「諾成契約」に変更されました。

受寄者：有償で荷物を寄託者から預かった倉庫業者をいいます。
寄託者：倉庫業者に荷物を預けた者をいいます。

・善管注意義務の有無

　有償寄託契約の「受寄者」は「善管注意義務」を負います。

　民法では、無償寄託契約の「受寄者」には「善管注意義務」はなく、自己の財産におけるのと同一な注意を払えば済みます。

　ただし商人間の場合は、たとえ無償寄託契約であっても、「受寄者」は「善管注意義務」を負います。

●問題文では、無償・有償という直接的な表現は使われません。
　例えば、有償のことを「保管料を受領する」、「報酬を請求する」といった間接表現にしています。
●問題文では「寄託契約」における商人という直接的な表現は使われません。
　「倉庫業者であるX社」とか「X社」という表現から、受託者が商人であると判断してください。

改正民法（2020年4月施行）

　複数の者が寄託した物の種類および品質が同一の場合は、「受寄者」は各「寄託者」の承諾を得て、これらを混合して（まとめて）保管することができる、という「混合寄託」の規定が改正民法で新設されました。

2

企業取引の法務

Theme

14 国際取引

外国企業との間で初めて取引が成立し、契約を結ぶ段になった。両者間でトラブルが起きたときはどちらの国の法律に従って解決するのか？ あるいは別の国の法律でもいいのか？

重要度：★☆☆

●外国企業とのトラブルが起きた場合、どの国の法律に基づいて解決するのか、どこの国の裁判所に申立てをするのか——という国際裁判管轄と準拠法の問題が出題されます。それぞれの基本をしっかり把握しておくことが大事です。

国際裁判管轄、準拠法ほか

(1) 国際裁判管轄

　「外国企業との間でトラブルが生じた際、どこの国の裁判所に訴えればよいのか」を「**国際裁判管轄**」の問題といいます。

　「国際裁判管轄」については、あらかじめ当事者間の契約で合意しておくべきですが、その**合意は書面か電磁的記録によらなければ効力を生じない**、と民事訴訟法で規定されています。

(2) 準拠法

　「外国企業との間でトラブルが生じた際、どこの国の法律に基づいて解決すればよいか」を「**準拠法**」の問題といいます。

　「準拠法」の選択・決定は当事者の自由意思に委ねる——という **"当事者自治の原則★"** が日本では採用されています。

　「準拠法」をあらかじめ定めていない場合は、当該契約に最も密接に関係する地の法律を「準拠法」にする——という旨が法適用通則法で定められています。**この場合の「準拠法」を「最密接地関係法」と呼びます。**

●3級の過去問では、国際裁判管轄の問題と準拠法の問題が出題されている程度です。より詳しい内容は2級で出題されます。

(3) 国際取引と契約書作成

　外国企業との取引が成立したら、契約書の作成は必須です。ただし、相手方と契約交渉の過程で合意に至った事項を書面で確認しておくことも大事です。

　書面による確認の方式としては、次表のものがあります。

ミニッツ・オブ・ミーティング (MOM：Minutes of Meeting)	交渉議事録
レター・オブ・インテント (LOI：Letter of Intent)	予備的な合意事項や了解事項を簡潔に記載した書類
エム・オー・ユー (MOU：Memorandum of Understanding)	

- 国際裁判管轄と準拠法の問題とは別物であり、日本に裁判管轄権があるからといって、準拠法が日本になるとは限りません。この点、注意が必要です。
- 国際法務においては、たとえ当事者で裁判管轄などの取決めを合意しても、外国の裁判所の考え方や法律が相違する、あるいは適用されないケースがあります。外国の裁判所に関する問題文で断定的な記述であれば誤りの可能性が大です。「～とされることもあり得る。」「～となるとは限らない。」などと断定を避けた記述になるのがノーマルです。

15 不法行為とは？ その成立要件

重要度：★★★　他人に事故で損害を与えた場合、それが直ちに「不法行為」といえるのか？

●「不法行為」が成立する5要件をよく覚えてください。1つでも欠けると成立しません。また、怪我などの直接的被害のみならず、事故後の精神的苦痛、怪我により休業を余儀なくされたための経済的損失なども損害賠償の対象となります。

不法行為とは──その成立要件

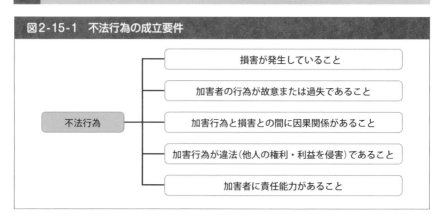

図2-15-1　不法行為の成立要件

不法行為 ─┬─ 損害が発生していること
　　　　　├─ 加害者の行為が故意または過失であること
　　　　　├─ 加害行為と損害との間に因果関係があること
　　　　　├─ 加害行為が違法（他人の権利・利益を侵害）であること
　　　　　└─ 加害者に責任能力があること

　不法行為とは、故意または過失によって他人を侵害した場合、これによって生じた損害を加害者が被害者に対して、賠償する責任を負うことです。この損害賠償責任は契約に基づくものではなく、「他人を害した」という事実に基づいて発生するものです。

●不法行為の成立要件を問う「運送会社のトラックが人身事故を起こして目的物を客先に届けられなかった」という事例についての設問がありました。社員ドライバーの債務不履行責任だけでなく、不法行為における使用者責任も負う、という複合問題が3級でも出題されました。

(1) 損害が発生していること

積極的損害：治療費や修理費などの現実に出費された金額を指します。

消極的損害：休業損害など、本来であれば収入として見込まれたにもかかわらず得られなかった収入を指します。

➡ **得べかりし利益**ともいいます。

「**財産的損害**」には以上のものがあります。また**非財産的損害**として、精神的苦痛（慰謝料の対象となる）や**名誉・信用の毀損**などがあります。

(2) 加害者の行為が故意または過失であること

「不法行為」の根底にある考え方は「過失責任主義の原則」と「自己責任主義」です。

(3) 加害行為と損害との間に因果関係があること

前提条件　　：ある原因行為がなければ、その結果が生じなかった。

相当因果関係★：「その行為があれば通常そのような結果が発生したであろう」と一般的に予知できる関係。

(4) 加害行為が違法（他人の権利・利益を侵害）であること

・例外事由＝「違法性阻却事由★」

　加害行為に正当防衛や緊急避難などが成立する場合には、違法性が認められません。正当防衛★や緊急避難★のように、違法性がなく不法行為の成立を妨げる事由を**「違法性阻却事由★」**といいます。

正当防衛★：他人の不法行為に対して、自己または第三者の権利・利益を守るためにやむなく加害行為をすること。

緊急避難★：他人の物から生じた急迫*の危険を避けるために、その物を損傷すること。

(5) 加害者に責任能力があること

　「自分のしたことがどのような結果をもたらすかを予想でき、かつ、それを回避するのに必要な行動を取ることができる能力」を、**責任能力**★といいます。

　判例では、「責任能力」を有するのは小学校卒業前の**11〜12歳以上**としています。制限行為能力者の判断基準となった**事理弁識能力**★を有するのは5〜6歳以上であり、それと比べて高い年齢になっていることに注意してください。

---

*急迫　物事が急で緊迫した状態になること。

企業取引の法務　2

▼責任能力と事理弁識能力

責任能力	自分のしたことがどのような結果をもたらすかを予想でき、かつそれを回避するのに必要な行動を取ることができる能力	11～12歳以上
事理弁識能力	物事の良し悪しを判断できる能力➡Theme4参照	5～6歳以上

- ●不法行為に関する設問は法律用語が多く出てくるので、各用語の意味をしっかり把握・理解してください。
- ●「正当防衛」や「緊急避難」が認められる場合は、不法行為が成立しないことを覚えてください。
- ●一方、不法行為が成立する要件の1つとして「責任能力」の有無が問題になります。「事理弁識能力」はあっても「責任能力」のない小学校入学前後の児童が犯した行為は、「不法行為」とはならないことに注意してください。

16 損害賠償の方法、範囲および額の確定

重要度：★★★

事故に遭った。自分にも落ち度があったので損害賠償額は減額されると考えられるが、自分が付保した保険の保険金はどうなるの？

学習アドバイス

●損害賠償の方法、範囲および額の確定については毎回必ず出題されるので、各項目についてよく勉強しておいてください。損害賠償金の確定において、自分が付保して受け取った保険金は損失相殺の対象になりません。また、3歳児が投げた石が当たって怪我をした場合は、子供に責任能力がないので不法行為は成立しません。

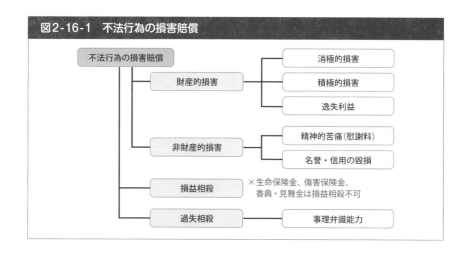

図2-16-1　不法行為の損害賠償

- 不法行為の損害賠償
  - 財産的損害
    - 消極的損害
    - 積極的損害
    - 逸失利益
  - 非財産的損害
    - 精神的苦痛（慰謝料）
    - 名誉・信用の毀損
  - 損益相殺　×生命保険金、傷害保険金、香典・見舞金は損益相殺不可
  - 過失相殺　── 事理弁識能力

出題者の目線

●「保険金や香典が損害賠償の損益相殺の対象になるか否か」の設問もよく出題されます。

損害賠償の方法、範囲および額の確定、逸失利益ほか

(1) 損害賠償の方法

損害賠償は金銭によるのが原則です。**➡金銭賠償の原則**

不法行為の場合は、修理・修繕のような原状回復義務はありません。

(2) 損害賠償の範囲

加害行為によって発生した損害であり、加害行為と損害との間に因果関係がなければなりません。

加害行為の結果として通常発生すべき損害＝**通常損害**と、特別の事情によって生じた損害のうち、加害行為の当事者が予見しまたは予見することができた損害＝**特別損害**の**2種類の損害**があります。

(3) 損害賠償額算定の基準時

原則として「加害行為のとき」を基準として損害賠償額を算定します。

(4) 損害賠償額の確定

ア) 財産的損害の算定

a. 所有権の侵害の場合

所有物が滅失した場合：滅失時の時価が損害額となります。

所有物が毀損した場合：修理・修繕に要する費用が損害額となります。ただし、修繕不能の場合や修繕費用が当該物の時価を超えるような場合は、毀損時の時価が損害額となります。

b. 生命の侵害の場合

死亡による財産的被害のほか、死亡に至るまでの治療費や葬式費用も損害額となります。財産的被害は**消極的損害**、その他は**積極的損害**です。

死亡による財産的被害は、主に「逸失利益★」です。「逸失利益★」とは「本来であれば収入として見込まれたにもかかわらず得られなかった収入」を指します。

「逸失利益」の計算方式は次のとおりです。

逸失利益＝[(死亡時の年収－本人の年間生活費)×稼働可能年数]－中間利息

　ここで注意すべきは、**本人の年間生活費が控除（マイナス）されている点と、将来受けるべき利益を一時金として受け取るために利息が控除されている点**です。

　他の財産的損害としては、事故により仕事を休まざるを得ない休職・休業に伴う休業損害もあります。

イ）非財産的損害の算定

　・非財産的損害には精神的苦痛（慰謝料[★]の対象となる）や、**名誉・信用の毀損**などがあります。

　慰謝料請求は、精神的苦痛を感じない幼児にも判例上認められている点に注意が必要です。

（5）不法行為の時効

	不法行為
損害賠償一般	損害及び加害者を知った時から3年以内、かつ不法行為の時から20年以内
人の生命または身体の侵害による損害賠償権	損害及び加害者を知った時から5年以内、かつ不法行為の時から20年以内

損益相殺と過失相殺

（1）損益相殺[★]

・被害者が不法行為によって損害を受ける一方で何らかの利益を受けた場合にその利益額を損害額から差し引いて賠償額を決定することを、「**損益相殺**[★]」といいます。

・前述の逸失利益[★]の計算で算出根拠となる被害者本人の年間生活費は「損益相殺」の対象となります。

・ただし、**生命保険金や傷害保険金は「損益相殺」の対象となりません**。同じく、**香典・見舞金も「損益相殺」の対象となりません**。

(2) 過失相殺★

・不法行為に際して、被害者にも過失があって、それが損害の発生や拡大の一因となった場合、損害額から被害者の過失割合に相当する額を差し引いて損害額を決定することを、**過失相殺**★といいます。

　例えば、歩行者を車ではねた人身事故の場合、歩行者が横断歩道を渡っていなかったり、赤信号で横断歩道を渡った場合などは「過失相殺」が適用されます。

・ただし、**この被害者の"過失"** は不法行為の成立要件である"故意・過失"と違い、**不注意程度でよいもの**とされています。

a. 事理弁識能力★

「過失相殺」が適用される要件の1つとして、被害者に「事理弁識能力★」が備わっていることがあります。被害者に「責任能力」が備わっている必要はありません。

　➡「事理弁識能力」と「責任能力」については本章Theme 15参照。

b. 被害者側の過失

　被害者と身分上ないし生活関係上一体をなすと見られる者に過失があるときに、この者の過失が「被害者の過失」として考慮され、「過失相殺」が行われることがあります。

- 不法行為が成立するための加害者の能力＝「責任能力」と、過失相殺が成立するための被害者の能力＝「事理弁識能力」の違いと対象年齢を覚えておきましょう。
- 「逸失利益」の算定にあたっては、被害者本人の年間生活費と中間利息が控除（マイナス）となることを覚えておきましょう。

Theme

17 特殊な不法行為

タクシーの運転手（従業員）や、マイカーを貸していた友人が事故を
起こした場合、タクシー会社や車の保有者は損害賠償責任を負わな
ければならないの？

重要度：★★★

●特殊な不法行為とは、不法行為が成立するための5つの要件がなくても成
立する不法行為です。上記ケースでは、車の保有者であるタクシー会社や
マイカーの保有者は、実際に事故を起こした者でなくても「運用供用者」
として損害賠償責任を負います。

■ 特殊な不法行為

　一般の不法行為では、Theme 15で示した5つの成立要件が存在することを被害
者側で立証しなければなりません。とはいえ、公害のように「企業の原因行為と損
害との間に因果関係があるかどうか」を被害者が証明するのは困難な場合もあるた
め、不法行為の5つの成立要件が存在しなくても被害者を救済できる特殊な不法行
為が、法律で定められています。

（1）監督義務者の責任
　責任無能力者を監督すべき法定の義務がある者＝「**監督義務者**」および監督義務
者に代わって責任無能力者を監督する者＝「**代理監督者**」は、責任無能力者が第三
者に与えた損害を賠償する責任を負います。

監督義務者：親権者、未成年後見者、児童福祉施設の長
代理監督者：幼稚園、保育所、小学校、中学校の教員や保育士

●特殊な不法行為として「監督義務者の責任」、「使用者責任」、「製造物責任」、「運
用供用者の責任」などが過去によく出題されています。

この監督義務者の責任は、責任無能力者の責任を監督義務者が代わって引き受けるものでなく、**監督義務者自身の責任**です。

(2) 使用者責任★

被用者が使用者の事業の執行において起こした不法行為について、使用者が負う責任のことを「**使用者責任★**」といいます。

被害者は、加害者である被用者と使用者の双方に対して責任を追及できます。

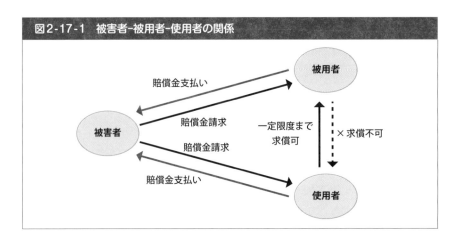

図2-17-1　被害者−被用者−使用者の関係

(3) 土地工作物責任★

建物や電柱など土地に付着した工作物の設置や保存に欠陥（瑕疵）があり、そのために損害が発生したとき、当該工作物の占有者（管理人、賃借人）または所有者が損害賠償責任を負います。これを「**土地工作物責任**」といいます。

損害が発生した場合の一次的責任：当該工作物の占有者（管理人、賃借人）が負います。ただし、損害の発生を防止するのに必要な措置を講じたことを自ら証明できた場合は免責となります。

免責の場合の二次的責任：**土地の工作物の所有者が責任を負います。**これは**無過失責任です。**

(4) 製造物責任

製品の欠陥が原因で損害が発生した場合、その製品の製造業者（メーカー）などが負う責任のことを、「**製造物責任**」といいます。

「消費者は、製造業者などの故意・過失の有無にかかわらず、製品に欠陥が存在す

ることを証明できれば損害賠償責任を追及できる」とする**製造物責任法（PL法）**が施行されています。

　PL法では、「製品など製造物の欠陥によって他人の生命・身体・財産を侵害した場合に、製造業者などが損害賠償責任を負う」旨が定められています。

　「製造物」の定義：製造・加工された動産を指します。**不動産やサービス、未加工の農林水産物は含まれません**。

　「製造業者など」の定義：製造・加工メーカーだけでなく、**輸入業者も含まれます**。流通業者や小売事業者は含まれませんが、**PB商品を販売している大手スーパー、コンビニなどは含まれます**。

（5）公害に関する法的責任

　公害については、住民などの被害者が、その原因を特定して結果との間の因果関係を証明するのは極めて困難なので、この因果関係の証明責任を軽減して被害者の救済を図るため、各種の公害関係の法律が整備されました。公害により生じた損害について、事業者の無過失責任を求めています。

　例えば、大気汚染防止法、水質汚濁防止法などです。

（6）運用供用者責任★

　自動車の保有者＊などを運用供用者とし、使用人や友人など他人に運転させていた場合にも、運用供用者が自動車事故における損害賠償責任を負います。

　被害者は、加害者の責任追及にあたって、自動車の運行によって損害を被ったという事実のみを証明すればいいのに対し、**運用供用者は免責3要件を証明しなければ、免責とはなりません**。

　しかし**免責3要件の証明は極めて困難**であり、実質的には運用供用者に無過失責任を課したのと同様の結果になってしまいます。

　これを救済すべく、自動車損害賠償保障法（自賠法）に基づく強制保険制度（自賠責保険制度）が定められています。

＊**自動車の保有者**　所有者や賃借人等自動車を使用する正当な権限を持っている者。後半部分はレンタカーを借りている人などを指す。

(7) 共同不法行為責任

公害で川に廃液を流している事業者が複数いた場合など、不法行為を行った加害者が複数いる場合、加害者である各人はその**共同不法行為**と相当因果関係のある**全損害に対して連帯して賠償責任を負います**。

➡**共同不法行為責任**といいます。

(8) 失火責任

日本では木造の建物が多く、類焼が拡大する危険があり、**失火者に普通の不法行為の責任を負わせるのは酷**なので、行為者の責任を緩和する「**失火責任法**」があります。

失火責任："故意・**重過失（重大な過失）**"の場合のみ損害賠償責任を負う。

一般の不法行為責任："故意・過失"のある場合、損害賠償責任を負う。

- 土地工作物責任において、「賃借人などの占有者が損害の発生を防止するための必要な措置を行ったことを証明し、損害賠償責任が免責された場合には、土地の工作物の所有者が最終的に損害賠償責任を負う」という2段階の手順になっていることに注意が必要です。
- PL法においては、「未加工の農林水産物は法の適用外である」、「製造・加工業者だけでなく、当該物を輸入した輸入業者も製造物責任を負う当事者に含まれる」という2点が要注意であり、よく出題されます。
- 失火責任は"故意・重過失"でないと不法行為にはならないことを把握してください。

18 事務管理、不当利得

マンションの隣人の留守中に届いた受取人払いの荷物の代金を立替払いし、荷物を預かった。この場合の受領者の法的な義務と権利は？

- 上記のように、**法律上の義務がないのに**、**他人のために事務の管理を行う**ことを、「事務管理」といいます。狭い意味のオフィスでの "事務" より広い意味なので、間違えないようにしてください。管理者は善管注意義務を負い、本人に遅滞なく（上記の場合は隣人帰宅後速やかに）通知する義務も負います。
- 私的な賭博行為で支払った負け金は公序良俗に反し無効なので返還請求が可能——のようにも思えますが、できません。理由は、賭博の負け金は不法な原因によりなされた**不法原因給付**であり、支払った負け金の返還請求を勝った人に対して行うことはできません。また、貸金業者が利息制限法の**上限を超える利息を借主から受け取った場合、超過利息部分は不当利得**なので、貸金業者は借主に返還しなければなりません。

■ 事務管理とその成立要件、管理者の権利および義務

（1）事務管理★

　法律上の義務がないのに、他人のために事務の管理を行うことを、「**事務管理★**」といいます。

　隣人の留守中に届いた受取人払いの荷物の代金を立替払いし、荷物を預かった場合は、「事務管理」の問題となります。

- 事務管理と不当利得のいずれかが毎回出題されています。
- 不当利得の過去問はそれほど多くなく、ほとんどが不法原因給付で、正誤問題の中に含まれています。
- 「ギャンブルでの賭け金の返還請求が認められるか否か」を問う設問が多いです。

(2) 事務管理の成立要件

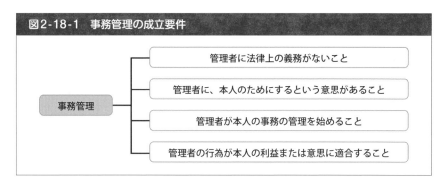

図2-18-1　事務管理の成立要件

事務管理
- 管理者に法律上の義務がないこと
- 管理者に、本人のためにするという意思があること
- 管理者が本人の事務の管理を始めること
- 管理者の行為が本人の利益または意思に適合すること

(3) 管理者の権利および義務

ア) 管理義務および管理継続義務

管理者の負う義務は「**善管注意義務**」です。

管理者は、本人またはその相続人・法定代理人が管理できるようになるまで、事務管理を継続しなければなりません。

イ) その他の義務

管理者は、事務管理の開始を遅滞なく本人に通知する義務を負います。

ほかに、委任契約における受任者の報告義務、受取物の報告義務、利息の支払義務なども負います。

ウ) 費用償還請求権

管理者は、本人のために有益な費用を支出したときには、本人に対しその費用の償還を請求できます。

エ) その他の権利

管理者は、本人からの報酬はなく、損害賠償請求権も持ちません。

不当利得と不法原因給付

(1) 不当利得★

法律上の原因なく他人の財産・労務により利益を受け、そのために他人に損失を及ぼすことを、「**不当利得**★」といいます。

(2) 不当利得の成立要件

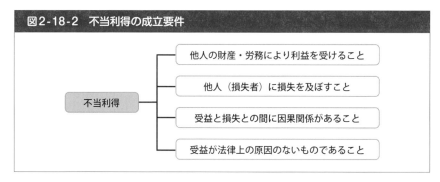

図2-18-2　不当利得の成立要件

不当利得
- 他人の財産・労務により利益を受けること
- 他人（損失者）に損失を及ぼすこと
- 受益と損失との間に因果関係があること
- 受益が法律上の原因のないものであること

(3) 受益者が返還すべき利益の範囲

ア) 受益者が法律上の原因がないことにつき善意であった場合

受益者は、利益の存する限度＝**現存利益**で損失者にこれを返還する義務を負います。受け取った利益そのものがすでに存在しない（金銭であれば生活費や借入金に充当した）場合には、これらにあてることによって支出を免れた財産が存在しているので、これが「**現存利益**」であり返還しなければなりません。

イ) 受益者が法律上の原因がないことにつき悪意であった場合

上記「現存利益」に利息を付して損失者に返還しなければなりません。

(4) 不法原因給付★

不法な原因のために給付をした場合、給付者は給付物の返還を請求することができません。この法律関係を「**不法原因給付**」といいます。

公序良俗に反する事項を目的とする契約等は無効であり、本来、それに基づいて給付された物は不当利得となるはずです。しかし、自ら不法な給付をした者に"法の助力"を与えることは妥当でないため、不法原因給付がなされた場合には給付物の返還請求はできません。

2

企業取引の法務

- 原則、不当利得は損失者に返還されなければなりませんが、公序良俗に反する行為によって得られた不当利得は（不法な給付をした損失者を助ける必要がないという法理から）返還請求ができません。原則論で出題される設問があるので、注意が必要です。
- 「不法原因給付」の返還請求は一見すると可能であり、「正しい」と解答しそうでトリッキーです。返還請求はできません。
- 「貸金業者が利息制限法の上限を超える利息を借主から受け取った場合」に関する設問では、「不当利得」で違法なので利息分は全額返還請求できる、というひっかけ問題が出題されました。返還請求できるのは超過部分だけであり、合法的な金利部分については、貸金業者は返還する必要がありません。

問題を解いてみよう

問1 条件および期限に関する次のア及びイの記述についての①〜④のうち、その内容が最も適切なものを1つだけ選びなさい。

ア．条件のうち、例えば「入学試験に合格したら、万年筆を贈呈する」旨の契約は、解除条件に該当する。

イ．期限を定めることによって享受できる利益を期限の利益といい、民法上、期限の利益は債務者のために定めたものと推定される。

①ア及びイのいずれも適切である。
②アのみが適切である。
③イのみが適切である。
④ア及びイのいずれも適切でない。

問2 請負契約に関する次のア〜エの記述のうち、その内容が適切なものの組み合わせを①〜④の中から1つだけ選びなさい。

ア．請負契約は、民法上、当事者間における意思表示の合致だけでは成立せず、その内容を契約書等の書面にすることにより有効に成立する。

イ．当事者間で特段の定めをしない限り、民法上、仕事の目的物が完成した後でなければ、請負人は注文者に対して報酬を請求することができない。

ウ．仕事の目的物に契約内容に不適合なものが存在する場合、民法上、注文者は、当該契約の不適合につき請負人に帰責事由がなければ、請負人に対し、損害賠償を請求することができない。

エ．注文者は、請負人が仕事の目的物を完成させる前であれば、いつでも契約を解除することができる。

①アイ　②イウ　③イエ　④ウエ

問3 制限行為能力者に関する次のア〜エの記述のうち、その内容が適切なものの組み合わせを①〜⑥の中から1つだけ選びなさい。

ア．成年被後見人Xが単独で日用品の購入その他日常生活に関する行為を行った場合、成年後見人Yは当該行為を取り消すことができる。

イ．被保佐人Xが、保佐人Yの同意を得て、第三者Zとの間で自己の所有する絵画を当該第三者に売却する旨の売買契約を締結した。この場合、Yは、制限行為能力者であることを理由に当該売買契約を取り消すことはできない。

ウ．未成年者Xが、自ら成年者であることを信じさせるため、電気店の店主Yに詐術を用い、それを信じたYから大型プラズマテレビを購入する旨の売買契約を締結した。この場合、Xは、当該売買契約を取り消すことができないが、当該未成年者の法定代理人Zは、当該売買契約を取り消すことができる。

エ．成年後見人Aは、成年被後見人Bを代理して、Bが第三者から金銭を借り入れる旨の金銭消費貸借契約を締結した。この場合、Bは、当該金銭消費貸借契約を取り消すことができる。

①ア－○　イ－○　ウ－○　エ－○
②ア－○　イ－×　ウ－×　エ－×
③ア－×　イ－○　ウ－×　エ－×
④ア－×　イ－×　ウ－×　エ－○
⑤ア－○　イ－○　ウ－○　エ－×
⑥ア－×　イ－×　ウ－×　エ－×

問4 A社は、B社との間でB社所有のオフィスビルの賃貸借契約を締結し、引渡しを受けた。この場合に関する次の①～④の記述のうち、その内容が適切なものを2つ選びなさい。

①借地借家法上、B社が、賃貸借契約の期間の満了の際に、その更新を拒絶するには、正当の事由があると認められなければならない。

②B社がオフィスビルの所有権を第三者であるC社に譲渡した。この場合、借地借家法上、A社は、C社に対して貸室の賃借権を対抗することができる。

③A社とB社の間で、「A社が貸室に設置した造作については、たとえB社の同意を得て設置したものであっても、B社は賃貸借契約終了時にこれを買い取らない」旨の約定をしたとしても、当該約定は、借地借家法に違反し無効である。

④賃貸借の期間中にA社が貸室の保存に必要な費用を支出した場合、民法上、A社は、直ちにはB社に対して支出した費用の全額の償還を請求することができない。

問5 契約形態に関する次の①～④の記述のうち、その内容が**最も適切でない**ものを1つだけ選びなさい。

①寄託者が商人である寄託契約においては、受寄者は、寄託者から報酬を受ける、受けないにかかわらず、受寄物の保管に関し善管注意義務を負う。

②委託契約における受任者は、委任者の本旨に従い、善良な管理者の注意をもって、委任事務を処理する義務を負う。

③民法上、当事者間の口頭による合意で行われる消費貸借契約は、当事者の一方が種類、品質および数量の同じ物をもって返還することを約束して相手方から金銭その他の物を受け取ることによって、その効力を生じる要物契約とされる。

④金銭消費貸借契約において、利息制限法の定める上限を超える約定金利を定めると、当該金銭消費貸借契約自体が無効となる。

問6 不法行為に関する次の①〜④の記述のうち、その内容が最も適切なものを1つだけ選びなさい。

① 3歳児のAが親権者Bと公園で遊んでいたところ、Aが投げた石がCに当たりCは負傷した。この場合、AはCに対して不法行為による損害賠償責任を負わないが、Bに監督義務違反があれば、Bが監督義務者として損害賠償責任を負う。

② Dは、Eが不意に木刀で殴りかかってきたので、自己の身を守るためにEを突き飛ばし、Eを負傷させた。この場合、DはEに対し不法行為に基づく損害賠償責任を負う。

③ 建築作業員のFは、高所で作業中、不注意で作業工具を落とし、たまたまその下を通過していたGにその作業工具が当たり、Gは負傷した。この場合、Fは不注意で作業工具を落としたのであり、故意にGを負傷させたわけではないから、FはGに対し不法行為に基づく損害賠償責任は負わない。

④ Hは、友人Iと口論になり、その際Iに殴打され負傷した。この場合、HはIに対して、支出した治療費などの財産的損害賠償を請求できるが、自己が受けた精神的苦痛などの非財産的損害については請求が難しい。

答え合わせ

問1 正解：③

解説（テキストp50〜52参照）

アは適切でない。実現によって効力が生じる**停止条件**が正しいです。

イは適切である。設問文のとおりです。

問2 正解：③

解説（テキストp68〜69参照）

アは適切でない。**請負契約**は当事者の意思表示のみで成立する不要式の**諾成契約**です。

イは適切である。請負契約の場合、原則として請負人の**注文者への報酬の請求は目的物（目的の役務）の完成時**に行われます。

ウは適切でない。契約不適合の場合、**請負人に帰責事由がなくても注文者は損害賠償請求を行うことができます**。

エは適切である。**目的物（目的の役務）の完成前であれば**、注文者は損害を賠償して**請負契約を解除することができます**。

問3 正解：③

解説（テキストp41〜43参照）

アは適切でない。**成年被後見人が単独で日用品の購入その他日常生活に関する行為を行った場合は、後見人は取り消すことができません**。

イは適切である。**被保佐人の契約行為は保佐人の同意を得て行ったものなので、後での保佐人による取消しはできません**。

ウは適切でない。**未成年者の詐術による契約行為は善意の第三者には対抗できず、成年後見人であっても契約の取消しはできません**。

エは適切でない。**成年後見人が成年被後見人の代わりに行った代理行為について、成年被後見人が後で取り消すことはできません**。

問4	正解：①、②

解説（テキストp64～67参照）

①は適切である。賃貸借契約の契約更新において、貸主は**正当な理由がない限り、契約の更新を拒絶することができません。**

②は適切である。賃借人の対抗要件は、賃借している**目的物の引渡し**です。

③は適切でない。**造作買取請求権は強行規定でなく、任意規定**です。したがって、賃貸借契約において造作物を引き取らない旨の特約を設けても、法律上有効であり、無効とはなりません。

④は適切でない。設問は費用償還請求権の必要費に関する記述です。**必要費は直ちに賃貸人に全額の償還請求をすることができます。**

問5	正解：④

解説（テキストp61～63、p70～71参照）

①は適切である。寄託者が**商人である寄託契約**においては、受寄者は報酬の有無を問わず、**受寄物の保管に関し善管注意義務を負います。**

②は適切である。**委託契約における受任者**は、委任者の本旨に従い、**善管注意義務をもって**、委任事務を処理する義務を負います。

③は適切である。民法上、消費貸借契約は当事者間の口頭による合意で成立しますが、効力が生じるためには物を受け取ることが必要な**要物契約**です。

④は適切でない。金銭消費貸借契約において、利息制限法の定める上限を超える約定金利を定めると、**法定金利の超過部分のみ無効**となります。

問6	正解：①

解説（テキストp74～76、p81～84参照）

①は適切である。問題文の場合、Bに**監督義務違反があれば、Bが監督義務者として損害賠償責任を負います。**

②は適切でない。問題文の場合、Dには**正当防衛が成立し、損害賠償責任を負いません。**

③は適切でない。問題文の場合、建築作業員のFと使用者である建築会社の**双方ともGに対し不法行為に基づく損害賠償責任を負います。**

④は適切でない。問題文の場合、治療費などの財産的損害賠償に加え、自己が受けた**精神的苦痛などの非財産的損害についても請求できます。**

第 **3** 章

企業財産の管理と法律

財産の対抗要件、即時取得とは

重要度：★☆☆

その人の所有物だと信じていて、後になって実は盗品だったとわかった場合、その人から譲渡された目的物は自分の物になるの？

● 自己の財産の権利を第三者に主張するための要件である対抗要件は、不動産では「登記」、動産では「引渡し」です。

● 相手の所有物であると信じて動産を取引行為で取得した者は、善意・無過失である場合はその動産を取得できます。

これを「即時取得★」といいますが、不動産や、相続で引き継いだ場合などには適用されません。

所有権の移転を第三者に主張するための要件

所有権など自己の権利を主張するために必要とされる要件を**対抗要件★**といいます。

不動産の場合の対抗要件は登記、動産の場合の対抗要件は当該動産の引渡しです。

例えば、ある商品の譲渡が成立し、当該商品の引渡しを受ける前に当該商品の代金を払っていても、結局のところ当該商品が第三者に引き渡された場合、その所有権の取得を第三者に対抗することはできません。

動産の対抗要件はあくまで"引渡し"であるからです。

● 「即時取得」は善意・無過失の当事者が動産を取得した場合に成立するので、たとえ善意・無過失であっても不動産には適用になりません。そのことを問う設問が出題されています。

● 公式テキストには記載がありませんが、勘違いによる「即時取得」を問う設問も出題されています。

即時取得とその例外

(1) 即時取得★

売買などの取引行為により動産を取得した者が、取得の際に相手の所有物であると信じるなど善意・無過失の取得者だった場合は、その動産に関する権利を取得します。これを**「即時取得★」＝「善意取得」**といいます。

図3-1-1　即時取得の成立要件

即時取得の成立
- 取得者は善意・無過失
- 取得物（目的物）は動産
- 取引行為により取得

(2) 即時取得の例外

不動産については、譲渡人の登記移転手続を信頼して取得しても、実際の移転登記がなされていなければ、不動産を取得できません。

また、「即時取得」は上述のように**取引行為により動産を取得した者だけに適用**されるので、**盗品や遺失物、相続財産には適用されません**。

さらに、自分の所有物（動産）であるという**"勘違い"**によって他人の所有物（動産）を取得した者は、**たとえ善意・無過失でも「即時取得」が適用されません**。

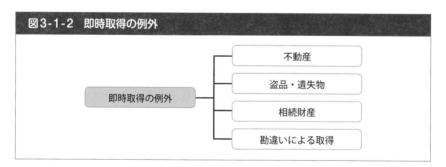

図3-1-2　即時取得の例外

即時取得の例外
- 不動産
- 盗品・遺失物
- 相続財産
- 勘違いによる取得

- 設問はいろいろ書いてあるケースがありますが、あくまで「対抗要件は不動産なら登記、動産なら引渡し」だというシンプルなポイントを把握しておいてください。
- 「即時取得」は、取得者が善意・無過失であり、取引行為によって取得した動産のみに適用されます。盗品や遺失物、相続、勘違いによる取得、不動産には適用されないことを覚えておいてください。

Theme
2 債権譲渡

債務者である自分が知らない間に、自分に対する債権を債権者が自
己都合で第三者に譲渡したとしても有効なの？

重要度：★★☆

学習アドバイス

● 「債権譲渡[★]」には、債権者から債務者への通知または債務者の承諾が必
要です。譲受人が第三者に債権譲渡を対抗するには、上記通知あるいは承
諾を確定日付のある証書によるか、「動産及び債権譲渡の対抗要件に関す
る民法の特例法」による登記が必要となります。

債権譲渡の成立要件、第三者への対抗要件

(1) 債権譲渡[★]

債権も、財産として売却されたり譲渡されたりします。ただし、当事者間の合意
によって「**債権譲渡**」を禁止することができますが、当事者が譲渡制限の意思表示
をしたときであっても、その効力は原則として有効です。

債権譲渡の対象となる債権は、譲渡の意思表示のときに実際に発生している必要
はなく、将来発生する予定の債権も有効です。

「債権譲渡」が成立するには次の**いずれかが必要**となります。

①債権の譲渡人（債権者）から債務者へ譲渡したことを通知する。
②債権を譲渡することについて、債務者の承諾を得る。

(2) 債権譲渡の第三者への対抗要件

ここでいう第三者とは債務者、譲渡人、譲受人の3者以外の者を指します。
第三者へ「債権譲渡」を対抗（主張）するには、次の**いずれかが必要**となります。

出題者の目線

● 「債権譲渡」が有効になるための前提条件を問う問題が、何度か出題されてい
ます。

①債権譲渡の債務者への通知あるいは債務者の承諾を、確定日付のある証書によって行う。

②「動産及び債権の譲渡の対抗要件に関する民法の特例等に関する法律」*に従って登記を行う。

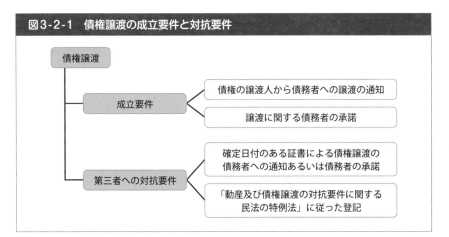

図3-2-1 債権譲渡の成立要件と対抗要件

● 「債権譲渡」の成立要件と第三者への対抗要件を覚えておけば、3級の試験では十分です。**要件成立に参加する当事者**は債権者と債務者のみで、**譲受人は入らないこと**に注意が必要です。

● **対抗要件の注意点は**、いずれも両方必要ではなく、**どちらかを充たせば有効になる**ことです。

＊…に関する法律 法律名が長いので本書では「動産及び債権譲渡の対抗要件に関する民法の特例法」と省略名にする。試験ではフルネームで記載されるが、似たような長い法律はないので、この省略名を覚えておけば大丈夫。

不動産登記

不動産の登記内容とは？
登記簿にはどのようなことが記載されているのか？

重要度：★★★

●不動産の第三者への対抗要件は法務局への登記です。不動産登記簿は、建物と土地で別々になっており、それぞれ法務局に備えられています。不動産登記簿は、建物と土地に関する基本情報である「表題部」と、所有権や担保の設定など権利関係が記載されている「権利部」に分かれています。

不動産登記、表題部と権利部

(1) 不動産と不動産登記制度

　不動産の第三者に対する対抗要件は登記です。例えば、不動産が売主から二重譲渡された場合は、いくら譲渡を受けたのが先であっても、登記がなければ対抗できません。

　不動産の登記は、不動産の所在地を管轄する法務局に対して行います。登記完了後は誰でも不動産登記簿を閲覧でき、登記事項確認のための登記事項証明書などの発行を受けることができます。

(2) 不動産登記簿
ア) 不動産登記簿のしくみ（図3-3-1参照）

　登記簿はまず「表題部★」と「権利部★」に分かれます。さらに「権利部★」は「甲区」と「乙区」に分かれます。

●不動案登記簿の記載内容については毎回出題されるので、よく勉強しておいてください。「表題部」と「権利部」の記載内容、「権利部」の「甲区」と「乙区」にはそれぞれ何が記載されているか、を問う設問が出題されています。
●不動産登記簿はどこにあるのか、を問う設問も過去に出題されています。

① 「表題部★」の記載事項

物件の所在場所 (地番)、地目*、面積、登記日付など、土地・建物を特定するための情報が記載されています。

② 「権利部★」の「甲区」の記載事項

所有権に関する事項ならびに差押え・仮差押え・仮処分などの有無が記載されています。

③ 「権利部」の「乙区」の記載事項

所有権以外に関する事項が記載されています。

具体的には、**用益物権** (地上権・賃借権など)、**担保物権** (抵当権・根抵当権など)の**設定の有無**が記載されています。

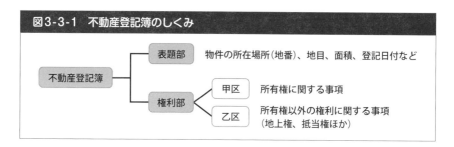

図3-3-1　不動産登記簿のしくみ

不動産登記簿

表題部　物件の所在場所(地番)、地目、面積、登記日付など

権利部

甲区　所有権に関する事項

乙区　所有権以外の権利に関する事項（地上権、抵当権ほか）

(3) 登記の単位

土地の場合、**登記の単位は「筆」**といいます。

一筆ごとに登記簿が作成されます。一筆の土地を二筆以上に分けることを「分筆★」、逆に**二筆以上の土地を一筆にすることを「合筆★」**といいます。

得点アップ講義

● 権利部 (甲区、乙区) よりも、やはりタイトル (表題) のある表題部が先に来る、という常識で対応しましょう。

● 不動産登記簿に記載される権利の中で何が一番大事かと考えると、所有権が思い浮かびます。所有権に関する事項が甲区に書かれています。

● 法務局は一般の方にはまり馴染みがないため、不動産登記簿は地方自治体の役所にあると考えがちですが、法務省の管轄下にある地方の法務局に備え付けられています。第6章で述べる商業登記簿も法務局にあります。

*地目　宅地・田・畑・山林など土地の種類をいう。建物の場合はこれらに加えて建物の種類・構造・床面積なども記載されている。

著作権

著作者人格権は、著作者本人の同意があっても譲渡できないの？

重要度：★★★

●著作者の権利には、大別して著作者人格権と著作財産権があり、それぞれ
著作物に関するいくつかの権利が含まれます。著作権といった場合、広義
では両方を含みますが、狭義では著作者人格権と区別する形で著作財産権
を指します。著作者人格権と著作財産権のそれぞれの内容をよく把握しま
しょう。

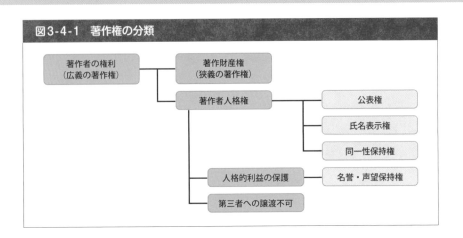

図3-4-1　著作権の分類

著作権、職務著作

（1）著作権と著作物

「著作権」は著作物に関する知的財産の権利です。

「著作物」とは、思想または感情を創作的に表現したもので、文芸、学術、美術ま

● 「著作権」に関しては、知的財産権の中では「特許権」と並んで頻繁に出題さ
れます。「著作者人格権」の３要素を問う問題もよく出題されます。
● 「著作権」は「特許権」のような特許庁への設定登録がなくても、その著作物
を創作した時点で効力が発生する、という相違点を問う問題も出題されます。

たは音楽の範囲に属するものをいいます。したがって、思想または感情を創作的に表現したものにあたらない、**事実の伝達に過ぎない新聞・雑誌等の報道は、著作権法上の著作物に該当しません**。著作物と認められる要件は次図の4つです。

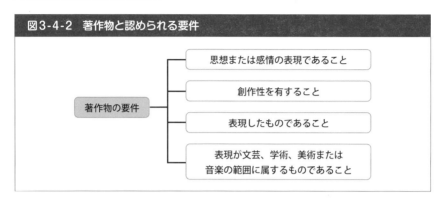

図3-4-2　著作物と認められる要件

著作物の要件
- 思想または感情の表現であること
- 創作性を有すること
- 表現したものであること
- 表現が文芸、学術、美術または音楽の範囲に属するものであること

　著作権法上のプログラムは、プログラム言語を用いてプログラムコードを作成する"表現"であり、著作物ですが、"表現"の手段である**コンピュータ言語**や"表現"の背後にある**アイデアは著作物に含まれません**。

　著作権は「**著作者人格権★**」と「**著作財産権★**」（狭義の著作権）から成り立っています。著作権（著作財産権）は「複製権」などの総称という見方もできます。

(2) 著作者

　「著作物」を創作する人を**著作者**といいます。

　職務著作：企業の従業員がその職務に関連して著作物を創作する場合があります。いわゆる「**職務著作**」と呼ばれるもので、通常は複数の従業員が創作に携わっています。「職務著作」は**「法人著作」とも呼ばれます**。

　「職務著作」が成立する要件は次図の3つです。

図3-4-3　職務著作の要件

職務著作の要件
- 法人その他使用者の発意であること
- 法人の従業員が職務上作成すること
- 法人が自己の名義の下に発表すること

なお、コンピュータプログラムの著作物については、法人名義で公表されなくても職務著作に該当します。これは、公表されないことが多いという事情を踏まえた特例です。

著作者人格権と著作財産権

(1) 著作者の有する権利
ア) 著作者人格権★

①**公表権**★：著作物を公表するか否かを著作者が決定する権利です。

②**氏名表示権**★：著作者名 (実名・変名) を表示するか否かを著作者が決定する権利です。

③**同一性保持権**★：自己の意に反して著作物およびその題号の変更、切除その他の改変を受けない権利です。

イ) 著作財産権★ (狭義の著作権)

複製権・上演権と演奏権・上映権・公衆送信権・口述権・展示権・頒布権・譲渡権・貸与権・翻訳権・翻案権などがあります。

この中で馴染みが薄い以下の権利について説明します。

公衆送信権：テレビ、ラジオ、ケーブルテレビ、有線放送、インターネットを通じて、著作物を送信する権利をいいます。

頒布権：映画の著作物を複製して、その複製物を提供できる権利をいいます。

翻案権：既存の著作物の趣旨を生かして作り変える権利をいいます。例として、小説や漫画のドラマ化、映画化、アニメ化、ゲーム化などが挙げられます。

(2) 著作隣接権★

著作物そのものの直接の創作者ではなく、著作物を広く公衆に伝達するために重要な役割を果たしている者に認められた権利を、「**著作隣接権**★」といいます。

「著作隣接権」が認められているのは、実演家、レコード製作者、放送事業者、ケーブルテレビ事業者などです。

例えば実演家は、自己の実演の録音権、録画権、放送権、送信可能化権、貸与権などを有しています。

実演家は、音楽の著作物について最初の実演の録音のみならず、その後の録音についても権利を有しています。

(3) 著作権 (著作財産権) の効力

　原則として、**著作者の死後70年**を経過するまで存続します。著作権は文化庁へ登録することができます。プログラムの著作権の登録は、プログラム登録特例法によって整備されています。

(4) 著作権侵害に対する措置

　著作者は、自己の著作権が侵害された場合、①差止請求、②損害賠償請求、③名誉回復措置請求、④不当利得返還請求を行うことができます。

　「著作物の利用を管理する効率的な技術手段＝アクセスコントロールを、権限なく回避する行為」は、著作権を侵害する行為だとみなされます。アクセスコントロールを回避する装置 (ハードウェア) を販売する行為と並んで、刑事罰の対象とされています。

　さらに、違法にアップロードされた著作物へのリンクを集約したリーチサイト (例：「漫画村」) の運営や、違法にアップロードされたものと知りながらコンテンツをダウンロードする行為も、刑事罰の対象です。

- 過去の出題では、「著作者人格権は著作者の一身に専属し、譲渡することができない」ことが、様々なパターンで取り上げられています。
- 一方の「著作財産権」は譲渡が可能です。「産業財産権」と違い、登録は必須ではありません。著作権が譲渡・移転された場合に取引の安全を図ることを目的として、登記制度が定められています。登記先は特許庁ではなく文化庁です。

改正著作権法 (2020年10月および2021年1月施行)

　海賊版サイトに誘導する「リーチサイト」の運営も刑事罰の対象とする条項が、著作権法に新設されました。また、違法ダウンロードの対象が、音楽と映像から、漫画、書籍、新聞、論文、コンピュータプログラムなども含む全著作物に拡大されました。

特許権・実用新案権

会社の研究所の研究員が研究所内で開発し、特許庁に登録した特許権は、会社に属するの？　研究員個人に属するの？

重要度：★★★

● 従業員が企業の設備等を利用して現在または過去の職務として実現した発明は、基本的に従業員に属しますが、企業にはその発明を実施する権利が法的に認められています。
また、特許を取得するための３要件もよく覚えおいてください。

発明の定義、特許要件、職務発明

(1) 特許権

　特許を受けた発明を業として独占的に実施し得る排他的権利であり、主として特許法で守られている権利を「**特許権**」といいます。

　ここで**発明**とは、自然法則を利用した技術的思想の創作のうち、高度なものを指します。

(2) 特許要件

ア) 産業上利用できる発明

　発明に特許権が付与されるためには、当該発明が産業上利用し得るものでなければなりません。

　産業には、工業だけでなく**農林水産業、鉱業、商業、サービス業も含まれます**。

イ) 新規性

　「**新規性**」とは、「発明がいまだ社会に知られていないものである」ことをいいます。

　他人によって公開された場合だけでなく、特許を受ける権利を有する者が出願前に公開した場合も、原則として新規性は失われます。後述する、不正競争防止法の「**営**

● 特許権は頻出分野です。特に特許権取得の３要件は毎回出題されます。さらに「新規性」と「進歩性」の定義と両者の違いも出題されるので、よく把握しておいてください。

業秘密」の要件の1つである「非公知性」も、ほぼ近いものといえます。

　「新規性」があるかどうかの判断は、特許出願の時点です。

ウ）進歩性★

　「進歩性★」とは、「当該発明の属する技術分野における通常の知識を有する者が、従来の技術知識に基づいて容易に発明することができない」ことをいいます。

　「進歩性」があるかどうかの判断は、「新規性」と同じく特許出願の時点です。

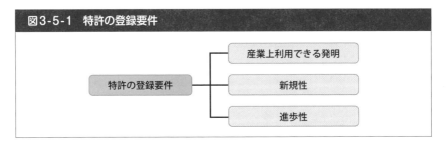

図3-5-1　特許の登録要件

特許の登録要件 ─ 産業上利用できる発明／新規性／進歩性

(3) 先願主義★

「特許」にも他の産業財産権と同じく先願主義が採用されており、最も早く特許庁に出願した申請人が特許登録を受けられます。

(4) 特許を受けることができない発明

　産業の発達に寄与する発明であっても、公序良俗や国の利益に反していたり、公衆の衛生を害する恐れがある場合は、特許権を取得できません。

(5) 職務発明★

　企業の従業員が、企業の業務範囲に属し、企業の設備などを利用して現在または過去の職務として実現した発明を、「**職務発明★**」といいます。

　「職務発明」に関し、特許を受ける権利は発明をした従業員に帰属しますが、**企業にはその発明を実施する権利＝「通常実施権」**（後述）が**認められます。**

・予約承継★

　契約・勤務規則などにおいてあらかじめ定めを置くことで、職務発明について特許を受ける権利を、その発生した時点から原始的に＊使用者に帰属させる制度、しくみのことをいいます。

＊**原始的に**　"まだ特許権の考案初期に属して"と言う意味。

・相当の利益＝相当の対価の支払い

　従業員の「予約承継」の利益としては、企業から相当の対価の支払いを受けられる、ということがあります。この対価の額は、合理的な取り決めにより定めるか、取り決めが不合理であると考えられる場合には、使用者が受ける利益の額などを考慮して定められます。

(6) 特許権の取得手続

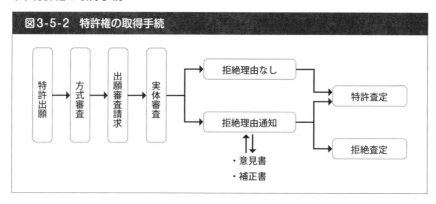

図3-5-2　特許権の取得手続

　特許出願者が特許庁長官に対して発明の内容を記載した願書を提出（出願）し、審査官による審査を経た後に特許査定を受け、所定の期間に特許料を納付すると、特許登録原簿に登録されて特許権が成立します。

(7) 特許権の効力

　特許権の存続期間は**特許出願の日から20年**です。

(8) 特許権の実施許諾

　特許法では、**専用実施権★**と**通常実施権**の2つの実施権が定められています。

　「専用実施権★」と「通常実施権」の最も大きな違いは、「実施権者が特許発明を独占排他的に実施することができるか否か」です。

　すなわち、特許権者は、「専用実施権★」を設定した範囲内においては、第三者に対して重ねて実施権を許諾できないだけでなく、自ら特許発明の実施をすることもできなくなります。

(9) 特許権の侵害に対する措置

特許権者は、自己の特許権が侵害された場合に、①差止請求、②損害賠償請求、③信用回復措置請求、④不当利得返還請求を行うことができます。

また、特許権を侵害した者に対しては刑事罰が科される場合があります。

【実用新案権】

自然法則を利用した技術的思想の創作、すなわち考案であって、物品の形状、構造または組み合わせに関するものを法的に保護する権利です。

形式要件のみを審査し、産業上の利用可能性の実体的要件については審査を行わずに設定登録を行う制度になっています。実用新案権も、設定登録にあたっては先願主義が取られます。

得点アップ講義

- 「発明」の定義を正確に覚えましょう。キーワードは「自然法則を利用」「技術的思想の創作」、「高度なもの」です。
- 「職務発明」の場合、従業員との契約を別途結ばない限り、会社は特許を受ける権利は有しません。会社が有するのは特許（発明）を実施する権利＝「通常実施権」です。この逆を問う過去問が出題されているので、注意が必要です。
- また、「企業の従業員が職務発明をした場合、その企業は当然に特許を受ける権利を取得する」といった"ひっかけ問題"が出ています。

意匠権

ボールペンと万年筆は、機能は異なるけれども「ものを書く」という用途が同じなので類似商品とされ、別々に意匠登録をすることはできない？

●「意匠権」も「産業財産権」なので、保護を受けるには登録が必要です。出願の際は、「類似の物品を別々に意匠登録することはできない」という点に注意が必要です。類似の物品とは、用途・機能のいずれかが共通する物品同士をいいます。例えばボールペンと万年筆は、機能こそ違えど「ものを書く」という用途は同じなので、類似商品とみなされ、別々に意匠登録することはできません。

意匠権の定義、登録要件

(1) 意匠権

「意匠」とは、「物品の形状、模様もしくは色彩またはこれらの結合であって、**視覚を通じて美感を起こさせるもの**」をいいます。平たくいえば、工業用に利用されるデザインです。

ア) 部分意匠制度

物品の全体ではなく、その一部のみを「**意匠**」として権利を取得することが認められている制度。

イ) 組物意匠★制度

セットもののデザインなど、物品の形状・模様・色彩に**統一感がある場合**には、一意匠ごとに出願するのでなく、まとめて一出願として権利を取得することが認められている制度。

（例1）カフスボタンとネクタイピン

（例2）カップとソーサー

●「特許権」ほどではありませんが、数回に1回は出題されます。基本的に、保護すべき「意匠権」の「意匠」とは何かを問う正誤問題が通例です。

ウ) 関連意匠制度

　1つのデザインコンセプトから創作された複数のバリエーションの意匠について、別途出願して権利を取得することが認められている制度。

エ) 動的意匠＊制度

　意匠にかかる物品の形状などが変化する場合に、その変化の前後にわたる形状を保護し、別途出願して権利を取得することが認められている制度。

(2) 意匠登録の要件

ア) 工業上の利用可能性

　工業的技術を用いて同一物を反復して**大量に生産（量産）できる意匠**であることを意味します。

イ) 新規性

　「**新規性**」とは、意匠登録出願前に国内外で公知＊となっていないことをいいます。

ウ) 創作非容易性

　「公知になっている形状や模様に基づいて容易に創作することができない」ことを意味します。言い換えれば、独創性のない意匠は登録を受けることができません。**「意匠権」にも先願主義が採用されており、最も早く特許庁に出願した申請人が意匠登録を受けられます。**

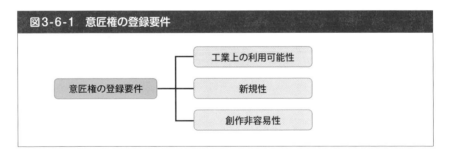

図3-6-1　意匠権の登録要件

意匠権の登録要件 ─ 工業上の利用可能性 ／ 新規性 ／ 創作非容易性

(3) 意匠権の効力

　「意匠権」の存続期間は、**出願日から25年**です（2020年施行の改正特許法）。

＊**公知**　「公然と知られている」ことを意味する法律用語。

(4) 意匠登録を受けることができない意匠

①公序良俗に反する恐れがある意匠

（例）国旗、皇室の菊花紋章、国家元首の像

②他人の業務に関わる物品と混同を生じる恐れがある意匠

③物品の機能を確保するために不可欠な形状のみからなる意匠

(5) 意匠権の侵害に対する措置

意匠権者は、自己の意匠権が侵害された場合、

①差止請求

②損害賠償請求

などを行うことができます。

- 「意匠権」と「特許権」の存続期間ですが、「意匠権」の場合は出願日から25年、「特許権」の場合は出願日から20年と異なっていることに注意してください。意匠権の存続期間は、改正特許法の施行（2020年）により、従来の「登録日が20年」が「出願日から25年」に変更されました。
- 登録要件を比較すると、「意匠権」の場合は"工業上量産できること"が含まれますが、「特許権」の場合は"産業上利用できること"となっていて、対象となる産業の範囲が「意匠権」より広く、量産可能性も要求されていません。

7 商標権

商標登録を受けるには、商標の新規性が要求されるの？

重要度：★★★

●「商標権」は、「特許権」や「意匠権」とは違って要件に新規性が含まれません。「自己の業務で提供している商品・サービスを他人のものと区別できるマークであるかどうか」が要件のポイントです。これを「商標」の「識別力」といいます。

■ 商標権

(1) 商標の定義と機能

自己の商品・役務と他の商品・役務を識別するために、その商品・役務について説明するマークを、「**商標**」といいます。

「商標」には、商品に使用される**商品商標＝トレードマーク**と、役務に使用される**役務商標＝サービスマーク**があります。

2014年の商標法改正により、色彩そのもの、音、ホログラムから構成されるものも保護の対象となりました。

「商標」には上記の識別機能をはじめ、出所表示機能、商品・役務の質を保証する機能、宣伝・広告機能などがあります。

(2) 商標法の目的

商標を保護することにより、商標使用者の業務上の信用維持を図り、もって産業の発達に寄与し、併せて需要者の利益を保護することを目的としてます。

言い換えれば、商標の保護は、人的活動の結果として得られる信用を保護することになります。

●「商標権」は知的財産権の中で唯一、存続期間を更新申請により延長できます。この存続期間に関する設問が、過去に何回か出題されています。

●また、存続期間のうち継続して3年間不使用の商標に対し、第三者が「不使用取消審判」の請求を行えることに関する設問も出題されています。

(3) 商標登録の要件

ア) 使用意思

「商標」が自己の業務に関わる商品・役務に使用するものであることを意味します。

イ) 識別力

識別力のある商標とは、自己の業務で提供している商品・役務を他人のものと区別できる商標を指します。

ウ) 不登録事項に該当しないこと

次の商標は識別力がないため登録を受けられないことが、商標法に規定されています。

① その商品・役務の普通名称

② 慣用商標：(例) 役務の"宿泊施設の提供"に「観光ホテル」を使用

③ 商品・役務の産地、品質、原材料のみからなる商標

商品の販売地を表す「銀座」、商品の品質を示す「スーパー」などは、ありふれた名称なので登録できません。また、他人がすでに使用している商標と同一または類似の商標も登録することはできません。

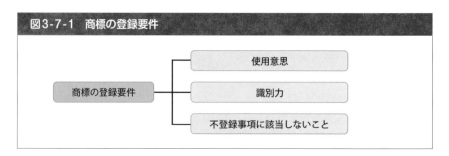

図3-7-1　商標の登録要件

| 商標の登録要件 | 使用意思 |
| 識別力 |
| 不登録事項に該当しないこと |

「商標権」にも先願主義が採用されており、最も早く特許庁に出願した申請人が商標登録を受けられます。

・地域団体商標★

団体の構成員などが使用するものであって、地域の名称と商品の普通名称または慣用名称のみの組み合わせからなる商標を、「地域団体商標」といいます。

(例)「松坂牛」、「京人形」、「関さば」、「長崎カステラ」

(4) 商標権の効力

　「商標権」の存続期間は、**商標登録を受けた日から10年**です。ただし、他の産業財産権とは異なり、**更新登録の申請を行うことにより、10年単位で何回でも使用する**ことができます。

　他方、登録商標は適切な方法で使用することが必要であり、継続して3年間使用していない登録商標は、第三者からの**不使用取消審判**★の請求により取り消されることがあります。

(5) 商標権の侵害に対する措置

　商標権者は、自己の商標権が侵害された場合に、①差止請求、②損害賠償請求、③信用回復措置請求、④不当利得返還請求を行うことができます。

- ● 「商標権」の不使用期間は存続期間の10年ではなく、継続して3年間です。したがって、「商標権」設定登録後の最初の3年間は使用していても、4年目から3年間継続して使用していないと、「不使用取消審判」請求の対象となります。
- ● 「商標権」の登録要件には、「特許権」や「意匠権」にあるような新規性は含まれず、他の商品・役務との識別力が主要な要件です。

Theme

8

不正競争防止法：営業秘密とは

重要度：★★★ 研究所で新規商品を開発する際に、失敗したデータも営業秘密になるの？

学習アドバイス

● 「営業秘密」はトレードシークレットともいい、不正競争防止法上、保護されるには3つの要件があります。

その1つである"有用性"（事業活動に有用な情報）には、実験で失敗したデータも含まれます。失敗データであっても、競合会社が入手すれば同じ過ちをしなくて済み、研究時間・費用を節約できるためです。

■ 不正競争防止法、営業秘密

（1）営業秘密

　事業活動に有用な技術上または営業上の情報で、秘密として管理されている非公知の情報を、「**営業秘密**★」（**トレードシークレット**）といいます。

　例として、商品の製造方法、設計図・実験データ（失敗データを含む）、製造ノウハウ、顧客リスト、販売マニュアルなどが挙げられます。

　「営業秘密」は不正競争防止法によって保護されますが、**「産業財産権」のような登録は不要です**。ただし、図3-8-1に示す3要件を充たさなければなりません。

出題者の目線

● 営業秘密の要件に関する問題が何度となく出題されています。

"要件"ですから3要件をすべて充たさなければなりませんが、「一部の要件は充たさなくても営業秘密として保護される」という旨の正誤問題が何度か出題されています。

116

図3-8-1 営業秘密の要件

営業秘密の要件
- 秘密管理性　秘密として管理されていること
- 有用性　事業活動に有用な、技術上または営業上の情報であること
- 非公知性　公然と知られていないこと

(2) 営業秘密の侵害に対する措置

　営業秘密を有する者は、自己の営業秘密が侵害された場合、不正競争防止法に基づき、①差止請求、②損害賠償請求、③信用回復措置請求、④不当利得返還請求を行うことができます。

　また、侵害者は刑事罰の対象にもなっており、10年以下の懲役または2,000万円以下の罰金に処せられ、またはこれらの併科*もあります。

　さらに営業秘密侵害行為が法人の業務によってなされた場合は、行為者への処罰に加え、当該法人にも5億円以下の罰金が科せられます。 ➡**両罰規定**★

　営業秘密侵害行為により取得したデータ、設計図などの財産は、没収の対象となります。

＊**併科（へいか）**　同時に2つ以上の刑を併せて科すること。

問題を解いてみよう

問1 産業財産権に関する次のア及びイの記述についての①〜④のうち、その内容が最も適切なものを1つだけ選びなさい。

ア．意匠権は、意匠を創作したときに成立し、権利として保護を受けるために特許庁への登録をする必要はない。

イ．特許権については、特許法上、存続期間は定められておらず、いったん成立した特許権が消滅することはない。

①ア及びイのいずれも適切である。
②アのみが適切である。
③イのみが適切である。
④ア及びイのいずれも適切でない。

問2 不動産登記に関する次のア及びイの記述についての①〜④のうち、その内容が最も適切なものを1つだけ選びなさい。

ア．不動産登記における登記記録は、表題部と権利部に分けられており、権利部は甲区と乙区に分けられている。

イ．不動産に関する物権を取得した者は、不動産登記法その他の登記に関する法律の定めるところに従い、その登記をしなければ、当該物権の取得を第三者に対抗することができない。

①ア及びイのいずれも適切である。
②アのみが適切である。
③イのみが適切である。
④ア及びイのいずれも適切でない。

問3 営業秘密の管理に関する次の①～④の記述のうち、その内容が最も**適切でない**ものを1つだけ選びなさい。

①派遣社員に対して、同程度の職務に従事している自社の社員に課しているのと同等の秘密保持義務を遵守させる。

②他の会社から転職した者を採用するときには、転職前の会社の情報が混入しないように管理する必要があるため、転職した者に対して、転職前の会社の情報と自社の情報を区別できるように、転職前の会社の情報と、現在知り得る自社の情報の開示を要求する。

③従業者に対して、秘密管理性を継続するために、秘密管理の重要性や管理組織の概要についての教育を実施する。

④取引先から入手した情報と自社の情報との間で、情報の混入が生じないように管理する。

問4 著作隣接権に関する次の①～④の記述のうち、その内容が最も適切なものを1つだけ選びなさい。

①実演家は、音楽の著作物について最初の実演の録音を許諾してしまうと、その後の録音に関しては権利がない。

②レコード製作者は、商業用レコードの放送に関し、二次使用料を請求する権利を有する。

③実演家は、自分が出演した映画の著作物を貸与する権利を有する。

④送信可能化権は、放送事業者にのみ限られ、ケーブルテレビ事業者には認められていない。

問5 商標権の侵害に関する次のア～エの記述のうち、その内容が適切なものの組み合わせを①～⑥の中から1つだけ選びなさい。

ア. 商標権者は、商標権を侵害する者に対して、当該商標権に基づく差止請求を行使することができる。

イ. 商標権者は、善意・過失により商標権を侵害した者に対し、損害の賠償を請求することができない。

ウ. 裁判所は、故意により商標権を侵害し商標権者の業務上の信用を害した者に対して、商標権者の請求により、商標権者の業務上の信用を回復するのに必要な措置を命じることができる。

エ. 商標権の侵害罪については、告訴がなければ公訴を提起することができない。

①ア－○　イ－○　ウ－○　エ－○
②ア－○　イ－×　ウ－×　エ－×
③ア－×　イ－○　ウ－○　エ－○
④ア－×　イ－×　ウ－×　エ－○
⑤ア－○　イ－×　ウ－○　エ－×
⑥ア－×　イ－×　ウ－×　エ－×

問6　A社の従業員Bは、A社の研究施設を利用して新技術甲を発明した。この発明に関する次の①〜④の記述のうち、その内容が最も**適切でない**ものを1つだけ選びなさい。

①A社が発明甲につき特許を受けた場合において、第三者であるC社が発明甲をA社に無断で実施し、A社の特許権を侵害しているときは、A社はC社に対しその侵害行為の差止めを要求することができる。

②Bが、発明甲について特許出願をし特許を受けるためには、発明甲が産業利用上の可能性、新規性を有することのほかに進歩性を有する必要がある。

③Bが発明甲について特許出願をした後、第三者Dが発明甲と同じ内容の発明につき特許出願をした。この場合おいて、DがBより先に発明を完成させていたときは、特許法上、Dのみがその発明について特許を受けることができる。

④発明甲が特許法上の職務発明に該当し、Bが発明甲について特許を受けた場合、A社には、その特許について通常実施権が認められる。

Answer

答え合わせ

問1 正解：④

解説（テキストp106〜112参照）

アは適切でない。意匠権は、所定の事項を記載した願書に意匠登録を受けようとする意匠を記載した図面を添付して出願し、特許庁で一定の審査を経て、意匠登録を受けることで成立します。

イは適切でない。特許権は他の知的財産権と同様、存続期間が法律上定められています。特許権の存続期間は、**特許出願の日から20年**です。

問2 正解：①

解説（テキストp100〜101参照）

アは適切である。甲区には当該不動産の所有権に関する事項、乙区には地上権や抵当権など所有権以外の権利に関する事項が記載されています。

イは適切である。**不動産の**第三者に対する**対抗要件は登記**です。不動産登記簿は不動産所在地の法務局にありますが、登記事項証明書はどこの法務局からでも、またオンラインでも取得できます。

問3 正解：②

解説（テキストp116〜117参照）

①は適切である。本文のとおりです。

②は適切でない。転職者が転職前の会社との間で特定の情報に関して秘密保持義務を負っていたことにより、トラブルに巻き込まれないように配慮することが必要です。したがって、転入者に対して、転職前の会社の情報を開示するように要求するのは不適切です。

③は適切である。従業者に対して、秘密管理の重要性や管理組織の概要、具体的な秘密管理のルール等について、教育・研修を実施することは、営業秘密を管理する上で重要です。

④は適切である。営業秘密を管理する上で、営業秘密とその他の情報とを区分し、営業秘密として区分した情報については、秘密であることおよびその管理方法を指定・周知する必要があります。

問4 正解：②

解説 (テキストp102～105参照)

①は適切でない。**音楽の著作物に関しては、実演家は**最初の録音のみならず、**その後の録音についても権利を有しています。**

②は適切である。**レコード製作者は**、商業用レコードの放送に関し、**二次使用料を請求する権利を有します。**

③は適切でない。**実演家は**その実演を、それが録音されている「商業用レコード」の貸与により公衆に提供する権利を専有しますが、**「映画の著作物」については規定されていません。**

④は適切でない。**送信可能化権**は、**放送事業者およびケーブルテレビ事業者**のいずれにも**認められています。**

問5 正解：⑤

解説 (テキストp113～115参照)

ア．は適切である。商標権者は、自己の商標権を侵害する者または侵害する恐れのある者に対し、その侵害の停止または予防を請求することができます。

イ．は適切でない。**商標権者は**、故意または過失により商標権を侵害した者に対し、**侵害により生じた損害の賠償を請求することができます。**

ウ．適切である。問題文のとおりです。

エ．は適切でない。**商標権の侵害罪は**、非親告罪であるため、**告訴がなくても公訴を提起することができます。**

問6 正解：③

解説 (テキストp106～109参照)

①は適切である。問題文のとおりです。

②は適切である。問題文は**特許の登録3要件**を記述しています。

③は適切でない。日本では、特許権をはじめとする「産業財産権」は「先願主義」を採用しており、発明の完成時点でなく、**特許庁への登録出願が最も早い申請者が特許を受けられます。**

④は適切である。問題文のとおりです。

MEMO

第**4**章

企業活動に関する法規制

独占禁止法

営利を追求しない財団法人も独占禁止法の規制対象になるの？

重要度：★★★

●独占禁止法の対象となる「事業者」には、商人や会社だけでなく、公益法人、公共団体も含まれます。「私的独占」はダンピングによる他の事業者の排除が代表的で、「不当な取引制限」はカルテルと呼ばれます。

独占禁止法

（1）独占禁止法

・独占禁止法の目的

　公正かつ自由な競争を促進することにより、一般消費者の利益を確保するとともに、民主的で健全な国民経済の発達を促進すること。

・所管官庁

　独占禁止法の所管官庁である**公正取引委員会は**、特定の省の外局ではなく、**内閣総理大臣直轄の内閣府にある独立した行政機関**です。独占禁止法を運用し、執行します。

・禁止行為

　「私的独占★」、「不当な取引制限」、「不公正な取引方法」の３つを禁止しています。

　独占禁止法は"**経済の憲法**"とも呼ばれ、経済分野における重要な基本法です。**下請法、景品表示法などは独占禁止法から派生（枝分かれ）した法律**です。

●独占禁止法の規制対象に公益法人や公共団体は含まれない、とする設問がよく出題されます。また、独禁法の運用官庁を問う問題もよく出題されます。
●出題形式としては、具体的事例を提示し、その事例が独占禁止法違反になるか否か、あるいは独占禁止法に抵触するか否かを問う問題が主流です。
●独占禁止法の両罰規定（違反した企業だけでなく、従業員にも刑罰が適用される）に関する設問もよく出題されます。

(2) 独占禁止法の定める主要な概念

・規制対象事業者

商人、会社だけでなく**社団法人、財団法人、組合、公共団体も含まれます。**

・公共の利益

一般に自由競争を基盤とする経済秩序を意味します。

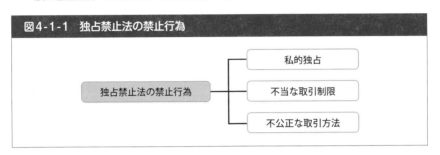

図4-1-1 独占禁止法の禁止行為

独占禁止法の禁止行為 ── 私的独占 / 不当な取引制限 / 不公正な取引方法

(3) 私的独占★

ある事業者が他の事業者の事業活動を排除し、または支配することにより、公共の利益に反して一定の取引分野における競争を実質的に制限することを「**私的独占★**」といいます。

例えば、優越した市場支配力を得た事業者が、その力を利用してダンピングや差別価格などの設定により、他の事業者を市場から実質的に締め出したり（排除）、他の事業者が自由な判断で活動をすることを困難にしたりする（支配）ような行為をいいます。

ただし、事業者が正常な事業活動の結果、高い市場占有率を実現したとしても、それ自体が直ちに「私的独占」に該当するわけではありません。

(4) 不当な取引制限

事業者が協定その他の名義により、他の事業者と共同して対価を決定し、維持し、もしくは引き上げ、または数量、技術、製品、設備もしくは取引の相手方を制限するなど、相互にその事業活動を拘束し、または遂行することにより、公共の利益に反して、一定の取引分野における競争を実質的に制限することを、「**不当な取引制限**」といいます。

「カルテル」、「談合」ともいわれます。

「不当な取引制限」の典型的な例として、価格カルテル、数量（生産）カルテルなどのカルテル行為があります。

(5) 不公正な取引方法

　それ自体は競争を直接制限していなくても、公正な競争を阻害する行為をいいます。正当な理由がないのに不当に、あるいは正常な商慣習に照らして不当に取引が行われた場合に違法となります。

　独占禁止法は「不公正な取引方法」として次のように多くの種類を示しています。

①共同供給拒絶　　　　　　　　⑧不当な顧客誘引および不当強制
②差別対価　　　　　　　　　　⑨不当拘束条件付き取引
③不当廉売★　　　　　　　　　⑩取引上の優越的地位の不当利用
④再販売価格の拘束　　　　　　⑪競争者に対する不当妨害
⑤優越的地位の濫用　　　　　　⑫競争会社に対する内部干渉
⑥不当な差別的扱い　　　　　　⑬事業者団体と不公正な取引方法
⑦不当対価取引　　　　　　　　⑭国際的契約と不公正な取引方法

　このうち①〜⑫がよく出題されます。

　③は、商品を不当に低い価格で継続的に販売し、他の事業者の事業活動を困難にさせる行為です。

　④は、著作物**（新聞、雑誌、書籍、音楽用CDなど）**を発行する事業者の再販売価格拘束行為は、それが正当な行為であれば**独占禁止法の適用除外**となります。

　⑤は、下請取引で問題が起きる場合が多く、独占禁止法の補完法の「下請法」（後述）できめ細かく規制されています。

　⑧は、**消費者契約法によっても規制**されています。

　⑨は、例として、テリトリー制によって販売地域を規制したり、安売り表示を禁じたりする、などが挙げられています。

(6) 独占禁止法に違反した場合の措置

　違反行為の排除措置命令、課徴金納付命令が公正取引委員会から出されます。

　さらに民事上の措置として、差止請求と損害賠償請求が定められています。

　刑事上の措置として、違反企業、その代表者、違反行為をした従業員にも刑罰が科せられます。➡両罰規定★

●入札談合は、たとえ受注を逃しても（失注）、その談合行為があっただけで独禁法違反となることに注意が必要です。

消費者契約法①

消費者契約法って、消費者と事業者のすべての契約に適用されるの？

重要度：★☆☆

- 消費者契約法は、原則として消費者と事業者の間のすべての契約に適用されます。唯一の例外は、特別法である労働基準法などで別途保護されている労働契約です。
- 消費者契約法は、取引が複雑化・細分化した現代社会において、消費者と事業者の間の情報の量・質・交渉力の格差に鑑み、民法の契約に関わる有効性の原則や「契約自由の原則」を一部修正した特別法です。

1 　消費者庁、消費者・事業者の定義

（1）消費者庁の設置

取引が複雑化・細分化した現代社会において、消費者と事業者の間の情報の量・質・交渉力に大きな格差が生じ、消費者に不利益な事態が多く発生しています。➡「情報の非対称性・不平等」

このことに鑑み、消費者に関する許認可・行政指導が多くの省庁に分散していたのを一本化し、生まれた官庁が「**消費者庁**」です。

「消費者庁」は公正取引委員会と同様、特定の省の外局ではなく、内閣総理大臣の管轄下（内閣府）にある官庁です。

（2）消費者契約法

消費者庁の設置とともに、同じ趣旨で、民法の契約に関わる有効性の原則や「契約自由の原則」を一部修正した、広範な適用範囲を持つ特別法である「**消費者契約法**」が制定されました。

- "消費者"や"事業者"の定義を問う設問が過去に出題されています。
- 消費者契約法はほぼすべての契約に適用されますが、労働契約は例外であることを問う設問が必ず出題されています。

(3) 消費者契約法が適用される対象

・契約対象

労働契約を除く、消費者と事業者の間で締結されるすべての契約。**労働契約**は労働基準法などで別途保護されるため、**消費者契約法の適用外**です。

・消費者の定義

事業としてまたは事業のために契約の当事者となる個人、いわゆる個人事業主は消費者の範疇（はんちゅう）には入りません。

・事業者の定義

事業者には、企業はもちろんのこと、上記の**個人事業主**、そして**一般社団法人・一般財団法人、公益社団法人・公益財団法人、学校法人、宗教法人も含まれます。**要するに、営利を目的としない法人・団体も適用の対象となることに留意する必要があります。

(4) 適格消費者団体★制度

不特定多数の消費者の利益のために消費者契約法の差止請求権を行使するのに適格性を有する法人であって、**内閣総理大臣（消費者庁長官）の認定を受けた団体**を、「**適格消費者団体★**」といいます。

➡事業者との間で不利益を受けた消費者個人は、消費者個人の資格では事業者に対し、その商品・役務について消費者契約法に基づく差止請求はできない、ということです。

「適格消費者団体」は差止請求権を持つだけでなく、必要に応じて訴訟を提起することもできます。さらに、後述の景品表示法や特定商取引法に違反している事業者に対しても、差止請求権を行使することができます。

得点アップ講義

● 「消費者契約法」でいう "個人" と "事業者" の定義が、一般常識と多少違っているので、注意が必要です。
● 消費者契約法は、独占禁止法と同様に公益財団法人も適用対象ですが、独占禁止法と異なるのは、**個人事業主、学校法人、宗教法人も適用対象**となっていることです。

3 消費者契約法②

事業者が勝手に家庭を訪問して売り付けた商品に関する契約は、取消しできるの？

重要度：★★★

●消費者契約法では、事業者の一定の行為により、消費者が誤認・困惑したことにより締結された契約について、消費者は申込みまたは承諾の意思表示を取り消すことができます。

 ## 契約の取消し、契約条項の無効

(1) 消費者契約法に基づく取消し

消費者契約法では、事業者の一定の行為によって消費者が誤認したり困惑したことで締結された契約や、消費者にとって過量の (分量の多すぎる) 契約について、消費者は申込みまたは承諾の意思表示を取り消すことができます。

ア) 誤認による取消し

事業者の①重要事項の不実*告知、②将来における変動が不確実な事項についての断定的判断の提供、③不利益事実の不告知——によって消費者が誤認した場合に、消費者は申込みや承諾の意思表示を取り消すことができます。

●消費者に不利益となる契約条項が無効なのですが、契約全体が無効になるという“ひっかけ”の設問が出題されています。正しくは、無効になるのは当該条項のみであり、契約の全体が無効になるわけではありません。

＊**不実 (ふじつ)** 事実でないことを意味する。

イ) 困惑による取消し

事業者の次の行為：

①不退去……家庭などに訪問して、帰らずに居座り消費者を困らせる行為

②退去妨害……消費者を勧誘している場所から帰さず困らせる行為（監禁）

③消費者の不安をあおる告知……就職セミナー等

④消費者の社会生活上の経験不足を不当に利用する行為……デート商法等

⑤消費者の加齢等による判断不足の低下を不当に利用する行為

⑥霊感による知見を用いた告知……霊感商法等

⑦契約締結前に債務の内容を実施する行為

によって消費者が困惑した場合に、消費者は申込みや承諾の意思表示を取り消すことができます。

ウ) 過量契約の取消し

消費者契約の目的となるものの分量、個数または期間が、その消費者にとって通常想定されるよりも著しく過大であり、事業者がそのことを知っていながら勧誘を行って締結された場合に、消費者は申込みや承諾の意思表示を取り消すことができます。

後述する特定商取引法の「訪問販売」と「電話勧誘販売」に適用されます。

エ) 取消しの効果

消費者が消費者契約法に基づいて契約の申込みや承諾の意思表示を取り消した場合、その意思表示ははじめから無効であったことになり、事業者と消費者の双方は原状回復義務を負います。例えば、事業者は消費者から受領していた代金の返還をします。消費者は、注文した商品を受け取っている場合は、当該商品の引渡し（返却）を行います。

オ) 取消権の消滅時効

消費者が誤認に気付いたとき、困惑状態を脱したときから一定期間以内、また契約してから一定期間以内に消費者は取消権を行使できます。

取消権の消滅時効	一般の消費者向けビジネス	霊感商法等
誤認に気付いたとき、困惑状態を脱したときから	1年間	3年間
契約締結時から	5年間	10年間

(2) 消費者契約法に基づく契約条項の無効

消費者契約法は、消費者にとって不利益となる一定の契約条項を無効としています。これらの条項が含まれている契約は、**全体として有効であっても、少なくとも**

当該条項は無効になります。

・消費者にとって不利益となる契約条項の例

①事業者の債務不履行により消費者に生じた損害賠償の全責任を免除する条項
　➡事業者は責任を負わないとする条項です。

②事業者の故意または重大な過失による債務不履行により消費者に生じた損害賠償の責任の一部を免除する条項➡事業者は責任を負わないとする条項です。

③事業者の不法行為により消費者に生じた損害賠償の全責任を免除する条項
　➡事業者は責任を負わないとする条項です。

④不当に高額な解約料➡平均的な損害額を超えるキャンセル料

⑤不当に高額な遅延損害金➡平均的な損害金を超える遅延損害金

⑥消費者の解除権を放棄させる条項

⑦消費者の解除権の有無を事業者自らが決定する条項

⑧免責範囲が不明確な条項

（3）事業者の努力義務

ア）消費者契約の条項の作成章

　消費者契約の内容が、その解釈について疑義のないよう明確かつ消費者にとり平易なものとなるよう配慮する努力義務。

イ）必要な情報の提供

　消費者の権利義務その他の消費者契約の内容について、消費者に必要な情報を提供する努力義務。解約料の算定根拠の説明もこの中に含まれます。

ウ）適格消費者団体★からの要請にもとづく実施内容の開示

　適格消費者団体★からの要請に応じて、契約条項・差止請求を受けて講じた措置を開示する努力義務。

改正消費者契約法（2023年1月、6月施行）

　安部元首相狙撃事件が契機となり、霊感商法に関する事項を中心に、消費者契約法が大幅に改正されました。

　契約の取消権の対象が追加されたほか、取消権の行使期間が大幅に延長されました。また、解約料の説明の努力義務も追加されました。

割賦販売法

デパートや専門店で利用できるボーナス払いは割賦販売法の対象となるの？

重要度：★★★

 ●割賦販売とは、商品の代金を販売業者が2か月以上の期間にわたり、かつ3回以上に分割して受け取ることを条件として行う商品の販売です。ボーナス払いの場合、前半部分は該当しますが、後半部分は一括払いであるため該当せず、割賦販売法の適用外となります。

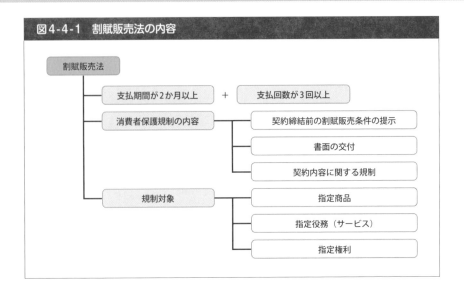

図4-4-1　割賦販売法の内容

- 割賦販売法
  - 支払期間が2か月以上　＋　支払回数が3回以上
  - 消費者保護規制の内容
    - 契約締結前の割賦販売条件の提示
    - 書面の交付
    - 契約内容に関する規制
  - 規制対象
    - 指定商品
    - 指定役務（サービス）
    - 指定権利

●割賦販売法は出題頻度の高い分野ですが、対象期間と分割回数を問う問題がほとんどです。また契約に関し、書面の交付も大事な成立要件であり、出題されています。

●割賦販売法の規制対象として「指定商品」のみがあるとする設問も出題されています。「指定商品」だけでなく、「指定役務（サービス）」と「指定権利」も対象となります。

割賦販売法の対象取引ほか

(1) 割賦販売法の規制の対象となる取引

　割賦販売法は、商品・役務などの代金を販売業者が**2か月以上の期間にわたり、かつ3回以上に分割して受け取ること**を条件として行う商品・役務などの販売を、規制の対象としています。

　割賦販売法の規制の対象となる取引は次の5種類です。

　①割賦販売 (狭義)

　②ローン提携販売

　③信用購入あっせん (a.包括信用購入あっせん　b.個別信用購入あっせん)

　④前払式割賦販売

　⑤前払式特定取引

(2) 割賦販売法による規制の対象となる商品・役務

　割賦販売法では、上記③信用購入あっせんを除いて、対象となる「指定商品」および「指定役務 (サービス)」、「指定権利」を定めています。

(3) 割賦販売 (狭義) に対する消費者保護規制の内容

ア) 契約締結前の割賦販売条件の提示

　現金販売価格、割賦販売価格などの割賦販売条件を消費者に提示しなければなりません。

イ) 書面の交付

　割賦販売契約を締結したときは、遅滞なく、割賦金などの所定の事項につき契約内容を明らかにする書面を消費者に交付しなければなりません。ただし、書面の交付に代えて、電磁的記録を電子メールで相手方のパソコンに送信したり、これを記録したCD-ROMなどを交付する方法を用いることができます。

ウ) 契約内容に関する規制

　割賦販売法は、割賦販売事業者が消費者との間で締結する契約の内容について、以下の規制を設けています。

　①割賦販売事業者の一方的な権利行使を制限するため、割賦金の遅滞を理由に契約を解除し、または期限の利益を喪失させるためには、**20日以上の催告期間を定めて、書面により消費者に警告する**必要があるものとする。

　②契約解除の際に消費者が支払う損害賠償金の額につき、制限を設ける。

特定商取引法

自宅に訪問営業をされたのではなく、販売業者の営業所で契約の締結をしても、「訪問販売」になるの？

重要度：★★★

学習アドバイス

●消費者が、販売業者に誘引されて営業所や展示会場などで契約の申込みをしたり、契約を締結しても、「特定商取引法」で規定する「訪問販売」に該当し、「特定商取引法」の適用を受けます。

特商法の対象となる取引、クーリング・オフ

(1) 特定商取引法の対象となる取引

特定商取引法 (特商法) の適用対象となるのは、一般の売買契約とは異なる8つの取引類型 (表4-5-1) の取引です

出題者の目線

●特商法の特徴である「クーリング・オフ★」の内容を問う設問がよく出題されます。
●また、「通信販売」は「クーリング・オフ★」の対象外ですが、対象に含まれるとする正誤問題もよく出題されます。
●キャッチセールスが訪問販売の一形態であるか否かを問う問題が、過去にたびたび出題されています。

表4-5-1　特商法の対象となる取引類型	
訪問販売	自宅訪問だけでなく、キャッチセールス（後述）、アポイントメントセールス（後述）も訪問販売に含まれる
通信販売	「インターネット・オークション」も含む。「**クーリング・オフ**」（後述）の**適用外**
電話勧誘販売	電話をいったん切った後、郵便や電話などによって申込みを行う場合も該当する
連鎖販売取引	個人を販売員として勧誘し、さらに次の販売員を勧誘させるという形で、販売組織を連鎖的に拡大して行う商品・役務取引。"**マルチ商法**"、"**ねずみ講商法**"ともいう
特定継続的役務提供	①エステサロン、②語学教室、③家庭教師、④学習塾、⑤結婚相手紹介サービス、⑥パソコン教室、⑦美容医療の**7つの長期・継続的なサービス**が対象。**その目的の実現が確実でないという特徴**を持つ
業務提供誘引販売取引	「仕事を提供するので収入が得られる」という口実で消費者を誘引し、仕事に必要であるとして、商品などを売って金銭負担を負わせる取引。"**内職・モニター商法**"ともいう
訪問購入	事業者が消費者の自宅を訪問して、物品の購入を行う取引。貴金属の購入が多いのが特徴
ネガティブ・オプション	販売業者が、売買契約の申込みをしていない消費者に、売買契約の申込み書類とともに当該の商品を送り付け、返品や購入しない旨の連絡をしない限り契約が成立したものとして、代金を請求する取引。"**送り付け商法**"ともいう

4

企業活動に関する法規制

(2) 訪問販売の要件

ア) 次のいずれかに該当：

　①営業所以外で行われる商品・権利の各販売、役務（サービス）の有償提供を行うこと。➡典型的な「訪問販売」です。

　②販売業者が営業所以外の場所で消費者を呼び止めて営業所に同行させたり、電話・郵便などの配布によって営業所へ誘引した者との間で、商品・権利の各販売、役務（サービス）の有償提供を行うこと。

　➡いわゆる**"キャッチセールス★"や"アポイントメントセールス"**がよい例です。

イ) 売買契約の申込みを受け、もしくは売買契約を締結し、または役務提供契約の申込みを受け、もしくは役務提供契約を締結すること。

ウ) 権利販売の場合は、特定権利であること。

(3) 訪問販売に対する規制

ア) 氏名等の明示義務・書面交付義務

　販売業者が訪問販売を行うときは、その勧誘に先立って、「販売業者の氏名または名称」、「売買契約または役務提供契約の締結について勧誘する目的である旨」などを、消費者に明らかにしなければなりません。

　また、訪問販売で商品などの売買契約の申込みを受けたり契約を締結した場合は、直ちに、①商品等の対価、②支払時期、③商品等の引渡時期、④申込みの撤回・解除に関する事項などを記載した書面を、消費者に交付しなければなりません。

イ) クーリング・オフの適用

a. 「クーリング・オフ★」とは

　「消費者は、申込みまたは契約締結の後の一定期間、冷静に再考して無条件で契約を解除できる」という民事ルールのことを**「クーリング・オフ★」**といいます。

　すなわち、消費者は損害賠償金や違約金を支払う必要もなく、また商品が引き渡されていても、**販売業者の費用負担で引き取らせることができます。**

b. 訪問販売における「クーリング・オフ」の要件：

　次の要件を**すべて充たす**か、過量販売取引の要件を充たす**必要があります**。

①契約の対象が商品・役務である場合は、政令で定めた一定の商品・役務ではないこと、権利である場合は特定権利でないこと。

②営業所以外の場所や、キャッチセールス★、アポイントメントセールスで営業所に呼び出されて契約の申込みや契約をした場合であること。

③契約対象金額が一定額以上であること。

④「クーリング・オフができる」旨の通知を受けた日から、8日以内に行使すること。

⑤期間内に書面による解約の通知を発すること。

　➡**いくら期間内でも、電話による解約の通知は不可**となります。

ウ) 解約に伴う損害賠償額の制限

　「特定商取引法」では、解約に伴う損害賠償額の上限が規定されています。

表4-5-2　「クーリング・オフ」が行使できる期間	
訪問販売、電話勧誘販売、特定継続的役務提供、訪問購入	書面受領後、8日間
連鎖販売取引、業務提供誘引販売取引	書面受領後、20日間
ネガティブ・オプション	商品受領後、直ちに処分可能
通信販売	「クーリング・オフ」適用外

(4) 通信販売に対する規制

　通信販売は、訪問販売とは違って不意打ち性がないため、**「特定商取引法」対象のビジネスの中で唯一、「クーリング・オフ」が適用されません**。

　ただし、消費者は広告やインターネット上の表示を見て購入の判断をするため、通信販売については、販売業者が行う広告などに一定の規制がなされています。

(5) 製造物責任法 (PL法) による消費者の保護

　➡第2章Theme17「特殊な不法行為」を参照してください。

- ●通信販売は「特定商取引法」対象の8つの取引類型の中で唯一、「クーリング・オフ」が適用されないことに注意が必要です。
- ●特定商取引法の対象となる8つの取引類型の別名、別称も併せて覚えておきましょう。

Theme
6
個人情報保護法

要配慮個人情報は、個人情報と何が違うの？ また個人情報取扱事業者はこれを簡単に入手できるものなの？

重要度：★★★

● 「要配慮個人情報」とは、個人に関する基本的なデータとは別に、人種、信条、宗教、犯罪歴など、プライバシー度がより高く管理によりいっそうの配慮が必要な個人情報をいいます。この「要配慮個人情報」について改正個人情報保護法では、個人情報取扱事業者が取得する際の「本人の同意」を原則義務化しました。

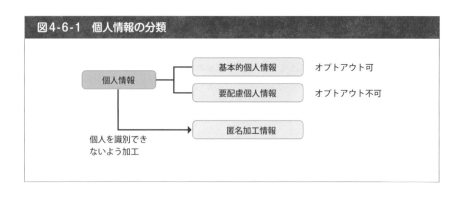

図4-6-1　個人情報の分類

- 個人情報
  - 基本的個人情報 … オプトアウト可
  - 要配慮個人情報 … オプトアウト不可
- 匿名加工情報

個人を識別できないよう加工

- 個人情報保護法の保護対象となる「個人」の定義を問う問題が、頻繁に出題されています。
- 「オプトアウト」の意味を問う設問も過去に出題されています。
- 「要配慮個人情報」、「個人識別符号」とは何を意味するのかを問う設問もよく出題されています。

要配慮個人情報、匿名加工情報、オプトアウトほか

(1) 個人情報

　個人情報保護法における「個人情報」とは、**生存する個人に関する情報**であって、法律には規定がないものの**日本人と外国人の区別はありません**。①当該情報に含まれる氏名、生年月日その他の記述により特定の個人を識別できるもの、または②「個人識別符号★*」が含まれるものを「個人情報」といいます。

　指紋認識データや顔認識データのように、特定の個人の身体的特徴を変換したものも、改正個人情報保護法では**個人情報に含まれるもの**とし、「個人情報」の定義を明確化しました。

・要配慮個人情報★

　本人の人種、信条・宗教、社会的身分、病歴、犯罪歴、犯罪や不法行為により被害を受けた事実など、「不当な差別、偏見そのほかの不利益が生じないよう、取扱いに特に配慮を要し、プライバシー度がより高い個人情報」を、「**要配慮個人情報**」といいます。いわゆる「**機微情報**」です。

　改正個人情報保護法では、個人情報取扱事業者が「要配慮個人情報」を取得するにあたり、本人の同意を取得することを原則として義務付けました。
　それに伴い、**本人の同意を得ない第三者への提供の特例（後述のオプトアウト）の適用外**とされました。

(2) 個人情報データベース等
・個人情報データベース等

　個人情報を含む情報の集合物であって、①特定の個人情報をコンピュータを用いて検索できるように**体系的に構成したもの**、②特定の個人情報を容易に検索することができるように**体系的に構成したもの**として政令で定めるもの――を「**個人情報データベース等**」といいます。

＊**個人識別符号**　(i) 特定の個人の身体の一部の特徴を電子計算機のために変換した符号、または (ii) 対象者毎に異なるものとなるように役務の利用、商品の購入または書類に付される符号をいう。

・匿名加工情報★

特定の個人を識別できないように個人情報を加工し、当該個人情報の復元を不可能にした情報をいいます。2015年成立・公布の改正個人情報保護法において、個人情報が入ったビッグデータをビジネスで利用できるように、この概念を新たに定義する法整備が行われました。

(3) 個人情報取扱事業者

個人情報データベース等を事業として供している業者を、「個人情報取扱事業者」といいます。**「個人情報取扱事業者」は、個人情報を取り扱うにあたり、その利用目的をできるだけ特定しなければなりません。**

事業者には、マンションの管理組合、NPO法人、自治会や同窓会など、法人格のない組織や非営利組織も含まれます。

また、事業の主体は個人でも法人でもよいとされています。

(4) 個人情報取扱事業者の義務

個人情報保護法では、個人情報取扱事業者の義務として次のものが規定されています。

①利用目的に関する義務
②個人情報取得に関する義務
③データ内容に関する義務
④安全管理に関する義務
⑤第三者提供に関する義務
⑥本人の関与に関する義務
⑦苦情処理に関する義務

このうち、⑤第三者提供に関する義務については、法令に基づく場合等を除き**「原則、本人の同意を得ないで個人データ＊を第三者に提供してはならない」**と規定されています。しかしこれでは、個人情報をビジネスで利用する事業者にとっては使いづらいので、**「オプトアウト」**という制度が設けられています。

＊**個人データ**　個人情報データベースなどを構成する「個人情報」のデータのこと。

・オプトアウト★

「本人の求めに応じて個人情報の第三者提供を停止すること」としている場合で、

①第三者に提供される個人データの項目など、一定の事項をあらかじめ本人に通知し、または

②本人が容易に知り得る状態に置くとともに

③個人情報保護管理委員会（後述）に届け出たときは

個人データを第三者に提供することができます。

これを「**オプトアウト★**」といいます。ただし、前述の「要配慮個人情報★」については、この「オプトアウト」では第三者に個人データを提供できません。

(5) 個人情報保護管理委員会

改正個人情報保護法で、内閣府の外局として「**個人情報保護管理委員会**」が新たに設置されました。

オプトアウトにより個人情報取扱事業者が個人データを第三者に提供する場合は、必要な事項を個人情報保護委員会に届け出なければなりません。

従来、個人情報を管轄していた省庁の主務大臣の権限を集約するとともに、**立ち入り検査の権限**などを付与しました。

マイナンバー法

マイナンバー法は、行政運営の効率化と国民の利便性向上を目的とする法律です。

マイナンバーカード（個人番号カード）は、マイナンバー（個人番号）が記載された顔写真付きのカードです。本人確認のための身分証明書として利用できるほか、国民健康保険証、自治体サービス、e-Taxその他の電子証明書を利用した電子申請など、様々な行政サービスを受ける際にも利用することができます。

● 個人情報保護法ならではの似たような専門用語が多く出てくるので、各用語の意味および他用語との違いをよく把握してください。

ビジネスと犯罪

会社の秘密を漏らせばクビ（懲戒免職）になるのはわかるけれど、刑事罰も科せられて、場合によっては刑務所行きになるの？

●会社の企業秘密の保管義務のある責任者が他社に漏らしたり、秘密文書を社外に持ち出した場合には刑法が適用され、前者で5年以下の懲役刑、後者で10年以下の懲役刑が科されます。

所属企業に対する犯罪、会社法上の犯罪

（1）所属企業に対する犯罪——刑法が適用される

ア）会社の企業秘密を他社に漏えいし、報酬を得た場合

「**業務上横領罪**」：会社の秘密文書を保管する権限を有する者が、その秘密を外に持ち出した場合に適用されます。

「**窃盗罪**★」：会社の秘密文書の保管権限のない者が、その秘密を外に持ち出した場合に適用されます。

「**背任罪**★」：秘密保管義務を有する者が、その秘密を外に持ち出した場合に適用されます。

イ）手形の振出権限のない者が、無断で手形を振り出した場合

「**有価証券偽造罪**」：手形の振出権限を与えられずに手形事務を行っていた経理部員が、無断で手形や小切手を作成する場合に適用されます。

「**偽造有価証券行使罪**」：上記に加え、偽造手形を使用（行使）した場合に適用されます。

「**詐欺罪**」：上記の偽造手形を使用して商品を購入したり、自己の債務の弁済にあてた場合に適用されます。

●企業における各種犯罪も、毎年出題されている頻出分野です。

ウ) 業務上保管している会社の金品等を自分のものにした場合

　「**業務上横領罪**[★]」：会社の商品の横流しや、集金したお金の使い込みをした場合に適用されます。

(2) 会社法上の犯罪
ア) 会社が粉飾決算をして、剰余金の配当を行った場合

　「**違法配当罪**」：会社が粉飾決算をして、剰余金の配当を行った場合に適用されます。

　「**特別背任罪**[★]」：さらに、この剰余金の配当が経営者としての地位の保全あるいは役員や特定株主の利益を図るために行われた場合に適用されます。

　取締役が会社法上の犯罪を行ったことは、「取締役の欠格事由」になります。
イ) 金融機関の役員等が不良貸付を行った場合

　「**特別背任罪**[★]」：金融機関の役員等が、回収の困難や損害の発生が常識的に予想される場合に、十分な担保も取らず、結果的に会社に損害を与えた場合に適用されます。
ウ) 株主総会対策として株主に金品などを提供した場合

　「**利益供与罪**[★]」：取締役などの役員や支配人などの使用人が、株主の権利の行使に関し、会社の計算において財産上の利益を提供した場合に適用されます。

(3) その他の企業に関連する犯罪

　「**贈賄罪**」：企業の役員・従業員などが、官公庁との契約や許認可取得に関し、有利な取扱いを受けるために、公務員に対し**社交儀礼の範囲を超えた金品**を贈り"賄賂"とみなされる場合に、贈賄罪が適用されます。刑法が適用されます。

　他方、**受け取った公務員にも「収賄罪」が適用されます**。刑法が適用されます。

　「**収賄罪**」：企業の役職者が、その職務に関しての不正の請託を受けて金品を受け取ったり、受け取る約束をした場合に適用されます。会社法の「取締役等の贈収賄罪」が適用されます。

　他方、金品を贈った者には贈賄罪が適用されます。

- 「背任罪」は刑法の刑罰ですが、似たような「特別背任罪」は会社法の刑罰なので注意が必要です。
- 「会社の秘密文書を社外に持ち出す」という点では同じでも、保管権限を有する役職者が罪を犯した場合は「業務上横領罪」になり、権限のない社員が罪を犯した場合は「窃盗罪」になるので、注意が必要です。
- 「有価証券偽造罪」と「偽造有価証券行使罪」は、どちらも"偽造"と付いていますが、前者は「権限のない者が無効な手形を作成した場合」、後者は「そういった無効な手形を行使（使用）した場合」という違いがあるので、注意が必要です。
- 利益供与罪は、取締役などの役員だけでなく、支配人も対象であることに注意が必要です。

インターネット関連の刑法改正（2022年7月施行）

インターネット上の誹謗中傷が年々、社会問題化しており、これを抑制するため、刑法の侮辱罪の法定刑が改正されました。

これまでの侮辱罪の法定刑は「拘留または科料」でしたが、改正により「1年以下の懲役もしくは禁固もしくは30万円以下の罰金または拘留もしくは科料」と重罪化しました。

問題を解いてみよう

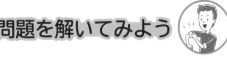

問 1 独占禁止法に関する次のア及びイの記述についての①〜④のうち、その内容が最も適切なものを1つだけ選びなさい。

ア．ある事業者が他の事業者の事業活動を排除しまたは支配することにより、公共の利益に反して一定の取引分野における競争を実質的に制限する行為は、私的独占として独占禁止法違反となる。

イ．独占禁止法を運用し執行するための行政機関として、公正取引委員会が設置されている。

①ア及びイのいずれも適切である。
②アのみが適切である。
③イのみが適切である。
④ア及びイのいずれも適切でない。

問 2 消費者契約法に関する次のア及びイの記述についての①〜④のうち、その内容が最も適切なものを1つだけ選びなさい。

ア．消費者契約法上の事業者には、法人その他の団体のほか、個人事業主のように、事業としてまた事業のために契約の当事者となる個人も含まれる。

イ．消費者契約法上、消費者と事業者との間の消費者契約において、事業者の債務不履行により消費者に生じた損害を賠償する責任の全部を免除する条項が定められた場合、当該消費者契約自体が無効となる。

①ア及びイのいずれも適切である。
②アのみが適切である。
③イのみが適切である。
④ア及びイのいずれも適切でない。

問3 Aは、その自宅において、寝具を販売するB社の従業員の訪問を受け、10万円の寝具を購入したが、特定商取引法に基づきクーリング・オフを実行しようと考えている。この場合に関する次の①～④の記述のうち、その内容が**最も適切でない**ものを1つだけ選びなさい。

①Aは、クーリング・オフの行使により、本件売買契約を無条件で解除することができ、寝具の返還に要する費用もB社が負担しなければならない。

②Aは、B社の承諾があるときに限り、クーリング・オフを行使することができる。

③Aは、クーリング・オフを行使するには、特定商取引法の定めに従い、所定の期間内にクーリング・オフの意思表示を発することを要する。

④クーリング・オフは、必ずAが書面によって行使することが必要で、口頭による行使は認められない。

問4 個人情報保護法に関する次のア～エの記述のうち、その内容が適切なものの組み合わせを①～④の中から1つだけ選びなさい。

ア．個人情報保護法上、個人情報取扱事業者は、個人データの安全管理のための措置を講じることを義務付けられていない。

イ．個人情報保護法上、個人情報取扱事業者は、偽りその他不正の手段により個人情報を取得してはならない。

ウ．外国人に関する情報は、個人情報保護法上の個人情報にあたらない。

エ．個人情報保護法上、個人情報取扱事業者が個人データを第三者に提供するためには、原則としてあらかじめ本人の同意を得ることを要する。

①アイ　②アエ　③イウ　④イエ　⑤ウエ

問5 ビジネスに関わる犯罪に関する次のア〜エの記述のうち、その内容が適切なものの組み合わせを①〜⑥の中から1つだけ選びなさい。

ア．会社の秘密文書の管理権限を有しない従業員Aが、その秘密文書を会社に無断で社外に持ち出した場合、Aには窃盗罪が成立し、刑事罰を課され得る。

イ．X株式会社の従業員Bが他社から取得した営業秘密を、X社は不正取得されたものであると知りながら使用した。この場合、X社は営業秘密の侵害に関し刑事罰を科されることはないが、Bには営業秘密の侵害に関する罪が成立し、刑事罰を課され得る。

ウ．X株式会社における支配人C等の使用人が、株主総会での議決権の行使に関し、いわゆる総会屋に不正の利益を提供した場合、Cには利益供与罪が成立し、刑事罰を課され得る。

エ．X株式会社の代表取締役Dが、X社の決算において経理を不正に操作して架空の利益を計上し、株主に剰余金の配当をした場合、Dには、X社に対する民事上の損害賠償責任が生じるが、刑事上の責任はない。

①アー〇　イー〇　ウー〇　エー〇
②アー〇　イー×　ウー×　エー×
③アー×　イー〇　ウー〇　エー〇
④アー×　イー×　ウー×　エー〇
⑤アー〇　イー×　ウー〇　エー×
⑥アー×　イー×　ウー×　エー×

問6　特定商取引法に関する次のア～エの記述のうち、その内容が適切なものの組み合わせを①～⑥の中から1つだけ選びなさい。

ア．特定商取引法が適用される訪問販売とは、営業所以外の場所で行われる商品・権利の販売、役務の有償提供であり、事業者の配布したビラを見て営業所に来た消費者に対する商品・権利の販売、役務の有償提供は一切含まれない。

イ．特定商取引法上、販売業者は、訪問販売を行うに際し、販売の勧誘に先立って、その氏名、勧誘目的である旨、販売する商品の種類等を相手に明らかにしなければならない。

ウ．特定商取引法の適用される取引においては、契約の履行等をめぐってトラブルが生じた場合に、事業者が高額な損害賠償金を消費者に請求する例があるので、消費者の利益が損なわれないよう、損害賠償額の上限が定められている。

エ．特定商取引法上、販売業者が訪問販売を行うに際し、消費者が日常生活において通常必要とされる分量などを著しく超える契約について、消費者は契約の解除ができない。

①ア－○　イ－○　ウ－○　エ－○
②ア－○　イ－×　ウ－×　エ－×
③ア－×　イ－○　ウ－○　エ－×
④ア－×　イ－×　ウ－×　エ－○
⑤ア－○　イ－×　ウ－○　エ－×
⑥ア－×　イ－×　ウ－×　エ－×

答え合わせ

問1 正解：①

解説（テキストp126〜128参照）

アは適切である。問題文のとおりで、**「私的独占」は独禁法の3大禁止行為の1つ**です。

イは適切である。問題文のとおりです。

問2 正解：②

解説（テキストp129〜130参照）

アは適切である。**消費者契約法において、個人事業主は**消費者ではなく**事業者に属します。**

イは適切でない。消費者にとって不利益となる条項は**当該条項のみ無効**であって、契約全体が無効になるわけではありません。

問3 正解：②

解説（テキストp136〜139参照）

①は適切である。問題文のとおりです。

②は適切でない。**訪問販売事業者の承諾がなくても、クーリング・オフは行使できます。**

③は適切である。**訪問販売の場合、所定のクーリング・オフ期間は8日間**です。

④は適切である。問題文のとおりです。**クーリング・オフは口頭による行使は認められません。**

解説（テキストp140〜143参照）

アは適切でない。**個人情報取扱事業者は、安全管理のための措置を講ずることを義務付けられています**。

イは適切である。問題文のとおりです。

ウは適切でない。**外国人の情報も個人情報**に含まれます。

エは適切である。問題文のとおりです。

問5　正解：⑤

解説（テキストp144〜146参照）

アは適切である。従業員Aには**窃盗罪が成立し、刑事罰が課せられます**。

イは適切でない。X社にも従業員Bにも刑事罰が課せられる。いわゆる**両罰規定が適用**されます。

ウは適切である。支配人のCにも**利益供与罪が適用**されます。

エは適切でない。代表取締役のDは**民事上の損害賠償責任だけでなく、刑事上の責任も負います**。

問6　正解：③

解説（テキストp136〜139参照）

アは適切でない。問題文はキャッチセールスについて述べており、**キャッチセールスは訪問販売の一形態**です。したがって、特定商取引法の対象です。

イは適切である。問題文のとおりです。

ウは適切である。問題文のとおり、**解約にあたっての損害賠償額には特定商取引法で上限が定められています**。

エは適切でない。問題文に述べられている**過量販売は契約解除が可能**です。対象となる取引類型は訪問販売と電話勧誘販売の2つです。

第5章

債権の管理と回収

Theme 1 債権の消滅事由

自分が持っている金銭の債権と、相手が自分に対し持っているある
商品の引渡しの債権との相殺は可能なのか？

重要度：★★★

●債権が消滅する事由は大きく分けて、内容の実現による消滅、内容の実現
が不可能となることによる消滅、内容の実現が不要となることによる消滅、
さらに「消滅時効」のようにその他の要因による消滅があります。

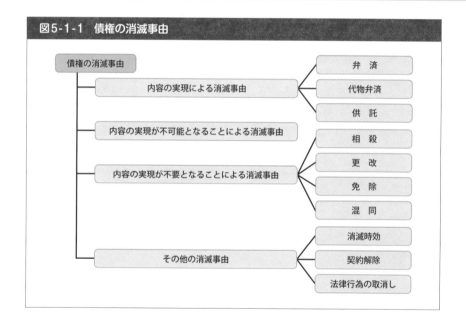

図5-1-1　債権の消滅事由

債権の消滅事由	
内容の実現による消滅事由	弁済
	代物弁済
	供託
内容の実現が不可能となることによる消滅事由	
内容の実現が不要となることによる消滅事由	相殺
	更改
	免除
	混同
その他の消滅事由	消滅時効
	契約解除
	法律行為の取消し

●債権の消滅事由が、用語ではなく事例として出題されています。特に「代物弁
済」の成立要件ですが、双方の合意ではなく「一方的な通知で成立」とする過
去問が出題されています。
●相殺ができるかどうか、すなわち「相殺適状」かどうかの設問もよく出題され
ます。

債権の消滅事由

(1) 内容の実現による消滅

ア) 弁済

債務者が債務の内容である給付を実現する行為です。**弁済により債権が消滅するには、債権の本旨に沿った内容の実現にしなければなりません**。なお、特に定めのある場合を除き、債務者以外の第三者も弁済することができます。

債権に関する証書＝債権証書がある場合、債権の全部を弁済した債務者は、債権証書の返還を要求することができます。**あるいは、弁済と引き換えに受領証書の交付を請求することができます**。

イ) 代物弁済

本来の給付に代えて別の物を給付し、それによって債権を消滅させることです。債権者と債務者の意思の合致が必要で、その性格は契約です。

したがって、**債務者からの一方的な代物弁済はあり得ません**。

また、「代物弁済」は担保に利用される場合があります（本章Theme11参照）。

ウ) 供託★

弁済の目的物を供託所（法務局）に寄託することです。目的物は債権者の下に置かれるわけではありませんが、供託が行われることで債務者は債務から解放され、債務者に対する債権は消滅します。

(2) 内容の実現が不可能となることによる消滅

「債務者の責に帰すことができない事由により、履行不能となった場合」が該当します。例えば、家屋の売買契約を締結した後に、その家屋が隣家からの延焼により焼失し、引き渡せなくなった場合などです。

(3) 内容の実現が不要となることによる消滅

ア) 相殺（→相殺と相殺適状★）

2人の者が互いに相手方に対して同種の債権を持っており、その債務を**対当額**で消滅させることを、「相殺」といいます。

なお、**「対当額」といっても全く同じ金額である必要はなく、一部カバーできる金額だけでも、その部分の相殺が成立します**。

自分から見て、**相殺する債権を「自働債権」、相殺される債権を「受働債権」**といいます。

5

債権の管理と回収

・相殺が成立する要件＝相殺適状（→相殺と相殺適状★）

①債権が対立していること。

②双方の債権が同種の目的を有する債権であること。

➡例えば、金銭の支払いを目的とする債権と、商品や土地の引渡しを目的とする債権とを相殺することはできません。

③双方の債務が弁済期にあること。

相殺は一方の意思表示だけで行うことができ、その意思表示が相手に到達すると効力が生じ、債権は消滅します。

イ）更改★
こうかい

債務の要素★を変更することによって、新債務を成立させるとともに、旧債務を消滅させる契約を、「**更改**」といいます。

ウ）免除★

債権を無償で消滅させる行為です。言い換えれば**債権の放棄**です。債権者の一方的な意思表示で行うことができます。

エ）混同★

債務者が債権者を相続するなど、債権および債務が同一人に帰属することです。その結果、債権は原則として消滅します。

(4) その他の要因による消滅

ア）消滅時効（次のTheme 2で詳説）

イ）契約解除

債務が履行されないなど、一定の状態が発生したことで、債権者がその意思表示によって契約の効力を一方的に廃棄することをいいます。

ウ）法律行為の取消し

制限行為能力者の法律行為あるいは詐欺により行われた法律行為を、最初から行われなかったものとする債務者の行為のことです。

取り消されるまで、債権は一応有効ですが、取消しがあると債権も遡って消滅します。

● 「代物弁済」や「供託」が一方の当事者の意思表示だけでは成立しないのに対し、「相殺」や「免除」は一方の意思表示だけで成立するので、この違いを理解してください。このことに絡めた設問も過去に出題されています。

Theme

2 時効

一般的な意味での請求と、裁判上の請求はどう違うのか？

重要度：★★☆

●一般的な意味での「請求」は、債権者が債務者に対し請求書を送付する行為を意味します。法律用語では「催告」といいます。「裁判上の請求」は、債権者が裁判所に訴訟を提起して債務者に請求することを意味します。

取得時効と消滅時効

まず、似たような表現・漢字でも「消滅事由」と「消滅時効」は全く別物であることを理解してください。「消滅事由」は「何らかの事柄が消滅になる理由」を意味します。

(1) 時効制度

時効とは、一定の事実状態が一定の期間を超えて継続し、定着してしまった場合に、その現状を事実関係として認定することで法律関係を安定させようとする制度です。その現状が真実の権利状態と一致（整合）するかどうかを問わずに、そのまま権利関係として認める制度ともいえます。

取得時効	権利者であるかのような事実状態の継続をもって、事実状態どおりの権利が存在するものとする
消滅時効	権利状態の不行使を根拠に、権利が存在しないものとする

時効が成立したことによる効果を主張するには「**時効の援用**★＊」が必要です。

「時効の援用」は、時効が成立した旨を伝える内容証明郵便を相手方に送るなど、裁判外で行っても構いません。

●時効の更新、ならびに時効の完成猶予とその3つの事由について問う問題が、過去に出題されています。

＊**時効の援用**　時効の成立により利益を受ける者が、その利益を受ける旨の意思表示をすること。

(2) 消滅時効の期間

一般民事債権の消滅時効は改正民法で統一され、「債権者が権利を行使できることを知った時から5年、権利を行使できる時から10年」に統一されました（ただし、人の生命または身体の侵害による損害賠償権は別規定）。

	債務不履行	不法行為
損害賠償一般	権利を行使することができることを知った時から5年以内、かつ権利を行使することができる時から10年以内	損害および加害者を知った時から3年以内、かつ不法行為の時から20年以内
人の生命または身体の侵害による損害賠償権	権利を行使することができることを知った時から5年以内、かつ権利を行使することができる時から**20年**以内	損害および加害者を知った時から**5年**以内、かつ不法行為の時から20年以内

時効の更新と完成猶予

(1) 時効の更新

権利を行使しない状態が一定期間継続し、その期間中に権利者が権利を行使した時や債務者が債務の存在を認めた時には、それまで進行していた時効期間が全く効力を失い、改めて新規に時効期間が開始します。これを**時効の更新**といいます。

(2) 時効の完成猶予

時効の完成猶予とは、時効をそのまま完成させるのが妥当でない一定の事由がある場合に、一定期間、時効の完成が猶予される（先延ばしにされる）制度です。

(3) 時効の完成猶予とその事由

時効の完成猶予の事由となるものは以下のとおりです。

①**請求**：事由の代表的なものは、権利行使の代表的な態様の1つである履行の「請求」です。

債務者に対して請求書を郵送する行為は、特に**催告**★と呼ばれます。

「催告」を行った後、6か月以内に「裁判上の請求」や支払督促などその他の裁判所の関与する手続を行わなければ、時効の完成猶予の効力は生じません。

②**差押えや仮差押え、仮処分**：確定判決等の債務名義（本章 Theme 13 参照）に基づいて行う強制執行行為である**差押え**や**仮差押え、仮処分**が挙げられます。

③**承認**：債務者が債権者に対して債権の存在を認める**承認**があります。

「承認」は口頭でも成立しますが、それでは「承認」があったことを立証するのが困難なので、実務上は**残高確認書**、**債務承認書**、**支払誓約書**の書面が作成され、債務者の承認印のあるものを受け取る方法が取られます。

権利の「承認」があると時効の完成猶予はなく、直ちに「承認」のときから時効が更新されます。

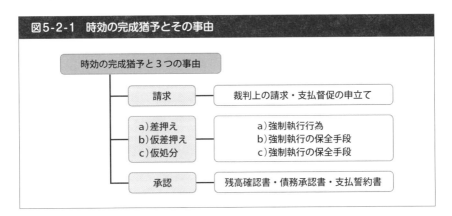

図5-2-1　時効の完成猶予とその事由

時効の完成猶予と3つの事由	
請求	裁判上の請求・支払督促の申立て
a）差押え b）仮差押え c）仮処分	a）強制執行行為 b）強制執行の保全手段 c）強制執行の保全手段
承認	残高確認書・債務承認書・支払誓約書

得点アップ講座

● 時効の完成猶予とその事由に関する設問が多く出題されます。
内容証明書付の請求書の再送付はあくまで「催告」であり、到達後6か月の間に裁判上の請求その他のアクションを取らないと、「時効の完成猶予」の効力は生じません。"内容証明書付"ということで、裁判所が関与していると誤解しがちなので要注意です。
● 「時効の援用」は、受益者が時効成立の利益を受ける旨を伝える能動的なアクションを相手方に対して取ることなので、注意が必要です。

コラム

改正民法（2020年4月施行）

　民法改正により「時効の中断」は、「一定期間、時効は完成しない」という**時効の完成猶予**と、「一定の事由については、その事由が終了した時に改めて新規に時効期間が開始する」という**時効の更新**の制度に改められました。

手形・小切手の特徴と役割

重要度：★★☆   手形と小切手はどう違うの？　誰でも発行できるものなの？

●約束手形（以下、単に手形とも表記）も小切手も株式と同じ有価証券であり、銀行に当座勘定がないと発行できないのは同じですが、手形は支払いを一定期間猶予する信用取引に用いられ、小切手は現金取引の代替手段として用いられます。手形には不渡りがありますが、小切手には不渡りがありません。共通点と異なる点をよく理解しましょう。

手形・小切手分野は3級のみの出題で、出題問題も限られているので、学習して確実に得点できるようにしましょう。

手形・小切手の法律的特徴

（1）有価証券性

債権などの財産権を表わす証券で、権利の移転には証券の交付を必要とし、権利行使には原則として証券の所持を必要とするものを、**有価証券**といいます。手形も小切手もいずれも株式と同じ**有価証券**です。

これを**有価証券性**といいます。

（2）設権証券性

「一定の金額を記載して振り出せば、証券に表示された内容の債権が発生すること」を意味します。

●「手形・小切手とも記載事項が法律によって定められている」という「要式証券性」、「いったん振り出すと、発生した手形・小切手上の債権は振出しの原因となった取引とは切り離される」という「無因証券性」がよく出題されます。

(3) 無因証券性

「いったん振り出すと、発生した手形・小切手上の債権は振出しの原因となった取引とは切り離され、独立した別個の債権になること」を意味します。

例えば、「商品の買主がその代金を支払うために売主に約束手形を振り出した場合、その後、当該商品の売買契約が無効になったとしても、約束手形上の債権はその影響を受けず、無効にならない」ということです。

(4) 文言証券性

「手形・小切手上の権利・義務の内容は証券に記載内容のみに基づいて決定されること」を意味します。

(5) 要式証券性

「手形・小切手上の記載事項が法律 (手形法・小切手法) によって定められている」ことを意味します。

■ 手形・小切手の経済的役割

手形　：支払いを一定期間猶予する「**信用取引**」に用いられます。

小切手：その場で直ちに現金を決済する「**現金取引**」の**代替手段**に用いられます。

●手形と小切手に関しては、上記5つの性質に関する設問が頻繁に出題されますので、各々の性質をよく理解、把握しておきましょう。

5

債権の管理と回収

Theme

4 手形

約束手形には、記載しなければならない事項、記載すると無効になる事項、記載しても効力に影響のない事項がある。

重要度：★★☆

●約束手形の記載事項には必要的記載事項、有益的記載事項、無益的記載事項、有害的記載事項の4つがあること、およびそれぞれの記載事項の主要なものを覚えてください。「白地手形」はいわば"未完成の手形"であり、将来、手形要件が充足されれば効力が生じます。

●手形を持ち帰った支払銀行が、手形振出人の当座預金残高の不足により手形金を引き落とせないことを、「手形の不渡り」といいます。

手形の記載事項と白地手形

(1) 必要的 (絶対的) 記載事項

手形に必ず記載しなければならない記載事項をいいます。

①約束手形文字 (約束手形であることを示す文字)、②手形金額 (一定の金額)、③支払約束文句 (支払いを約束する文句)、④満期 (支払期日)、⑤支払地、⑥受取人の名称、⑦振出日、⑧振出地、⑨振出人の署名、などです。

●手形について単独での出題はなく、手形・小切手の法律的特徴や小切手の記載事項と一緒に過去に出題されています。具体的には、有害的記載事項や白地手形の設問が出題されています。

●手形の支払呈示期間を過ぎて手形を呈示した場合の設問が出題されています。正誤問題では「手形の呈示期間を過ぎた場合は無効になる」と出題されました。無効にはならず、手形の振出地の銀行まで出向いて手形を現金化することができます。

(2) 有益的 (任意的) 記載事項

手形に記載すると法律的に効力が生じる記載事項をいいます。

①利息文句：手形金額に利息をつける旨の記載をすれば、その効力が生じます。
②支払場所：支払地は住所で、支払場所は当座勘定がある銀行の店舗名が記載されます。

(3) 無益的記載事項

手形に記載しても手形法上の効力が生じない記載事項をいいます。

①支払遅延による損害賠償額の予定

(4) 有害的記載事項

手形に記載すると手形自体が無効となってしまう事項をいいます。

①手形の支払いの条件を記載：
　（例）「商品と引き換えに支払う」と記載する。
②支払期日の欄に「分割払いとする」旨の記載をする。

(5) 統一手形用紙の使用

手形は必ず統一手形用紙によって作成されたものを受け取ることが決められており、この用紙を使わない手形は金融機関は取り扱いません。

また収入印紙が必要です。印紙が貼られず振り出された手形は有効ですが、必要な印紙税額とその2倍の過怠税が賦課されます。

【白地手形★】

手形の振出にあたり受取人や手形金額などの手形に記載すべき内容がまだ確定していない等の理由により、手形要件の全部あるいは一部を記入しないまま、のちの所持人に空白を補充させる趣旨で振り出した手形を**白地手形★**といいます。

「白地手形」の白地を補充する権利を補充権といいます。

将来有効な手形となることが予想される、"**未完成の手形**" です。

商慣習上、無効な手形とはされていません。

譲渡＝裏書、手形の不渡り

(1) 手形の裏書とその方法

手形の譲渡とは、手形上の権利を他人に譲渡することを意味し、その方法として「裏書」があります。裏書のためには、手形の裏面に以下の内容を記入します。

①裏書文句：「表記金額を下記被裏書人またはその指図人にお支払いください」という言葉
②被裏書人：譲渡する相手方
③裏書人：譲渡する人の署名あるいは記名押印
を記載、記入します。

(2) 裏書の連続★

「裏書の連続★」とは、手形面に記載された受取人が第一裏書人となり、第一裏書人の被裏書人が第二裏書の裏書人となる……というように、受取人から最後の被裏書人に至るまで各裏書が途切れることなく続いていることをいいます。

銀行は実務上、原則として「裏書の連続」が途切れている手形は取り扱いません。

(3) 手形割引

満期前の約束手形を現金化したい場合、銀行などの金融機関に約束手形を譲渡することによって現金化する方法を、「**手形割引**」といいます。通常、手形金額から満期までの金利相当分を差し引いた額を銀行から受け取ります。

(4) 手形の支払呈示期間

手形所持人が支払場所である銀行に手形の支払いを求めることができるのは、支払期日（満期日）とそれに続く2取引日です。**この3日間を手形の「支払呈示期間」**といいます。

この期間を過ぎても、手形自体が無効になるわけではありませんが、支払場所とされる取引銀行の記載の効力はなくなるので、手形所持人は手形の振出人の住所地に直接出向いて支払いを受ける必要があります。

(5) 手形の不渡り★

　手形交換所から手形を持ち帰った支払銀行が、手形振出人の当座預金から手形金を引き落とそうとしたところ、残高の不足で引き落としができないことを「**手形の不渡り★**」といいます。

　「手形の不渡り」を出してから**6か月以内に2回目の不渡りを出すと、銀行取引停止処分***を受け、ほとんどの場合、会社は倒産します**。

- 手形の所持人が手形を銀行に持ち込む日（満期日の前日まで）と手形の満期日は違うので、注意が必要です。満期日に当該取引銀行は手形交換所を通じて振出人の当座預金がある支払銀行に約束手形を呈示して決済を行います。
  すなわち、手形の持ち込みと呈示は違います。
- 「白地手形」というと何も記載がないので一瞬、有効な手形ではないかと早合点しがちです。が、そのような手形があり、そのままでは手形としては効力を生じないものの、手形要件が将来補充されると効力が発生するということで、無効な手形ではないということを覚えておきましょう。
- 印紙の貼付けが必要な契約書同様、手形も印紙がなくても手形として有効ですが、印紙税額とその2倍の過怠税が課せられるのも同じです。

***銀行取引停止処分**　処分の通知から2年間、手形交換所に加盟しているすべての銀行で当座勘定取引と
　　　　　　　　　　　貸出の取引を禁止する処分をいう。

Theme 5 小切手

小切手の実際の振出日より先（将来）の日付を記載した小切手は、果たして有効なの？

重要度：★★☆

●小切手の実際の振出日より先（将来）の日付を記載する小切手＝「先日付小切手」はもちろん有効で、「線引小切手」など通常の小切手に加え、いろいろな種類の小切手があることを覚えておいてください。小切手は常に「一覧払い」であるため、手形のような支払期日＝満期日の記載がないことも覚えておきましょう。

 小切手の記載事項

（1）小切手の振出

　小切手は、振出人が支払人に対して、一定期日に一定金額を受取人に支払うよう委託した有価証券です。その主な経済的役割は現金取引の代替手段です。

　小切手の支払人になるのは、銀行または信用金庫です。

　振出人は、銀行などと当座勘定取引契約を結び、**当座預金口座を開設**します。

（2）小切手の記載事項

　①支払文句、②小切手金額、③支払委託文句、④支払人（銀行など）の名称、⑤支払地、⑥振出日、⑦振出地、⑧振出人の署名——が法律で定める必要記載事項です。ただし、②小切手金額、⑥振出日、⑧振出人の署名を除くその他の事項は、統一用小切手用紙に印刷されているので、記入の必要はありません。

　小切手は常に「一覧払い*」であるため、支払期日（満期日）の記載はありません。

●線引小切手、先日付小切手の内容・意味を問う設問が過去に出題されています。

---

*一覧払い　常に支払いのために呈示された日を満期とすること。

特殊な小切手

(1) 線引小切手

　小切手は手形と違って受取人の名前が記載されていないので、紛失した場合、不正な取得者に対して支払われてしまう恐れがあります。その防止策として考えられたのが、「**線引小切手**★」の制度です。

　線引は、小切手の表面に2本の平行線を引くことによって行います。線引小切手は、「一般線引」と「特定線引」に分類されます。

1) 一般線引

　一般線引の場合、支払銀行は、「他の銀行」または「支払銀行の取引先」に対してのみ支払うことができます。

2) 特定線引

　特定線引の場合、支払銀行は、「線内に記載された銀行」に対してのみ支払うことができます。

(2) 先日付小切手★

　実際に小切手を振り出す日よりも先（将来）の日付を振出日として記載する小切手を、「**先日付小切手**★」といいます。

　「先日付小切手」にすれば、小切手の実際の振出日には資金の準備ができていなくても、**何日か後に資金の準備ができる場合には有効**です。

(3) 自己宛小切手

　銀行などが自らを支払人として振り出す小切手を「**自己宛小切手**」といいます。**「自己宛小切手」は現金小切手とも呼ばれ**、不渡りになる恐れが少なく、一般の小切手より信用力が高いといわれています。

● 手形の場合は支払人・支払銀行が書かれていませんが、小切手の場合は自己宛小切手を除けば支払人・支払銀行が書かれています。
● 振出人と支払人は一見同じようですが、違うことに注意が必要です。

担保の種類と有する性質

重要度：★☆☆　お金を貸している相手の財産状態が今後悪化する恐れがある場合に、自分の債権を確実に回収できる手段が担保なの？

●担保が有する4つの性質を覚え、その内容をよく理解してください。次のTheme以降、詳しく述べる様々な種類の担保物権で、これらの性質がどのように反映されていくのかがよくわかります。

担保、担保の種類

(1) 担保が必要とされる理由

　債務者の財産が十分でなかったり、財産状態が将来悪化する懸念がある場合に、そのような状態に備えて債権を確実に回収できるようにする手段を、「**担保（権）**」といいます。

(2) 担保の種類

　担保には大きく分けて**物的担保**と**人的担保**があります。

　「物的担保」は、債務者がその債務を履行しない場合、債務者ないし第三者の特定の財産から、他の債権者に先んじて債権の回収を図れる担保のことをいいます。**物的担保**は**「担保物権」とも呼ばれます**。

(3) 債権者平等の原則

　1人の債務者に対し、**担保権を有しない複数の債権者が存在**する場合は、債権の種類、内容、発生時期、履行期に関係なく、債権額に応じて按分^{あんぶん}＊された額しか回収できません。これを「**債権者平等の原則**」といいます。

●担保の有する4つの性質について、単独ではなく担保の分類と一緒に、過去に出題されています。

＊**按分**　基準になる金額・数量に比例した割合をいう。

（4）債権回収における物的担保の優位性

　「物的担保」と「人的担保」を比較した場合、以下の理由（効力）により「物的担保」の方が有利とされています。

ア）優先弁済的効力（優先弁済権）と留置的効力

　物的担保を有する債権者は、担保の目的である物件に関する限り、その売却代金から他の債権者に優先して弁済を受けることができます。これを**優先弁済的効力**といいます。

　「留置権」については優先弁済的効力はありませんが、目的物を留置（手元に留め置くこと）によって、債務者の弁済を促す効力があります。これを「留置的効力」といいます。

　さらに**質権については「優先弁済的効力」と「留置的効力」の両方を有します**。

イ）追及効★

　抵当権については、債務者が担保に提供した物件を第三者に売却するなどの処分をしても、抵当権は消滅せず、その第三者の所有名義のままで、その物件から競売等の手続により債権の回収を図ることができます。これを「**追及効★**」といいます。

（5）物的担保の種類

　物的担保は、法律の要件を充足すれば当然に発生する「**法定担保物権**」と、当事者の合意によって成立する「**約定担保物権**」に分けられます。

　また、民法の定める担保物権である「**典型担保物権**」と、それ以外の担保物権である「**非典型担保物権**」にも分けられます。

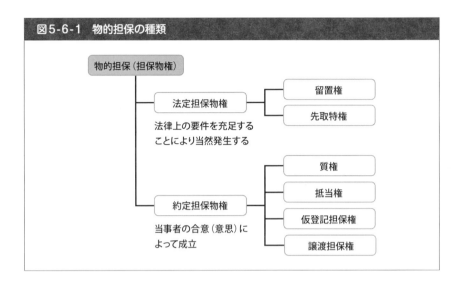

図5-6-1 物的担保の種類

法定担保物権は法律で定められた要件を充足すれば当然に発生する担保物権なので、特段の契約の必要はありません。

(6) 物的担保の有する性質

附従性	被担保債権が発生・変更・消滅すれば、担保物権も発生・変更・消滅する
随伴性	被担保債権が移転すると、担保物権も移転する
不可分性	被担保債権の一部が弁済されても、担保物権は目的物の全部に及ぶ
物上代位性★ (ぶつじょうだいいせい)	目的物の売却・賃貸・滅失・損傷により得られた金銭その他の物に対しても効力が及ぶ

- 「留置権」と「質権」にのみ「留置的効力」がありますが、「留置権」には「優先弁済的効力」はありません。「質権」は、「優先弁済的効力」と「留置的効力」の両方の効力を持つ唯一の担保物権です。
- 「法定担保物権」は「留置権」と「先取特権」で、この2つを必ず覚えておきましょう。法定なので、特段の契約(約定)の必要もありません。これら以外の「質権」など4つの担保物権は「約定担保物権」となります。

7

法定担保物権①：
留置権

重要度：★★★ 　自転車店は、自転車修理代金が支払われるまで顧客の自転車を手元
（自店）に留め置くことができるが、この権利を何権というのか？

●「留置権」は、「民事留置権」と「商事留置権」とで、関連性・対象物・
効力が違うので注意が必要です。「商事留置権」がすべての場合に有利に
なるわけではありません。「民事留置権」の対象物が債務者所有の物に限
られないのに対し、「商事留置権」の対象物は債務者所有の物に限られます。

民事留置権、商事留置権

(1) 留置＊権★

　他人の物を占有している者が、その物に関して生じた債権を有している場合に、
その債権の弁済を受けるまでその物を留置することにより、債務者の弁済を促す権
利を「**留置権★**」といいます。

　民法の適用を受ける「民事留置権」と、商法の適用を受ける「商事留置権」があり、
表5-7-1のような違いがあります。

　例えば、自動車の修理業者Bが、A会社に対して自動車の修理代金債権を有する
とともに、これとは別にA社に対してトラックの塗装代金債権を有する場合、Bは両
方の代金債権が弁済されるまで、Bの手元にある自動車を留置することができます。

●留置権の定義・特徴を問う設問が過去に出題されています。

＊**留置（りゅうち）**　人や物を留め置くことを意味する。人を留置する施設としては刑務所や警察署の「留
　　　　　　　　　置場」が挙げられる。

表5-7-1　民事留置権と商事留置権の違い		
	民事留置権	商事留置権
被担保債権と 留置物との関連性	債権（修理物）と留置物（目的物）との間に関連性（牽連関係＊）がなければならない	債権（修理物）と留置物（目的物）との間に関連性は不要
留置物	債務者の所有物に限られない	債務者の所有物に限られる
効力	破産法上、別除権は認められない	破産法上、別除権が認められる。会社更生法上、更生担保権として扱われる

留置権者が目的物の占有を失うと、原則として「留置権」も消滅します。

➡**担保の「附従性」**（本章 Theme 6（6）参照）

(2) 留置権の実行方法

「**留置権**」には「留置的効力」はあるものの、**担保権の中で唯一、「優先弁済的効力」はありません**。

ただし、「競売権」は認められています。競売の申立ては、留置物の所在地を管轄する裁判所に対して行います。

●留置権は先取特権とともに法定担保物権です。過去問で、「両者間で留置権に関する取り決めはしていない」という設問の前提条件がありましたが、法定担保物権なので、留置権が持つ「留置的効力」、「競売権」は契約内容に関係なく適用されます。

＊**牽連関係**　関係性のことを意味する法律用語。

法定担保物権② ：
先取特権
さきどり

重要度：★★★

50万円の未払い給与があり、手元には100万円の現預金しかない破産寸前の会社が、銀行から借りている1,000万円の返済より未払い給与を優先して支払ってくれる!?

● 「先取特権」には「一般の先取特権」、「動産の先取特権」、「不動産の先取特権」の3つがあります。先取特権による債権回収の実益があるのは「動産の先取特権」です。その中でも動産売買の先取特権には注意が必要です。

3つの先取特権

(1) 先取特権★

　債権者が目的物の引渡しを先行して履行した場合、債権者が他の債権者に優先して当該債務者の財産から弁済を受ける権利を、**先取特権★**といいます。「留置権」と同様、**約定をする必要のない法定担保物権**です。

　先取特権の具体例・好例は上述の未払い給与です。

　勤務する企業から給与の支払いがなかった、あるいは減額された場合、当該企業が銀行から借入れがあったとしても、残余財産があれば、借入金の返済に先んじて当該従業員は未払い給与を受け取ることができます。

(2) 先取特権の種類

　「先取特権」には**一般の先取特権**、**動産の先取特権**、**不動産の先取特権**の3つがあります。「先取特権」による債権回収の実益があるのは「動産の先取特権」です。

　特に動産売買の「先取特権」は、債権の回収において実務上重要です。

● 「先取特権」は法定担保物権なので、先取担保権の設定契約を債権者が債務者と取り交わす必要はありません。過去問では「設定契約の締結により先取特権が取得できる」とする正誤問題が出題されています。

「動産の先取特権」を実行するには、対象物件の所在地を管轄する裁判所に対して動産競売の申立てを行います。

　なお、債務者が目的動産を**第三者に引き渡した場合**は、「先取特権」はその**目的動産に対し効力を及ぼし得ない**点に限界があります。⇒**担保の「随伴性」**（本章Theme6 (6)参照）

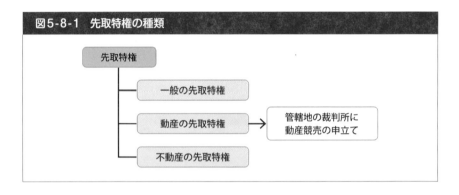

図5-8-1　先取特権の種類

約定担保物権①：質権

<ruby>約定担保物権<rt>やくじょう</rt></ruby>①：
<ruby>質権<rt>しちけん</rt></ruby>

重要度：★★★

「質権」は担保物権の中一番馴染みがあるが、他の担保物権とは何の法的効力が同じで、何が違うのか？

- 営業質屋と「民法上の質権」は、「流質」契約ができるかできないか、で大きく異なります。
- 「質権」を設定する目的物によって、「動産質」、「不動産質」、「権利質」の3つがあります。

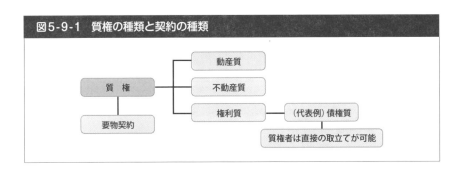

図5-9-1　質権の種類と契約の種類

- 質権
  - 動産質
  - 不動産質
  - 権利質 ── （代表例）債権質
    - 質権者は直接の取立てが可能
- 要物契約

3つの質権、債権質

(1) 質権

　債権者が債権の担保として債務者などから受け取った物＝「質物」を、債務が弁済されるまで手元に留め置き、弁済がないときは「質物」を売却して売却代金から他の債権者に優先して弁済を受ける、という場合の担保物権を「**質権**」といいます。

　民法上の「質権」は、営業質屋と違って、「**流質**<ruby>流質<rt>りゅうしち</rt></ruby>*」契約ができないのが原則です。営業質屋は、民法ではなく質屋営業法の規制を受け、行政が監督しています。

- 質権の3種類を問う問題や、「債権質は債権者が直接取り立てることができるかどうか」を問う問題が出題されています。

(2) 取引上重要な意味を持つ「権利質」

「質権」には図5-9-1にあるように、**動産質**、**不動産質**、**権利質**の**3つ**があります。特に重要なのは「権利質」の中の「**債権質**」で、質権者が直接その債権を取り立てることが認められており、被担保債権を満足する手段として有効です。

(3) 質権の設定

「質権」は**要物契約**です。債権を譲渡する際、証書の交付を必要とする性質のものについては、その証書を質権者に交付しなければなりません。

(4) 質権の対抗要件

動産質の対抗要件：「質物」の占有

債権質の対抗要件：第三債務者*に対する通知または第三債務者の承諾

(5) 質権の効力

「優先弁済的効力」と「留置的効力」の両方が認められます。

「債権質」の「質権者」は、債務者が弁済をしないときは**「債権質」を第三債務者から直接取り立てることができます**。

●「第三債務者」といっても第二債務者がいるわけでなく、債権者から見ると債務者以外の "第三の" 債務者なので、「第三債務者」と名付けられています。

---

*流質　　　　いわゆる "質流れ" のこと。債務者が債務を履行しない場合、質権者が「質物」の所有権を取得したり売却する方法で、優先弁済にあてる。

*第三債務者　質入れされた「債権質」の債務者。

10 約定担保物権②：抵当権、根抵当権

抵当権を設定した家屋や工場が火事で焼失しても、債権者は債務者が加入していた保険金でカバーできる？

● 「抵当権」も「質権」と同様、一般の人にも馴染み深い担保物権です。「質権」の債権者が目的物の引渡しを受けるのに対し、「抵当権」の場合は目的物を債務者がそのまま利用する、という点が違います。また、建物に「抵当権」が設定された場合は、その建物に備えられた什器などにも「抵当権」の効力が及びます。なお、第三者への対抗要件は「抵当権」の設定登記です。

■ 抵当権、根抵当権、物上代位権

(1) 抵当権★

　「債権者がその債権を担保するために、債務者もしくは第三者＝**物上保証人**★が占有を移さず自ら使用したままで不動産などを債務の担保にし、債務者が弁済しない場合にその目的物を競売に付し、その代金から優先的に弁済を受ける」という場合の担保物権のことを「**抵当権**」といいます。

(2) 抵当権の目的物

　目的物には、土地・建物などの不動産および地上権と永小作権があります。
　土地の一部に「抵当権」の設定をする場合には、実務上、**分筆**★の登記をする必要があります。

● 被担保債権が消滅したら「抵当権」も同時に消滅するという「附従性」や、被担保債権が第三者に移転したら「抵当権」も同時に移転するという「随伴性」の問題が、過去によく出題されています。
● 「抵当権」の第三者への対抗要件である「設定登記」の問題もよく出題されています。

＊**物上保証人**　「抵当権」設定に関与する、債務者以外の第三者のこと。

（3）抵当権の設定および登記

質権と異なり、目的物の占有の移転を要しない**諾成契約**です。言い換えれば、目的物の抵当権者への引渡しは不要ということです。

「抵当権」の**第三者への対抗要件は、「抵当権」の設定登記**です。

ただし、同一の不動産への複数の「抵当権」の設定は可能ですが、登記の順序によって優先的順位が決定されます。

（4）抵当権の効力

ア）被担保債権の範囲

被担保債権の元本と利息が担保されます。ただし、「抵当権」設定後、ずっと被担保債権の利息がカバーされるわけではなく、民法の規定により**最後の2年間の利息のみカバー**される（「担保権」を実行し得る）こととされています。

イ）抵当権の効力の及ぶ範囲

建物に「抵当権」が設定された場合、その効力はこの建物に備えられた営業用什器、建物を建てるために設定された敷地の利用権にも及びます。

ただし、敷地の利用権＝賃借権の譲渡は地主である賃貸人の承諾を要することから、抵当権者はあらかじめ抵当権設定者に地主の承諾を得させた上で、借地上の建物に抵当権の設定を受けています。

ウ）物上代位★

「目的物の売却・賃貸・滅失・損傷により得られた金銭その他の物に対しても抵当権の効力が及ぶ」ことを「抵当権」の「**物上代位★**」といいます。

「物上代位」により、目的物が消滅した場合など、その消滅に伴い債務者が受け取る金銭（火災保険金）などから、抵当権者は自己の債権を回収することができます。**抵当権者が「物上代位」権を行使するためには、抵当権設定者が受けるべき金銭その他を、その払い渡しまたは引渡しの前に差し押さえなければなりません**。

「物上代位」の目的となる主なものは次のとおりです。

①目的不動産が賃貸されていた場合の賃料・権利金
②用益物権が設定された場合の地代・権利金
③（目的物の滅失・毀損による）損害賠償請求権や損害保険金請求権

(5) 抵当権の実行方法

「抵当権」を実行し、債権を回収するには、裁判所に「担保不動産競売」の申立てをすることになります。

一般的には、抵当権が記載された**「登記事項証明書」を裁判所に提出すれば事足り、確定判決を得ることは不要です**。

(6) 根抵当権★

被担保債権について一定の「極度額」を定め、その「極度額の限度で、一定の範囲に属する不特定の債権を担保する抵当権」を、「**根抵当権★**」といいます。

特に**継続的取引では、その都度「抵当権」を設定することは煩雑なので、「根抵当権」を利用する意義があります**。

- 「抵当権」は、同じ目的物に複数設定されても法律上何ら問題はありませんが、"問題あり"あるいは"抵当権が一度設定されると、当該抵当権者以外の第三者は新たに抵当権を設定できない"とする"ひっかけ問題"が出題されています。
- 「抵当権の範囲には被担保債権の金利も含まれる」ことに注意が必要です。ただし、その金利は直近の2年間分だけです。
- 抵当権の実行のためには裁判所に申立てをする必要があるとはいえ、確定判決は必要なく、登記事項証明書の提出で事足りることに注意が必要です。抵当権は不動産登記簿の権利部の乙区に記載されています。
- 抵当権も物的担保の一種なので、本章Theme6の(6)「**物的担保の有する性質**」の4つを有していることに注意が必要です。

5

債権の管理と回収

Theme 11 非典型担保

「質権」や「抵当権」とは違い、「譲渡担保」や「仮登記担保」は一般には馴染みの薄い担保物権だといえる。

重要度：★★☆

- 「譲渡担保」と「仮登記担保」は、「抵当権」や「質権」のような民法に規定のある「典型担保物権」ではなく、判例上認められた「非典型担保物権」です。3級では簡単にしか触れられていませんが、2級では詳しく触れられて出題されます。

譲渡担保

(1) 譲渡担保★

「担保のためにいったん財産を債権者に譲渡し、債務が返済された場合には返還する」という形式による債権担保の方法を、**「譲渡担保★」**といいます。

「譲渡担保」は、「抵当権」や「質権」のような民法に規定のある物的担保と違い、民法には規定のない**「非典型担保物権」であり、判例上認められた物的担保**です。

債権者は、債務者からの弁済がないときは、その**財産権を裁判所による競売手続によらず自ら評価して**(私的実行)、**優先的に弁済を受けることができます**。

(2) 清算義務

債権者は実質的に被担保債権の範囲内で目的物の価値を支配するのみなので、競売によって得られたその価格から債権額を差し引いて債務者に返還しなければなりません。すなわち、債権者には**清算義務**があります。

- 「譲渡担保」については、倉庫に保管されている商品全部を譲渡担保にすることができますが、"全部はできない"とするような、担保の有する性質＝「不可分性」を問う正誤問題が過去に出題されています。
- 「仮登記担保」も、裁判所による競売手続を経ることなく実行できますが、"手続を踏まないと実行できない"とするような、「仮登記担保」の効用を問う正誤問題が過去に出題されています。

(3) 集合譲渡担保

　「譲渡担保」の目的物は、特定性・譲渡性を有しますが、倉庫に保管されている商品の全部といった集合物も、担保物の「不可分性」により目的物とすることができます。これを「**集合譲渡担保**」といいます。

仮登記担保・代物弁済

(1) 仮登記担保★と代物弁済

　債務者が債権者の同意を得て、本来の債務に代えて不動産などを提供することにより債権債務関係を清算することを「代物弁済」いいます。

　「代物弁済」には、将来、債務者が支払いをしない場合の効果によって、次の2つの形態があります。

　①**停止条件付代物弁済契約**：当然に「代物弁済」が発生することを約束した契約
　②**「代物弁済」の予約**：債権者が後で意思表示をすることによって「代物弁済」
　　の効果が生じる形態

　これらの約束をする場合、債権者は所有権の移転の仮登記をして他の第三者に対抗することができます。これを「**仮登記担保**」といいます。

(2) 仮登記担保のメリット (効用)

　仮登記担保には、次の2つのメリットがあります。

　①所有権移転の場合に比べて、登記費用が安く、簡便である。
　②担保権実行の際も「譲渡担保」と同様、裁判所による競売手続を踏まなくてよい。

(3) 清算業務

　「譲渡担保」と同様、「仮登記担保」権の行使の際は、競売によって得られたその価格から債権額を差し引いて債務者に返還する「**清算義務**」があります。

●第1章Theme5で、「近代法では自力救済が原則として禁止されている」旨を述べましたが、「譲渡担保」も「仮登記担保」も、債務者からの弁済がないときは、私的実行により優先的に弁済を受けられることに注意が必要です。

12 人的担保

他人のために連帯保証人になると、その他人が借金を返済できない場合、お金を貸した人はその他人を経由せず、直接自分に全額返還を要求してくるって、本当？

重要度：★★★

●人的担保のメインである「連帯保証」は通常の保証と違い、「催告の抗弁権」も「検索の抗弁権」も認められません。債権者は主たる債務者に債務の履行を督促しなくても、連帯保証人から直接、弁済を受けることができます。

連帯保証と連帯債務

(1) 保証

　本来の債務者＝「主たる債務者」がその債務を履行しない場合、これに代わって「主たる債務者」以外の者＝「保証人」が履行する義務を負う、という債権担保方法を「**保証**」といいます。

　保証は、債権者と保証人との間で保証契約を締結することによって成立し、**主たる債務者の同意は必要とされません**。

　また、**保証契約は書面によらなければ効力を生じません**。

　保証にも、物的担保と同様に「附従性」が認められ、主たる債務が消滅すれば保証債務も消滅します。

　さらに、債権を第三者に譲渡した場合、保証債務も担保の「随伴性」により移転します。

　ただし、「質権」や「抵当権」と違い、**優先弁済的効力はありません**。

　保証人が主たる債務者に代わって弁済した場合には、その金額を主たる債務者に請求できます。これを**求償権**といいます。

●人的担保も担保の一種なので、債権を第三者に譲渡した場合、保証債務も担保の「随伴性」により移転する、ということを問う設問が出題されています。

●債務者が債務を弁済した場合、保証人の債権者に対する保証債務も担保の「附従性」により消滅する、ということを問う設問が出題されています。

(2) 連帯保証★

「保証人が主たる債務者と連帯してその債務を履行することを特に合意した保証」を「**連帯保証★**」といいます。

「連帯保証」には「**催告の抗弁権★**」も「**検索の抗弁権★**」もないので、債権者から債務の履行の請求があった場合は、直ちに全額支払いの履行をしなければなりません。

・催告の抗弁権★

債権者に対して、主たる債務者にまず請求することを求める権利をいいます。

・検索の抗弁権★

債務者に請求したが弁済を受けられなかったとして、債権者が保証人に請求してきても、執行が容易な主たる債務者の財産からまず弁済を受けることを求める権利をいいます。

なお、**商人間の商行為の場合、保証は当然に「連帯保証」となります**。

(3) 連帯債務

「数人の債務者が同じ債務を負い、それぞれが債務の全額について履行しなければならず、かつ、1人が履行すれば他の債務者の債務も消滅する」という関係にある債務を「**連帯債務**」といいます。

連帯債務者は「連帯保証人」と異なり、互いに債務の一定部分を有しています。したがって、ある債務者が他の債務者の負担分まで支払ったときは、その超過分を他の債務者に求償することができます。

得点アップ講義

● 「連帯保証」と「連帯債務」は内容が違うことに注意が必要です。「連帯保証」の場合は、債権者から債務の履行の要求があった場合は全額の弁済が必要ですが、「連帯債務」の場合は原則、自分の負担部分の弁済だけでも問題となりません。

● 「連帯保証契約はあくまで、債権者と保証人との書面契約で有効に成立します。"主たる債務者の同意が必要"、"主たる債務者も保証契約の当事者の1人となる"などの"ひっかけ問題"がよく出ています。

5
債権の管理と回収

改正民法（2020年4月施行）

①保証人になることを主たる債務者（以下主債務者）が他人に依頼する場合
　には、主債務者は、保証人になるかどうかの判断情報として
　a. 主債務者の財産や収支の状況
　b. 主たる債務以外の債務の金額や履行状況等に関する情報を他人に提供
　　する義務が課せられました。
②主債務者の依頼を受けて保証をした場合、債権者は、保証人に対し、主
　たる債務についての支払い状況に関する情報を提供する義務が課せられ
　ました。
③主債務者が期限の利益 [第2章 Theme (7)] を喪失した場合、また保証人
　が個人である場合、債権者は期限の利益を喪失したときを知った時から
　2か月以内に、その旨を保証人に通知しなければならないとされました。
④経営者でない個人がする保証契約は、保証契約に先立ち公証人による保
　証意思の確認を経なければならないとされました。この意思確認の手続
　きを経ずに保証契約を締結しても、その契約は無効となります。

重要度：★★★　債務者がたびたびの督促にもかかわらず債務の履行をしない場合は、「自力救済の禁止」の原則により、裁判所に訴えを起こすことになる。

●裁判所による債権の回収手続には「民事訴訟手続」、「支払督促」、「即決和解」、「調停」の４つがあります。それぞれの大まかな内容を把握しておいてください。詳しい内容は２級で触れています。

裁判所の手続による債権回収

(1) 民事訴訟手続

　裁判所に訴状を提出して、当事者（原告・被告）が法廷で口頭弁論を行い、判決の言い渡しを受ける手続です。

　判決が確定すると、その判決について強制執行ができるようになります。

(2) 支払督促★

　金銭の支払請求権などについて簡易裁判所の書記官に**支払督促★**の申立てを行い、支払督促を債務者に対して発することを求めます。

　その後、所定の手続を経れば、(1)の**確定判決と同じ効力を持ちます**。

　ただし、訴訟手続とは異なり、相手が異議を唱えなければ簡易な手続で迅速に処理できますが、**相手が異議を唱えた場合**は上記(1)の**民事訴訟手続に移行**し、時間がかかることになります。

●「民事訴訟手続」、「支払督促」、「即決和解」、「調停」の４つは毎回、１つだけ単体あるいは４つまとめて出題されています。

(3) 即決和解★

紛争に関する当事者による解決に向けた合意を前提に、簡易裁判所の関与の下に和解を行う手続です。**"起訴前の和解"** ともいいます。**和解調書は確定判決と同じ効力を持ちます**。

(4) 調停★

紛争の当事者が裁判所に出頭し、話し合いをする手続です。

調停★ が成立すると「**調停調書**」が作成されます。**「調停調書」は確定判決と同じ効力を持ちます**。

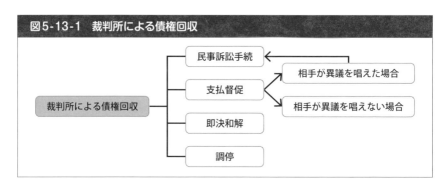

図5-13-1 裁判所による債権回収

裁判所による債権回収
- 民事訴訟手続
- 支払督促
  - 相手が異議を唱えた場合
  - 相手が異議を唱えない場合
- 即決和解
- 調停

強制執行・債務名義

(1) 強制執行の手続

強制執行の申立てをするには、強制執行の根拠付けを正当化する文書が必要になります。この必要な文書を**債務名義★** といいます。「**債務名義★**」は債権の存在および内容を**公的に証明する文書**です。

主な「債務名義」には次のものがあります。

①確定判決
②仮執行宣言付判決
③仮執行宣言付支払督促
④強制執行認諾文言付公正証書
⑤和解調書
⑥調停調書

強制執行の申立ては、

> 不動産・債権➡裁判所
> 動産　　　　➡執行官

に対して行います。

表5-13-2　裁判所の手続きによる債権回収

	裁判所の関与	当事者の関与	債務名義
民事訴訟手続	○	両者	確定判決
	○	両者	仮執行宣言付判決
支払督促	○	原告のみ	仮執行宣言付支払督促
	△	両者	強制執行認諾文言付公正証書
即決和解	△	両者	和解調書
調停	○	両者	調停調書

● 強制執行を正当化する文書である「債務名義」は、3級のみならず2級でも必ず出題されるので、本文で述べた代表的なものは必ず覚えてください。

● 「債務名義」といっても、文書・書類のことを意味する法律的な表現ですので、間違えないようにしましょう。過去問では、穴埋め問題の選択肢の中に「公正証書」が入っていました。こういった "ひっかけ問題" に注意しましょう。

問題を解いてみよう

問1 手形・小切手に関する次のア及びイの記述についての①～④のうち、その内容が最も適切なものを1つだけ選びなさい。

　ア．白地手形は手形要件の一部が記入されていないため、振り出しても支払手段としての機能を果たさない。

　イ．小切手を発行するには、取引銀行の口座に定期預金口座を設定することが必要である。

①ア及びイのいずれも適切である。
②アのみが適切である。
③イのみが適切である。
④ア及びイのいずれも適切でない。

問2 担保物権に関する次のア及びイの記述についての①～④のうち、その内容が最も適切なものを1つだけ選びなさい。

　ア．民法上、先取特権は、債権者と債務者が設定契約を結ぶことにより、当該債権者が他の債権者に優先して当該債務者の財産から弁済を受けることができる担保物権である。

　イ．民法上、留置権は、他人の物を占有している者が、その物に関して生じた債権を有している場合に、その債権の弁済を受けるまでその物を留置することにより、債務者の弁済を促す権利である。

①ア及びイのいずれも適切である。
②アのみが適切である。
③イのみが適切である。
④ア及びイのいずれも適切でない。

問3　連帯保証に関する①〜④の記述のうち、その内容が最も**適切でない**ものを1つだけ選びなさい。

　X社は、Y社に金銭を貸し付けるにあたり、Y社の代表取締役であるZを連帯保証人にすることにした。

①Y社がX社に対して借入金債務の全額を弁済し当該債務が消滅した場合、連帯保証人ZのX社に対する連帯保証債務も消滅する。

②X社が連帯保証人Zに対して保証債務の履行を請求した場合、Zは、X社に対して、先にY社に弁済の要求をすべき旨の抗弁を主張することができない。

③X社がZを連帯保証人とするためには、X社はZとの間で書面等によって連帯保証契約を締結しなければならない。

④連帯保証人ZがX社に対して保証債務の全額を弁済した場合でも、ZはY社に対して求償することができない。

問4　抵当権に関する次のア〜エの記述のうち、その内容が適切なものの組み合わせを①〜④の中から1つだけ選びなさい。

ア．借地上の建物に抵当権が設定された場合、抵当権の効力は当該建物を建てるために設定された敷地の利用権に及ぶ。

イ．1つの目的物に複数の抵当権を設定することはできず、債務者が自己所有の不動産に抵当権を設定しその登記を経た場合には、その債務者は被担保債権を弁済し当該抵当権を消滅させない限り、当該不動産に抵当権を設定することはできない。

ウ．抵当権は、債務者以外の第三者が所有する物を目的として設定することはできない。

エ．債務者が抵当権の被担保債権を弁済しても、抵当権はその弁済額に対応する割合に応じて消滅するわけでなく、抵当権の効力は目的物の全体に及ぶ。

①アイ　②アエ　③イウ　④イエ　⑤ウエ

問5 A社は、取引先であるB社に対して売掛金債権の担保として、B社の所有する財産に質権の設定を受けることとした。この場合に関する①～④のうち、その内容が最も適切なものを1つだけ選びなさい。

① A社は、B社の所有する美術品に質権の設定を受けた場合において、B社が売掛金を支払わないときは、裁判所の手続を経ることなく、当然に当該美術品の所有権を取得する。

② A社は、B社の所有する美術品に質権の設定を受ける場合、A社とB社との間の質権設定契約が有効に成立するためには、A社とB社との間で質権を設定する旨の合意が成立すれば足り、当該美術品の引渡しは不要である。

③ A社は、B社がC社に対して有する請負代金債権に質権の設定を受けた場合において、B社が売掛金を支払わないときには、当該請負代金債権をC社から直接取り立てることができる。

④ 不動産は質権の目的物とすることができないため、A社は、B社が建物を所有していても、当該建物に質権の設定を受けることはできない。

問6 債権の消滅に関する次のア～エの記述のうち、その内容が適切なものを○、適切でないものを×とした場合の組み合わせを①～⑥の中から1つだけ選びなさい。

ア．X社は、Y社との間で、Y社に対して負う100万円の借入金債務の返済に代えて、X社が有する100万円相当の自社製品を給付する旨の契約を締結し、Y社に当該製品を給付して借入金債務を消滅させた。これを「相殺」という。

イ．X社は、Y社に対し50万円の賃料債務を負っているが、別途Y社に対して30万円の請負代金債権を有しているため、「賃料から請負代金相当の30万円を差し引いた額を支払う」旨をY社に通知した。これを「代物弁済」という。

ウ．Xは、修理代金を5千円とすることでY社に依頼した自転車の修理が完了した旨の連絡を受けたため、自転車を引き取りに行ったところ、Y社から「今回はサービスとして修理代金を請求しない」旨を告げられた。これを「免除」という。

エ．X社は、Y社に売却した建設機械を、Y社との約定に従って、Y社の営業所でY社に引き渡した。これを「弁済」という。

①ア－○　イ－○　ウ－○　エ－○
②ア－○　イ－×　ウ－×　エ－×
③ア－○　イ－○　ウ－○　エ－×
④ア－×　イ－○　ウ－×　エ－○
⑤ア－×　イ－×　ウ－○　エ－○
⑥ア－×　イ－×　ウ－×　エ－×

答え合わせ

問1 正解：④

解説（テキストp160〜167参照）

アは適切でない。白地手形は手形要件の全部あるいは一部が記入されていなくても、**後の所持人が未記入部分（空白）を記入（補充）すれば、手形としての役割を果たします。**

イは適切でない。小切手を発行するには、振出人は取引銀行に**当座預金勘定を開設**することが必要です。

問2 正解：③

解説（テキストp168〜170参照）

アは適切でない。先取特権は法定担保物権なので、**担保設定契約を締結しなくても、法的効力が発生**します。

イは適切である。問題文のとおりです。留置権の定義と法的効力を説明しています。

問3 正解：④

解説（テキストp182〜184参照）

①は適切である。問題文のとおりです。保証にも担保物権のように、**附従性**が認められます。

②は適切である。問題文のような**催告の抗弁権は、連帯保証には認められません。**

③は適切である。問題文のとおりです。連帯保証に限らず、**保証契約は書面の取り交わしによって成立**します。

④は適切でない。連帯保証人ZはY社に求償することができます。これを連帯保証人の**求償権**といいます。

問4　正解：②

解説（テキストp177〜179参照）

アは適切である。問題文のとおりです。敷地の利用権だけでなく、建物に備えられた**営業用の什器にも抵当権は及びます。**

イは適切でない。**抵当権は複数設定**することができます。

ウは適切でない。債務者以外の第三者である**物上保証人**が保有する目的物にも担保権は設定できます。

エは適切である。担保物権の4つの特徴の1つである**不可分性**に基づき、**一部弁済しても抵当権は消滅しません**。

問5　正解：③

解説（テキストp175〜176参照）

①は適切でない。**動産質の場合は、質物の所有権は裁判所の手続を経ないと取得できません。**

②は適切でない。質権は要物契約なので**目的物**である美術品**の引渡しは必要です。**

③は適切である。問題文のとおり、**債権質の場合**は、質権者のA社は**第三債務者**であるC社**から直接債権を取り立てることができます。**

④は適切でない。不動産も不動産質として質権設定の対象となります。ただし、質権は占有の移転を伴うため、一般的には**質権より抵当権が物的担保として採用されます**。

問6　正解：⑤

解説（テキストp154〜156参照）

アは適切でない。問題文は**代物弁済**について述べています。

イは適切でない。問題文は**相殺**について述べています。

ウは適切である。問題文のとおりです。

エは適切である。問題文のとおりです。

MEMO

第**6**章

企業と会社のしくみ

1 法人の分類とNPO

NPO法人と一般社団法人は何が違うの？
有限会社は新たに設立できるの？

重要度：★★☆

●NPO法人が保健、医療または福祉の増進を図る目的で設立されるのに対
し、一般社団法人は設立目的に制限がありません。
●有限会社は新たに設立できません。現在ある有限会社は「特例有限会社」
と呼ばれています。似たような機能・性格を持つ会社として代わりに「合
同会社」の設立が可能となっています。

法人の分類とNPO

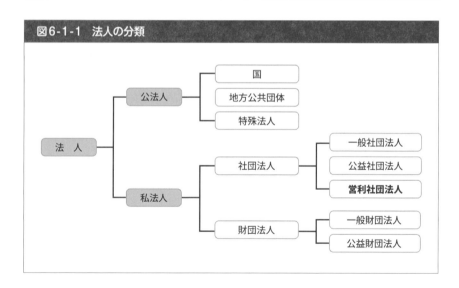

図6-1-1　法人の分類

```
                    ┌─ 国
           ┌─ 公法人 ─┼─ 地方公共団体
           │        └─ 特殊法人
  法 人 ─┤
           │                      ┌─ 一般社団法人
           │        ┌─ 社団法人 ─┼─ 公益社団法人
           └─ 私法人 ┤             └─ 営利社団法人
                    │        ┌─ 一般財団法人
                    └─ 財団法人 ┴─ 公益財団法人
```

● 「NPO法人」に関する設問が何回か出題されています。「NPO法人」の定義
をしっかり覚えましょう。

(1) 法人の分類

・**社団法人**：自然人の集合体である団体自身に権利能力が与えられた法人。

・**財団法人**：財産の集合に権利能力が与えられた法人。

・**公益法人**：学術、技芸、慈善その他公益を目的とする法人。公益社団法人と公益
財団法人がある。

・**営利社団法人（営利法人）**

：営利事業を営むことを目的とする法人。当然ながら、**株式会社や持分
会社は「営利社団法人」**です。

(2) 特定非営利活動法人★（NPO 法人）

特定非営利活動を行うことを主たる目的とする団体で、特定非営利活動促進法により設立された法人です。別名、**NPO 法人**ともいいます。

特定非営利活動とは具体的に、**不特定多数の者に保健、医療または福祉の増進を図る活動**をいいます。

NPO 法人は**特定非営利活動にかかる事業に支障がない限り**、収益事業など**特定非営利活動以外の事業を行うことができます**。

特定非営利活動以外の事業で利益が生じた場合は、その利益を本来の特定非営利活動に関わる事業に使用しなければなりません。

なお、一般社団法人も営利目的で設立されていないため、収益事業はできるものの、剰余金を社員に分配することはできません。

(3) 組合

ア）民法上の組合

複数の人がそれぞれ出資して共同で事業を経営する契約を締結して集まった場合の、共同事業の主体となる団体を「民法上の組合」といいます。独立した法人格は有しません。

イ）匿名組合

出資者である匿名組合員が、利潤の配分にあずかろうとして営業者のために出資し、その営業者の結果として生ずる利益を分配することを約した組合のことを、**匿名組合**といいます。

出資者と営業者の共同企業形態が匿名組合ともいえます。

匿名組合契約がベースとなりますが、法律的には1人の匿名組合員と1人の営業者との間で締結される契約です。

ウ) 有限責任事業組合

有限責任事業組合法によって認められた、民法上の特例の組合です。

LLPともいいます。 LLPはLimited Liability Partnershioの頭3文字を取ったものです。組合自体は法人格を有しません。

LLPの特徴としては①組合員（構成員）の有限責任、②内部自治の徹底、③構成員課税（いわゆるパススルー課税）が挙げられます。

- 「NPO法人は収益事業など特定非営利活動以外の事業を行うことができない」旨の出題が過去に出題されていますが、「特定非営利活動にかかる事業に支障がない限り」という条件付きで認められていることに注意が必要です。

Theme

2 商行為、民法と商法の違い

重要度：★☆☆ 　農家が、とれた農産物を農協経由で消費者に売る行為は「商行為」なの？

●商法では、企業の行う取引活動を「商行為」、この「商行為」を行う人を「商人」と呼んでいます。

●「商行為」は「基本的商行為」と「附属的商行為」に大きく分類され、「基本的商行為」は「絶対的商行為」と「営業的商行為」に分かれます。

●農業や漁業のような活動は、営利目的であっても「商行為」にはあたりません。

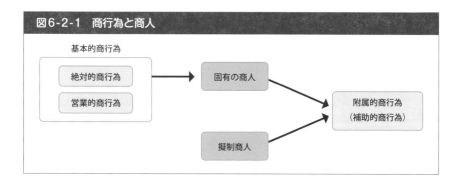

図6-2-1　商行為と商人

基本的商行為

| 絶対的商行為 |
| 営業的商行為 |

→ 固有の商人 ↘

擬制商人 →

附属的商行為
（補助的商行為）

●「商行為」の3つの類型、商行為に関する民法と商法の違いが過去に出題されています。例えば、「商事留置権」では牽連性は不要か否か、という設問が出題されています。

商行為３つの類型

(1) 商人

「**商人**」とは、自己の名をもって商行為を業とする者をいいます（後述の擬制商人と区別するため**固有の商人**と呼ぶこともあります）。具体的には、例えば「利益を得る目的で物を売買する行為を継続的に行う者」をいいます。

ただし、

・店舗や類似施設における物品の販売を業とする者
・鉱業を営む者

は、商行為を業としない者であっても「商人」とみなされます。これを**擬制商人**といいます。

(2) 商行為の３つの類型

①**絶対的商行為**★

強度の営利性があるため、誰がやっても常に商行為となるもの。

(例) 不動産や有価証券の有償取得

②**営業的商行為**

営業として反復的に営む商行為。

(例) レンタル業、荷物の運送、映画館における映画の上映、作業の請負

①と②を合わせて「基本的商行為」といいます。

③**附属的商行為**★（補助的商行為）

商人が営業のためにする補助的行為。例えば、飲食店が食材を調達、購入する行為が附属的商行為です。

なお、**消費者が小売店で商品を購入する行為は**、小売店にとっては附属的商行為ですが、**消費者にとっては「商行為」ではありません**。このような、一方の当事者にとってのみ商行為となるものを「**一方的商行為**」といいます。ただし、**この行為については当事者の双方に商法が適用**されます。

(3) 商行為に関する民法と商法の規定内容

商行為	民法	商法
代理の方式	顕名★（本人のためにすることを示す）が必要	顕名★不要
債務者が複数の場合の債務取扱	分割債務	連帯債務
保証人	通常の保証	連帯保証
留置権	留置する物とそれによって担保される債権との牽連関係★＊が必要	牽連関係★は不要

6

企業と会社のしくみ

　商法は、商取引における集団性、反復性および定型性の観点や、迅速な取引の要請から、民法の原則に様々な修正を加えています。

　したがって、**商法は民法の特別法**としての地位を有します。

　一般的に「商行為」には商法が適用され、経済の実態により適した形で法律関係が整備されています。

コラム

改正民法（2020年4月施行）

　民法、商法とも法定利率は固定利率でかつ利率が異なっていましたが、民法改正により、率は変動利率になり、利率の差異もなくなりました。また、消滅時効も原則「権利行使できるときから10年、権利行使できることを知ったときから5年」に統一されました。

得点アップ講義

　●消費者が小売店で商品を購入する行為は「商行為」ではなく、小売店の附属的商行為（補助的商行為）ですが、商法は両当事者に適用されます。過去問に「消費者の行為は商法が適用されない」という"ひっかけ問題"が出ました。

＊**牽連関係**　関連性のことを意味する法律用語。

商業登記と商号

取締役を解任してもその登記を怠っていると、
善意の第三者には対抗できない？

- 取締役を解任してもその登記を怠っていると、解任後、その取締役との間で取引を行った善意の第三者には対抗できません。逆に善意の第三者であっても、変更した登記事項を知らなかった場合、取引のあった会社に対抗はできません。
- ある商号を持つ会社を設立しようとしたとき、本店所在地に同じ商号がすでに登記されている場合は、本店所在地を変更しない限り、同じ商号の会社を設立することはできません。このことは、営業内容が異なっていても同様です。

商業登記、一般的な効力と特別な効力

(1) 商業登記★

商人一般についての商法上の公示方法は、商業登記簿に行う登記方法であり、これを「商業登記★」といいます。

商業登記簿は、不動産登記簿と同じく登記所（法務局）が保有しています。誰でも、法務局の窓口やホームページで所定の手続を経ることにより、登記事項証明書を取得することができます。

(2) 商業登記の効力

一般的効力と特別な効力があります。

- 変更登記を行っている場合と怠った場合とでは、善意の第三者への取引の効果や責任の有無が違ってくる、という旨の設問が出題されます。
- また、商業登記の2つの特別な効力もよく出題されます。
- 後から同一の商号の会社を設立しようとした場合、同じ本店所在地が登記されている場合に可能かどうかを問う設問がよく出題されます。

ア）一般的効力

登記があれば、善意の第三者に対しても、登記した事項の存在を対抗することができます。**➡積極的公示力**

(例) 会社が支配人を解任した場合、登記簿でその支配人の解任の登記を行っていれば、第三者がその者を支配人だと信じて取引を行った場合でも、原則として会社は責任を負わなくて済みます。

逆に、会社が支配人を解任した後、解任の登記を怠っていた場合は、第三者がその者を支配人だと信じて行った取引の効果は会社に帰属し、会社が責任を負わなければなりません。

イ）特別な効力

①商号の譲渡は、登記することによって第三者に対抗することができます。

②会社は、その本店所在地において設立の登記をすることによって成立します。

商号

（1）商号

商号は、商人が営業上の活動において自己を表すために用いる名称です。

「商号」には、次の2つの原則があります。

①**商号自由の原則**：商人は「商号」を自由に選定することができる。

②**商号単一の原則**：法人・個人を問わず、1つの営業につき使用できる商号は1個に限られる。

ア）会社の商号

会社の場合は、商号の中にその会社の種類を示す文字（株式会社ほか）を用いなければなりません。

個人企業の場合は逆に、商号の中に会社であることを示す文字を用いてはなりません。

会社の商号は、会社設立時の重要な登記事項の1つです。

個人企業の場合は、登記をするか否かは自由ですが、商号を譲渡し第三者に対抗するには商業登記をしなければなりません。

イ）同一・類似商号の使用禁止

「商号」は、それが他人のすでに登記した商号と同一であり、かつ営業所（会社の場合は本店）の所在場所が同一であるときは、登記することができません。このことは、営業内容が異なっていても同様です。

6

企業と会社のしくみ

(2) 会社の番号（法人番号）

　商業登記法に基づく会社法人番号と、マイナンバー法に基づく法人番号とは、全く同一ではありません。マイナンバー法に基づく法人番号は、商業登記法に基づく会社法人番号の前に1桁の数字を付したものです。

(3) 名板貸人<ruby>名板貸人<rt>ないたがしにん</rt></ruby>★の責任

　自己の「商号」を使用して営業・事業を行うことを他人に許諾した者を**名板貸人**★といいます。

　また、「名板貸人」がその営業・事業を行うものと誤認してその「商号」の使用を許諾した者を**名義借受人**といいます。

　「名板貸人」は「名義借受人」と取引をした相手方に対して、その取引によって生じた債務について、「名義借受人」と連帯して弁済する責任を負わなければなりません。

(4) 不正競争防止法による商号の保護

　不正競争防止法によれば、広く認識されている「商号」と同一あるいは類似の「商号」を使用して、その商品・役務と混同を生じさせる行為がなされ、それによって営業上の利益が侵害される恐れがある場合は、その侵害の停止・予防請求ができます。また、実際に侵害された場合は損害賠償請求・信用回復措置請求ができます。

●会社は設立にあたり商号の登記が義務付けられていますが、個人企業の場合は義務ではありません。ただし、商号を譲渡する場合は個人企業といえども商業登記が必要になります。このケースを問う設問が過去に出題されています。

株式会社のしくみ

株主平等の原則って、持ち株数や議決権が異なっていても株主は平等に扱われる、ということなの？

● 「株主平等の原則」とは、株主がその所有する**株式の内容と数に応じて、会社から平等に扱われること**を意味します。ほかに、**株式の自由な譲渡を認める**「株式譲渡自由の原則」もあります。

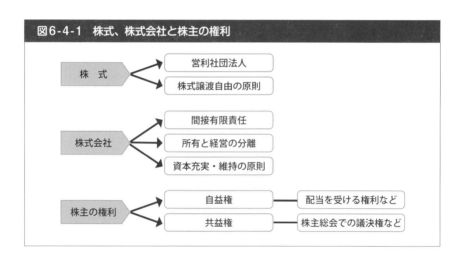

図6-4-1 株式、株式会社と株主の権利

```
株　式  ──→ 営利社団法人
        ──→ 株式譲渡自由の原則

株式会社 ──→ 間接有限責任
        ──→ 所有と経営の分離
        ──→ 資本充実・維持の原則

株主の権利 ──→ 自益権 ── 配当を受ける権利など
          ──→ 共益権 ── 株主総会での議決権など
```

■ 基本的なしくみ、自益権・共益権

（1）株式会社の基本的なしくみ

①株主平等の原則★

「株主は、その所有する株式の内容および数に応じて平等に扱われる」という原則をいいます。

●「株主平等の原則」、「株式譲渡自由の原則」、「所有と経営の分離」、「間接有限責任」の内容を問う設問は頻繁に出題されます。

②株式譲渡自由の原則

出資者である株主が投下した資本を回収できるようにするため、株式の自由な譲渡を認めている原則をいいます。

③間接有限責任

株主は会社債権者に対して直接的には責任を負担せず、会社に対しては出資額を限度に責任を負います。

④所有と経営の分離

株式会社では、株主総会で選任した取締役などに経営を一任する形で企業の所有と経営を分離し、機動的な企業活動ができるようになっています。

⑤資本充実・維持の原則

会社財産を確保するために、会社法では一定の基準金額を設けています。また、資本の減少には厳格な手続が必要である旨、会社法で定めています。

(2) 株主と会社の関係

株主は会社に対し様々な権利を有します。大きく分けると、「自益権」と「共益権」です。また、株主の地位を表す有価証券が株式です。

a. 自益権★

株主が会社から経済的利益を受けることを目的とする権利を「**自益権★**」といいます。例えば、会社に対して剰余金の分配＝配当を受ける権利を保有しています。

b. 共益権★

株主が会社経営に参加し、業務執行を監督・是正することを目的とする権利を、「**共益権★**」といいます。その中で最も重要なものは、株主総会に出席し、経営陣から提出された議題に対して賛否の意思表示をする議決権です。

株式会社の種類

(1) 公開会社★

その発行する全部または一部の株式について、「株式会社の承認を得る」などの譲渡制限を設けていない株式会社を、**公開会社**といいます。

株式が証券取引市場に上場されているかどうかは問われません。

また、「株式の一部が譲渡制限付き株式、残りの株式は譲渡自由」という株式会社でも、「公開会社」と呼ばれます。

「公開会社」でない株式会社は、「非公開会社」あるいは「譲渡制限会社」と呼ばれます。

(2) 大会社★

「**大会社★**」とは、

①最終事業年度にかかる貸借対照表に資本金として計上した金額が5億円以上

②最終事業年度にかかる貸借対照表に負債として計上した金額が200億円以上

の**いずれかに該当する株式会社**をいいます。

- 「株主平等の原則」が単純に、「株主は平等の権利を有するので議決権も同じである」という "ひっかけ問題" がたびたび出題されています。一見正しいようですが、株主が有する株式の数や内容に応じて平等に扱われることが「株主平等の原則」なので、注意が必要です。
- 会社法では「公開会社」が頻繁に言及されますが、"株式を証券取引市場に上場している" 上場会社と混同しやすいので、特に注意が必要です。
- 「非公開会社」のポイントは、「定款上、すべての株式に対し株式譲渡制限が課されているかどうか」です。一部の株式に譲渡制限がある会社でも「公開会社」です。
- 過去問で、「株式会社は所有と経営が分離されているため、株主は取締役に就任できない」との "引っかけ問題" が出題されました。公開会社・上場会社であっても創業者一族が代表取締役社長や会長を務めている会社が多くあり、誤りであることが容易にわかります。

6

企業と会社のしくみ

Theme 5 株主総会

代表取締役社長が取締役会で解任されても、会社を辞める必要はない？

重要度：★★★

●会社法上、取締役を選任するのはあくまで株主総会です。代表取締役社長が取締役会で解任されても、まだ取締役としての任期が残っているのであれば、法律的には会社を辞める必要はありません。ただし、会社の代表権は株主総会では取締役に付与されません。付与されるのは取締役会です（取締役会を設置していない会社の場合は、株主総会または取締役の互選です）。

決議事項、招集手続、決議方法ほか

（1）株主総会、株主総会の役割

会社法上、すべての株式会社は、**株主総会と取締役を設置しなければなりません**。これら以外の機関は、原則として任意に設置することができます。

株主総会は、株式会社の実質的所有者である株主によって構成される機関であり、組織・運営・管理その他、株式会社に関する一切の事項について決議できる、**意思決定の最高機関**です。

ただし、**取締役会設置会社の場合、株主総会で決議できる事項は会社法および定款で定められた会社の基本的事項に限られます**。

● "株主総会で会社のすべての事項が決定される"とか"非公開会社では株主総会の開催は義務付けられていない"など、株主総会の基本的事項に関する設問が出題されています。

● "株主総会は1事業年度に1回しか開催されない"、"株主総会の開催時期は定められておらず、年度内ならいつでも取締役会決議で開催できる"とかの設問もよく出題されます。

（2）株主総会の決議事項

①会社の基礎ないし事業の基本に関する事項：

定款の変更、資本の減少、会社の解散・合併・事業の譲渡

②株主の重要な利益に関する事項：

計算書類の承認、剰余金の配当

③取締役・監査役などの機関の選任・解任に関する事項

④取締役・監査役・会計参与の報酬の決定

⑤役員の専横の危険が大きい事項

（3）株主総会の招集手続と決議方法

株主総会には、定時株主総会と臨時株主総会があります。

臨時株主総会は、必要に応じて適宜開催されます。回数の制限はありません。

どちらの株主総会も、取締役（取締役会設置会社では取締役会の決議に基づき代表取締役）により招集されます。

株主総会の招集通知は、株主総会開催日の2週間前までに各株主に発送しなければなりません。ただし、非公開会社では、この通知の発送は1週間前でも構いません。

定時株主総会は、毎事業年度終了後の一定の時期（決算期から3か月以内）に開催されなければなりません。

原則として、株主の所有する株式の多数決で会社の意思決定がなされます（**1株1議決権の原則**）。

6

企業と会社のしくみ

Theme

6 取締役会と取締役

重要度：★★★　取締役または取締役会の決定が結果的に会社に損害を与えても、取締役は必ず損害賠償責任を負わなけなければならないの？

●取締役は、善良な管理者としての注意義務と忠実義務を果たしていれば、株主からの損害賠償請求に応える必要はありません。取締役の他の責務には「競業避止義務」、「利益相反取引の制限」があります。もちろん、悪意または重大な過失により第三者に損害を与えた場合は、損害賠償責任を負います。

取締役と取締役会

（1）取締役

　取締役は、株主総会で選任され、定款に別段の定めがある場合を除き、株式会社の業務を執行し、対外的に会社を代表します。

　ただし、代表取締役が選定された場合は、代表取締役が株式会社の業務を執行し、対外的に会社を代表します。

　株式会社には取締役を1人または2人以上置く必要があります。具体的な人数は定款で定めることができます。

（2）取締役会

　取締役会は、すべての取締役で構成され、業務執行に関する意思決定を行うとともに、取締役の中から代表取締役を選定して、対外的な業務執行を任せ、その執行状況を監督します。なお、取締役会の設置は会社法では必ずしも求められていません。

　「取締役会設置会社」では、取締役は3人以上でなければなりません。また**「取締**

●取締役の任務と責任の問題が毎年出題されます。「競業避止義務」、「利益相反取引」の内容をよく把握しておきましょう。

役会設置会社」では、代表取締役は必ず設置しなければならない機関です。

　特に、重要な財産の処分や譲受け、多額の借財、支配人など重要な使用人の選任・解任、支店などの重要な組織の設置・廃止、といった会社の業務執行上の重要事項については、「取締役会設置会社」では取締役会が自らこれを決定しなければなりません。

　また、**内部統制システムの構築も取締役会の重要な業務**です。取締役や代表取締役にこれらを委任することはできません。

取締役の責務

(1) 取締役と会社の関係、取締役の責務

・**取締役と会社の関係は、委任もしくは準委任の関係**です。取締役の責務としては次のものがあります。

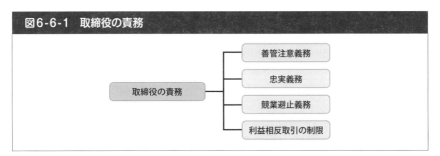

図6-6-1　取締役の責務

取締役の責務 ── 善管注意義務 / 忠実義務 / 競業避止義務 / 利益相反取引の制限

①**善管注意義務**★

　善良なる管理者の注意を持って管理しなければなりません。

②**忠実義務**★

　法令および定款ならびに株主総会の決議事項を遵守し、忠実に職務を行わなければなりません。

③**競業避止義務**★

　取締役が会社の事業と同種の取引、つまり自分の会社と競争するような取引をするには、株主総会あるいは「取締役会設置会社」では取締役会で、その取引に関する重要な事実を開示し、事前承認を受けなければなりません。かつ、取締役会での事後報告も必要です。

④**利益相反取引の制限**（「自己取引の制限」）

　取締役が自ら会社と取引するには、株主総会あるいは「取締役会設置会社」では取締役会で、その取引に関する重要な事実を開示し、事前承認を受けなければな

りません。

また、利益相反取引を行った取締役は、遅滞なくその取引につき重要な事実を取締役会に報告しなければなりません。

取締役が会社の取引の相手でなくても、取締役が第三者から金銭を借りるときに会社がその保証人になる場合などにも、会社と取締役の利益が相反するので、同様に株主総会あるいは「取締役会設置会社」では取締役会で承認を受けなければなりません。

(2) 取締役の責任

ア) 取締役の会社に対する責任

取締役がその任務を懈怠*し、それにより会社に損害を与えた場合には、その取締役は会社に対し損害賠償責任を負います。

➡これを「**任務懈怠責任★**」といいます。

監査役、会計参与、執行役および会計監査人にも同様の責任があります。

イ) 責任追及の訴え (株主代表訴訟★)

会社が取締役や役員への責任追及を怠っている場合、株主は会社のために取締役や役員の責任を追及する訴えを提起することができます。

これを「**責任追及の訴え (株主代表訴訟★)**」といいます。

ウ) 取締役の第三者に対する責任

取締役がその職務を執行するにあたり、悪意または重大な過失によって第三者に損害を与えた場合には、その損害を賠償しなければなりません。

エ) 取締役の刑事責任

取締役は、会社の財産的基礎を危うくさせるような行為をした場合には、特別背任罪、違法配当罪、利益供与罪、贈収賄罪など、様々な会社法上、刑法上の罪に問われる立場にあります (第4章 Theme 7「ビジネスと犯罪」参照)。

- 取締役の「競業取引」や「利益相反取引」に関しては、事前に取締役会で承認を得た上、当該取引後にも取締役会でその報告を遅滞なく行わなければならないので、注意が必要です。過去の設問では、どちらかだけで問題ないとする"ひっかけ問題"が出題されています。
- 会社と取締役の関係についての問題もよく出ます。会社から報酬を受けるので雇用関係だと思いがちですが、指揮命令系統には属さない委任関係あるいは準委任関係であることに注意が必要です。

---

*懈怠 「なまける」ことの漢語的表現。通常は"けたい"、法律用語としては"かいたい"と読みます。

代表取締役、監査役等、会計参与

会計参与も会社の役員なの？

●取締役や代表取締役だけでなく、会社法では監査役も会計参与も株式会社の「役員」です。ただし、取締役会には出席できますが、会社の業務の意思決定には参加できません。すなわち、業務執行権限は監査役も会計参与も持っていません。

●監査役設置会社でも定款の定めにより、監査役は「業務監査」を行わず「会計監査」のみを行う場合があります。また、監査役は1人でも構いません。他方、監査等委員会は3名以上の監査等委員で構成され、「業務監査」と「会計監査」の両方を行います。

代表取締役

(1) 代表取締役★

　代表取締役は、取締役が2名以上いる場合に、取締役の互選あるいは株主総会の決議によって（取締役会設置会社では取締役会で）選定され、対外的に会社を代表する機関です。

　代表権の範囲は、株式会社の業務に関する一切の裁判上または裁判外の行為を含む包括的なものです。

　会社法では各取締役が業務執行権・代表権を有するので、取締役が複数いる場合

● 「代表取締役」を設置しなければならない会社を問う問題が、過去に出題されています。さらに、複数の「代表取締役」を設置した場合、単独では業務執行ができず、絶えず共同で行わなければならない、という旨の"ひっかけ問題"も過去に出題されています。

● 「監査役」については毎回出題されていますが、単独ではなく取締役（会）などの他の会社機関と一緒に出題されるか、正誤問題の1つとして過去に出題されています。

● 「会計参与」の業務内容を問う問題が過去に出題されています。

でも代表取締役の設置は任意です。他方、取締役会設置会社では必ず置かなければならない機関です。

　後述する**指名委員会等設置会社では**、取締役会で選定された代表執行役が業務執行権・代表権を有するので、**代表取締役を設置することはできません**。

(2) 表見代表取締役、複数の代表取締役

　社長・副社長・専務などの肩書を持ちながら代表権を持たない取締役を「**表見代表取締役**」といいます。

　「表見代表取締役」が行った社外の行為に関しては、会社は善意の第三者に対して責任を負います。

　会社を代表する取締役が2名以上いる場合は、各取締役は単独で会社を代表して業務執行を行うことができます。

監査役・監査等委員会の設置

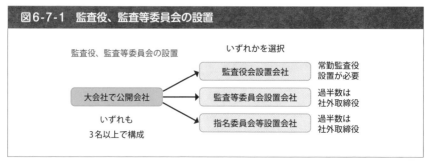

図6-7-1　監査役、監査等委員会の設置

(1) 監査役

　監査役は、会社の業務全般にわたって取締役および会計参与の職務執行を監査する機関であり、**取締役・会計参与とともに役員**です。

　「監査役」は、取締役と同じく株主総会で選任され、取締役会設置会社では取締役会に出席します。**解任には出席株主の3分の2以上の賛成が要件となる特別決議★が必要です。**

　監査役が行う監査には

　　①取締役の職務執行を監査する**業務監査**

　　②計算書類の監査を行う**会計監査**

があります。

　ただし、(i)公開会社でなく、(ii)監査役会未設置または会計監査人未設置の会社は、

監査役の業務を定款の定めにより「会計監査」に限定することができます。

（2）監査役の主な業務

①いつでも取締役、会計参与、および支配人その他の使用人に対し、事業の報告を求めることができます。

②取締役会に出席し、必要な場合は意見を述べる義務を負います。

③取締役会の招集を請求できます。

④取締役の法令・定款違反行為の差止めを請求できます。

⑤取締役・会社間の訴訟において会社を代表します。

⑥監査報告書を作成し、定時株主総会でその内容を報告します。

（3）監査役会

　監査役を複数置く場合に、監査役会を設置するかどうかは任意です。ただし、大会社で公開会社の場合は、3つの選択肢（前ページ参照）のうち、1つが監査役会の設置です。

　監査役会は3人以上で構成され、その内半数以上は社外監査役*でなければなりません（例：3人の場合は2人、5人の場合は3人）。

（4）監査等委員会設置会社

　監査等委員会設置会社は、監査等委員会を置く株式会社をいいます。後述の指名委員会等設置会社の監査委員会とは別のもので、監査等委員会のみ設置され、監査役会に代わる機関です。したがって、監査等委員会設置会社には監査役はいません。

　監査等委員会設置会社は、指名委員会等設置会社が後述のとおり指名委員会・監査委員会・報酬委員会の3委員会を設置しなければならず、社外取締役の確保が困難なケースが多いことから、後日新設された機関（設計）です。

　監査等委員会は3人以上で構成され、その内過半数は社外取締役でなければなりません。

　監査等委員は取締役であり、取締役会で議決権を行使し、業務執行の監査・監督を行います。

---

*社外監査役　過去に当該会社のまたはその子会社の取締役、会計参与もしくは執行役または支配人その他の使用人になったことがない者

会計参与★

会計参与★は、株式会社の機関であり、取締役と共同して、計算書類およびその付属明細書を作成することを職務とする役員★★です。

「会計参与」は、いつでも会計帳簿などを閲覧・謄写（コピー）し、取締役以下に会計に関する報告を求めることができます。

「会計参与」は取締役会設置会社に限らず、**すべての会社が設置できます**。

「会計参与」は、公認会計士もしくは監査法人、または税理士もしくは税理士法人でなければなりません。

取締役会設置会社においては、「会計参与」は計算書類等を承認する取締役会に出席しなければならず、必要に応じて意見を述べなければなりません。

- ●「監査等委員会設置会社」と「指名委員会等設置会社の監査委員会」とは紛らわしいです。しかし、後者は"指名委員会等"とあるので、ほかにも委員会があるのだろうと推測できます。前者は本来"監査委員会"としたいところですが、本文で述べたように監査等委員は身分は取締役であり、監査だけでなく取締役会で議決権を行使したりするため、"等"の1文字が入っています。
- ●監査役会と監査等委員会とでは、社外役員の員数の規定が異なるので注意が必要です。いずれも3人以上で構成されますが、社外監査役の場合は半分以上である一方、監査等委員会においては社外取締役の数は過半数（半分より多い）です。

＊役員　取締役、代表取締役に限らず、会社法では会計参与、監査役、執行役も株式会社の「役員」である。

重要度：★★☆　指名委員会等設置会社の取締役って、日々の業務の執行ができないの？

●指名委員会等設置会社の取締役は3委員会の委員として活動しますが、会社の業務を執行することができません。そこで、執行役が日々の会社の業務を執行します。したがって、指名委員会等設置会社の社長は「取締役兼代表執行役」という2つの肩書になるのが通例です。

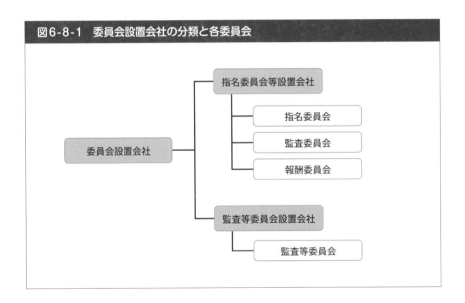

図6-8-1　委員会設置会社の分類と各委員会

```
                          ┌─ 指名委員会等設置会社
                          │      ├─ 指名委員会
                          │      ├─ 監査委員会
          委員会設置会社 ─┤      └─ 報酬委員会
                          │
                          └─ 監査等委員会設置会社
                                 └─ 監査等委員会
```

●指名委員会等設置会社の報酬委員会の機能・対象者に関する設問が過去に出題されています。3級よりも2級からの出題が多いThemeです。

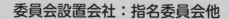

（1）指名委員会等設置会社★

「**指名委員会等設置会社**★」とは、指名委員会、監査委員会および報酬委員会の3委員会を設置する株式会社をいいます。

「指名委員会等設置会社」になるには、必ずこの3委員会を設置しなければなりません。

「指名委員会等設置会社」は取締役会を設置しなければなりませんが、通常の取締役会設置会社とは機関構成が異なります。

①取締役会から委任を受けた事項について意思決定をし業務執行を担う執行役と、会社を代表する代表執行役が設置されます。➡したがって、「**指名委員会等設置会社」では取締役は業務執行権を有しません**。

②指名委員会、監査委員会および報酬委員会の3委員会を設置します。➡したがって、**「指名委員会等設置会社」では監査役を設置することはできません**。

③「指名委員会等設置会社」では、取締役は使用人を兼任できません。➡取締役会設置会社ではよくある"取締役営業本部長"などの肩書はありません。

（2）指名委員会等設置会社における取締役会

「指名委員会等設置会社」における取締役会は、経営の中長期計画などの会社の基本方針を決定し、日常の会社の業務を行う執行役を選任し、法定の重要事項の決定を行います。また、取締役および執行役の職務執行を監督します。

「指名委員会等設置会社」の取締役は3委員会の委員として活動しますが、会社の業務を執行することはできません。

（3）指名委員会等設置会社における3委員会

各委員会は、取締役会の決議によって選定された3人以上の取締役で構成されます。なお、**各委員会の委員の過半数は社外取締役**でなければなりません。例として、**取締役が5人いれば、3人は社外取締役ということです**。

ア）指名委員会

指名委員会は、株主総会に提出する取締役候補の選任および解任に関する議案の内容を決定する機関です。

イ) 監査委員会

監査委員会は、取締役および執行役の職務執行を監査し、監査報告書を作成し、会計監査人の選任・解任および不再任議案の内容を決定する機関です。

なお、監査委員は「指名委員会等設置会社」もしくは子会社の執行役もしくは業務執行取締役、または「指名委員会等設置会社」もしくは子会社の会計参与もしくは支配人その他の使用人を兼務することはできません。

ウ) 報酬委員会

報酬委員会は、取締役および執行役が受け取る個人別の報酬の内容または内容の決定方針を決定する機関です。

(4) 監査等委員会設置会社

本章 Theme7の「監査役・監査等委員会の設置」（4）をご参照ください。

●「報酬委員会は取締役・執行役のみならず全社員の給与・賞与を決定する委員会である」との"ひっかけ問題"が過去に出題されています。報酬委員会は取締役・執行役の個人別の報酬のみを決定します。

6

企業と会社のしくみ

支配人

名刺の肩書だけで支配人だと思い込み、信用して取引を行い損害を
被った場合、その相手先の会社に損害賠償請求ができる？

●支配人でないにもかかわらず会社の本店または支店の事業の主任者である
ことを示す名称を付した（具体的には会社の商号の入った名刺を呈示した）
使用人は、当該本店または支店の事業に関し、権限を有する者であると善
意の第三者はみなします。したがって、会社は善意の第三者には対抗でき
ません。

支配人、表見支配人

(1) 支配人

　会社に代わってその事業に関する一切の裁判上または裁判外の行為をする権限を
有する使用人を、「**支配人**★」といいます。具体的には、（狭義の）支配人・支店長・
営業所長・本店営業部長などの肩書の者が、一般に「支配人」にあたるとされてい
ます。

　株式会社の「支配人」は取締役（取締役会設置会社では取締役会）が選任・解任し
ます。

(2) 支配人の権限と義務

　「支配人」は、会社の事業に関し包括的代理権を与えられた者であり、他の使用人
の選任・解任もできます。かつ、この包括的代理権に制限を設けても、善意の第三
者に対抗することはできません。

● 「表見支配人」の問題はたまに出題されます。考え方は第2章 Theme 6で学
んだ「表見代理」と一緒です。ただし、「解任・変更の商業登記を遅滞なく行っ
ていれば、善意の第三者に対抗できる可能性がある」という点が異なります。

「支配人」は、会社の許可を得なければ次の行為はできません。

【会社の許可が必要となる支配人の行為】
①自ら営業を行うこと
②自己または第三者のために会社の事業の分類に属する取引をすること
③他の会社または商人の使用人になること
④他の会社の取締役、執行役または業務を執行する社員になること

6

企業と会社のしくみ

(3) 表見支配人

　支配人でないにもかかわらず、会社の本店または支店の事業の主任者であること
を示す名称を付した使用人は、当該本店または支店の事業に関し、権限を有する者
であると善意の第三者はみなします。ただし、第三者が悪意であったときはこの限
りではありません。

　このように、支配人でないにもかかわらず会社の本店または支店の事業の主任者
であることを示す名称を付した使用人を、「**表見支配人**」といいます。

　具体的には、（狭義の）支配人・支店長・営業所長・本店営業部長などの名称を与
えられながら、包括的代理権を与えられていない者が、この「表見支配人」にあた
ります。

(4) 支配人の登記

　会社法では、本店の所在地において、支配人およびその支配人が代理権を有する
本店または支店を商業登記するものとされます。

● 「支配人は株主総会で選任される」という "ひっかけ問題" が過去に出題されてい
ます。支配人は会社にとって重要な役職ですが、株主総会でなく取締役会で選任・
解任されます。また、第三者への対抗要件として商業登記簿へも登記されます。

問1　商行為に関する次のア及びイの記述についての①～④のうち、その内容が最も適切なものを1つだけ選びなさい。

　ア．消費者Xは、Y社が経営する食品スーパーにてサンドイッチを購入した。この場合、Y社がXにサンドイッチを販売する行為のみが商行為に該当し、Y社の行為のみ商法が適用される。

　イ．被担保債権が留置物について生じたこと、すなわち牽連性が必要である民法上の留置権と異なり、商事留置権は留置物が留置者の占有に属するに至った原因が、被担保債権の発生とは異なる原因であってもよいという点に意義がある。

　①　ア及びイのいずれも適切である。
　②　アのみが適切である。
　③　イのみが適切である。
　④　ア及びイのいずれも適切でない。

問2　各種機関の設置会社に関する次のア及びイの記述についての①～④のうち、その内容が最も適切なものを1つだけ選びなさい。

　ア．指名委員会等設置会社における報酬委員会は、取締役および執行役が受け取る個人別の報酬の内容を決定する機関である。

　イ．会計参与設置会社においては、取締役が各事業年度にかかる計算書類を作成し、会計参与にその承認を得なければならない。

　①　ア及びイのいずれも適切である。
　②　アのみが適切である。
　③　イのみが適切である。
　④　ア及びイのいずれも適切でない。

問3　商号に関する次のア～エの記述のうち、その内容が適切なものを○、適切でないものを×とした場合の組み合わせを①～⑥の中から1つだけ選びなさい。

ア．商号は設立時の登記事項とされており、個人企業の場合も会社の場合も常に登記しなければならないと定められている。

イ．不正の目的で、他人の営業と誤認されるような商号を使用することは禁じられており、これに違反して商号を使用すると商号使用の差止請求を受けることがある。

ウ．商号が登記された場合には、他の者は、同一の都道府県内においては同一の営業のために同一あるいは類似の商号を登記することはできなくなる。

エ．会社は商号の中にその会社の種類を示す文字（株式会社、合名会社、合資会社、合同会社）を使用しなければならない。

①　アー○　イー○　ウー○　エー○
②　アー○　イー×　ウー×　エー×
③　アー○　イー○　ウー○　エー×
④　アー×　イー○　ウー×　エー○
⑤　アー×　イー×　ウー○　エー○
⑥　アー×　イー×　ウー×　エー×

問4　株式会社の機関に関する次のア～エの記述のうち、その内容が適切なものの組み合わせを①～⑤の中から1つだけ選びなさい。

ア．代表取締役は、対外的に会社を代表する機関であるから、会社法上、1つの会社において選定することができる代表取締役は1名のみである。

イ．監査役は、原則として、取締役等の機関の職務執行や会社の計算書類を監査する権限に限定され、取締役等に対して事業の報告を求める権限は有しない。

ウ．株式会社が取締役会設置会社である場合において、取締役が自己または第三者のために当該会社の事業の部類に属する取引をしようとするときは、当該取締役は、取締役会において、当該取引につき重要な事実を開示し、その承認を受けなければならない。

エ．会社法の規定に基づき、株主が会社に対し取締役の責任を追及する訴えの提起を請求したにもかかわらず、所定の期間内に会社が訴えを提起しなかった場合、当該株主は、会社に対する取締役の責任を追及する訴え（株主代表訴訟）を提起することができる。

① アイ　② アエ　③ イウ　④ イエ　⑤ ウエ

問5　商業登記に関する次の①〜④の記述のうち、その内容が最も適切なものを1つだけ選びなさい。

①登記すべき事項について登記がなされていれば、交通途絶などの正当な事由により登記した事項を知らなかった善意の第三者に対しても、登記した事項の存在を対抗することができる。

②会社が支配人を解雇した後、解任の登記をする前に、その支配人であった者が、当該会社の支配人と称して善意の第三者との間で売買契約を締結した。この場合、当該効果が会社に帰属することはない。

③商業登記簿は、地方裁判所に備え付けられており、誰でも地方裁判所の窓口で所定の手続を経ることにより、登記事項証明書を取得することができる。

④個人企業においては、商号の登記をするか否かは自由であるのに対し、会社の商号は、会社設立時の登記事項の1つであり、常に登記される。

問6 Ａ社は取締役会を設置する株式会社（取締役会設置会社）であり、Ａ社では代表取締役が選定されている。この場合、次の①～④の記述のうち、その内容が最も適切でないものを1つだけ選びなさい。

①代表取締役が、その任務を怠り、Ａ社に損害を生じさせたときは、代表取締役はＡ社に対し、その損害を賠償する責任を負う。

②Ａ社の株主総会は、会社法や定款に定められた株式会社の基本的事項のみについて決議することができる。

③Ａ社は、その取締役会決議により、Ａ社の業務執行に関するすべての事項の決定を代表取締役に委任し、取締役会は業務執行に関する決定を何ら行わないとすることができる。

④Ａ社は、原則として、その株主を持ち株数に応じて平等に取り扱わなければならない。

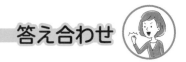

答え合わせ

問1 正解：③

解説（テキストp199～201参照）

アは適切でない。「一方的商行為」の記述は問題文のとおりですが、**消費者にも商法が適用されます。**

イは適切である。**「留置権の牽連性がない」ことが特徴の商事留置権**について述べています。

問2 正解：②

解説（テキストp213～219参照）

アは適切である。問題文のとおりです。

イは適切でない。**計算書類は会計参与が取締役と共同して作成**します。

問3 正解：④

解説（テキストp202～204参照）

アは適切でない。**個人の場合には、商号を登記するか否かは自由である**。⇒ただし、個人企業が商号を譲渡し第三者に対抗するには商業登記が必要となります。

イは適切である。問題文のようなことを「**同一・類似商号の使用禁止**」といいます。

ウは適切でない。**商号が登記された場合、同一の営業所（会社の場合は本店）の所在する場所で同一の商号を登記することはできません**。禁止エリアは問題文よりかなり狭いです。

エは適切である。問題文のとおりですが、逆に**会社でない者はその商号の中に会社であると誤認されるおそれのある文字を用いてはなりません**。

問4 正解：⑤

解説（テキストp210～216参照）

アは適切でない。**取締役が2名以上いる会社**の場合、**代表取締役を複数設置しても会社法的には問題ありません。**

イは適切でない。**監査役**は会計監査に加え、取締役等に対して**事業の報告を求める**

権限も有しています。

ウは適切である。問題文のとおりです。**取締役の「競業避止義務」**について述べています。

エは適切である。問題文のとおりです。「**株主代表訴訟**」について述べています。

⇒公開会社では株式を継続して6か月以上有する株主にこの権利が認められますが、非公開会社ではこのような条件はありません。

> **問5** 正解：④

解説（テキストp202〜204参照）

①は適切でない。たとえ商業登記がされていても、問題文のケースでは善意の第三者に**は対抗できません**。

②は適切でない。**解任登記前の取引なので、売買契約の効果は会社に帰属**します。

③は適切でない。**登記事項証明書を取得**できるのは、地方裁判所ではなく**全国の登記所（法務局）**です。

④は適切である。問題文のとおりです。

> **問6** 正解：③

解説（テキストp205〜209、p213〜216参照）

①は適切である。問題文のとおりです。

②は適切である。**会社に関わる日常的な業務上の事項**は株主総会でなく、**取締役会で決議**されます。

③は適切でない。**重要な財産の処分・譲受け、多額の借財、重要な組織の設置・廃止、支配人などの重要な使用人の選任・解雇**などは代表取締役に委任せず、**取締役会で決定しなければなりません**。

④は適切である。「**株主平等の原則**」を述べています。

MEMO

第 7 章

企業と従業員の関係

労働基準法と労働契約法

重要度：★★☆ アルバイトやパートタイマー、外国人労働者も労働基準法上の保護を受けられるの？

●アルバイトやパートタイマー、外国人労働者は、雇用保険や厚生年金などの社会保険に未加入であっても、労働者として労働基準法上の保護を受けられます。また、労働組合に未加入でも差別されることなく、労働契約法上の保護を受けられます。

●ポイントは、使用者（雇用主）と労働者の間に使用従属関係があるかどうかによって判断される、というところです。

労働基準法、労働契約法、有期労働契約ほか

(1) 労働基準法

「労働基準法」は、個別の労使関係を扱い、個々の労働者の保護を中心に定められた法律です。原則として、労働者を1人でも使用するすべての事業または事業所に適用されます。この法律の特徴として、労働者の労働条件や待遇などに関する最低基準を定め、原則**すべての労働者に適用**されます。この基準が遵守されているかどうかを監督する行政機関が、「**労働基準監督署**」です。

この法律では、労働契約締結時における規制、労働条件等に関する規制、賃金の支払い方法、就業規則に関する規定、災害補償に関する規定などが定められています。

(2) 労働基準法と労働契約法

「労働基準法」が「労働条件の最低基準を定め、これに違反する使用者を罰則ならびに行政官庁による指導をもって取り締まる法律」であるのに対し、「労働契約法」

● 「労働基準法」は毎回出題されます。したがって、「労働基準法」で定められている基本的事項を把握・理解しておくことが大事です。

は「労働契約に関する労働者と使用者の間の民事上のルールを定めた法律」だということができます。

「**労働契約法**」は、労働契約の原則、労働者の安全への配慮、労働契約の内容と就業規則との関係など、労働契約に関する事項を規定しています。

(3) 労働契約

労働契約は、労働者が使用者に対して労務を提供し、使用者はその代償として報酬(賃金)を支払うことを約束する契約です。

ア) 労働契約の当事者

ここでいう「労働者」には、アルバイト、パートタイマー、日雇い労働者、**不法就労の外国人労働者など、すべての労働者が含まれます。**

また「事業主」は、個人企業においては事業主個人、法人企業においてはその法人自体を指します。

したがって、労働基準法上は労働者でありながら、使用者(事業主)に該当する場合もあります。

イ) 労働契約の効果 (両者の義務と権利)

労働契約の締結により、労働者は労務を提供する義務を負い、賃金を請求する権利を有します。他方、使用者は、労働者から労務の提供を受ける権利があり、それに対し賃金を支払う義務があります。

また使用者は、(労働契約上の)労働者がその生命、身体などの安全を確保しつつ労働することができるよう、必要な配慮をするものとされています。

➡これを**安全配慮義務**★といいます。

ウ) 労働条件の明示義務

労働契約の締結に際しては、使用者は労働者に対して、賃金、労働時間その他の労働条件を提示しなければなりません。

使用者から明示された労働条件が事実と相違する場合、労働者は即時に契約を解除することができます。

(4) 労働契約の期間

一般に契約社員と呼ばれる、労働者と使用者との間で契約期間を定めて結ばれる契約を、「**有期労働契約**」といいます。契約期間の満了で労働契約が終了します。

他方、**終身雇用を前提とした正社員との労働契約は「期間の定めのない労働契約**★」**と呼ばれます。**

ア) 有期労働契約の期間の最長限度

有期労働契約は、労働基準法上、原則として3年を超える期間についての契約は締結することができません。

ただし、医師・弁護士などの高度の専門的知識を必要とする業務に従事する者や、満60歳以上の者との労働契約を締結する場合は、最長5年とすることができます。

イ) 有期労働契約に対する規制

使用者は、有期労働契約を締結した労働者に対し、契約締結時にその契約の更新の有無を明示しなければなりません。

(5) 労働契約の締結に関する諸規制

労働基準法で定める基準に達しない労働条件を定める労働契約は、その部分について無効とし、無効となった部分は労働基準法で定める基準によるものとなります。

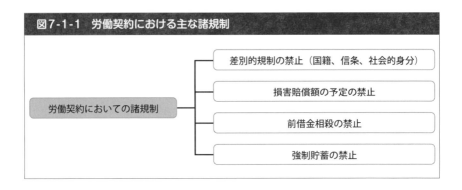

図7-1-1　労働契約における主な諸規制

労働契約においての諸規制

- 差別的規制の禁止（国籍、信条、社会的身分）
- 損害賠償額の予定の禁止
- 前借金相殺の禁止
- 強制貯蓄の禁止

ア) 均等待遇

図7-1-2　労働条件での差別禁止事項

労働条件での差別の禁止

- 国籍（人種を含む）
- 信条（特定の宗教的または政治的信念）
- 社会的身分

労働基準法において、「使用者は労働者が女性であることを理由に、賃金について男性と差別的な取扱いをしてはならない」と規定し、男女同一賃金を定めています。賃金以外の男女の雇用の差別的取扱い禁止については、「男女雇用機会均等法」（本章Theme6参照）が規定しています。

イ）損害賠償予定の禁止

使用者は、労働契約の不履行について違約金を定め、または損害賠償することを織り込んだ労働契約をしてはならない、と労働基準法で定められています。

ウ）前借金相殺の禁止

使用者は、前借金その他、労働することを条件とする前貸しの債権と賃金を相殺してはなりません。

エ）強制貯蓄の禁止

使用者は、労働契約に付随して労働者に貯蓄の契約をさせ、または貯蓄金を管理する契約をしてはなりません。

（6）不当労働行為

以下の事項は、労働組合法により不当労働行為として禁止されています。

①正当な組合活動などを理由とする不利益取扱および黄犬契約*の締結

②正当な理由のない団体交渉の拒否

③労働組合の結成・運営に対する支配介入および労働組合の運営経費に対する経理上の援助

④労働委員会の手続に関与したことを理由とする不利益取扱

● "労働基準法の対象者として不法就労の外国人労働者を除く"という"ひっかけ問題"が過去に出題されています。対象者は不法就労の外国人労働者を含めたすべての労働者ですので、注意が必要です。

---

*黄犬契約　「おうけんけいやく」または「こうけんけいやく」と読む。労働組合への不加入または脱退を条件とする労働契約のことをいう。

就業規則

就業規則と労働協約が相違した場合、労働者はどちらを優先したらいいの?

重要度：★★★

●労働協約は就業規則より上位に位置する労使の取り決めなので、相違があった場合は労働協約が優先し、就業規則もそれに合わせて改定しなければなりません。

就業規則の作成義務、効力

(1) 就業規則★

「**就業規則★**」は、当該事業場での労働条件や職場の規律などを画一的かつ明確に定めた規則です。

使用者が一方的に作成するものですが、人事労務管理の基準であり、労働者ばかりでなく**使用者も拘束されます**。

(2) 就業規則の作成義務

常時10人以上の労働者（アルバイト、パートタイマーも含む）**を使用する使用者は、**「**就業規則**」**を作成**し、次に述べる**「意見書」と一緒に所管の労働基準監督署に提出しなければなりません。**

また、当該事業場の**労働者の過半数が加入する労働組合がある場合は**、「就業規則」の作成にあたって**意見を聞き、労働組合側は「意見書」を作成しなければなりません。**

労働組合がない場合は、当該作業場の労働者の過半数の代表者の**意見**を聞く必要があります。

(3) 就業規則に基づく労働契約の内容

使用者が、合理的な労働条件が定められている「就業規則」を労働者に周知させ

●就業規則を作成する条件を問う設問が、何回か出題されています。

ていれば、労働契約の内容は、原則としてその「就業規則」で定める労働条件によるものとされます。

(4) 就業規則の効力

　「就業規則」で定める基準に達しない労働条件を定める労働契約は、その部分について無効となります。無効になった部分は、「就業規則」で定める基準によるところとなります。

　また、**「就業規則」の内容は憲法および関連法令、労働協約★に反してはなりません。**

　法令、労働協約に違反した「就業規則」については、労働基準監督署が変更命令を出すことができます。

(5) 労働協約★

　「労働協約★」は、労働組合が、使用者との交渉で合意した労働条件についての取り決めです。有効期間は3年で、①労働組合と使用者との合意事項を書面に作成し、②両当事者が署名または記名押印することによって、その効力が生じます。**就業規則と内容につき抵触する部分があるときは、労働協約が優先**します。

- 契約内容間に齟齬（食い違い）が生じた場合は「労働契約＜就業規則＜労働協約」の順に法的に優越していく、と覚えておいてください。
- 就業規則は、パートやアルバイトも含めて常時10人以上が働いている職場に作成義務があります。"正社員や契約社員で常時10人以上が働いている職場が対象"という"ひっかけ問題"が過去に出題されているので注意が必要です。
- "就業規則作成にあたっては労働組合の同意が必要"という"ひっかけ問題"も過去出題されています。"同意"は不要であり、"意見を聞く"だけです。

7

企業と従業員の関係

Theme

3 賃金

重要度：★★★　　割増賃金、いわゆる残業代は、深夜労働と休日出勤とで同じなのか、それとも違うのか？

● 「1日8時間、週40時間」の法定労働時間あるいは就業規則で定められた所定労働時間を超える労働に対し、使用者は割増賃金を払わなければなりません。ただし、時間外労働・休日労働をさせるには、使用者と労働者との間に時間外労働・休日労働の労使協定、いわゆる三六協定が締結されている必要があります。

● 割増賃金は、時間外および深夜労働が通常の労働時間の賃金の25％以上増し、休日出勤の場合は通常の労働時間の賃金の35％以上増しとなっています。

■ 賃金支払いの諸原則、労働時間

(1) 賃金とは

　労働基準法上、**賃金**とは、労働の対価として使用者が労働者に支払うすべてのものをいい、賃金・給料・手当・賞与などその名称は問いません。

　賃金の額は、契約自由の原則からいえば、使用者と労働者の当事者間で自由に決定できるはずです。しかし、労働者の最低限の生活を保障する意味から、**法は契約自由の原則を制限し、一定の賃金額を労働者に保障**しています。

　具体的には、最低賃金法による最低賃金の保障制度や、労働基準法による出来高払いの保障給制度などがあります。

・賃金の消滅時効

　労働基準法では労働者保護の観点から、**賃金の請求権の消滅時効は3年、退職手当の消滅時効は5年**と定められています。

● 「三六協定」の成立過程や内容を問う設問が、過去に出題されています。

⇒第5章Theme2「時効」で述べた、債務不履行や不法行為の消滅時効より短くなっています。

(2) 賃金払いの諸原則

ア) 通貨払いの原則

現物による支給は認められていません。

イ) 直接払いの原則

当該労働者以外の者——例えば親や親権者 (未成年労働者の場合)、成年後見人など——への賃金の支払いは禁止されています。

ウ) 全額払いの原則

賃金は原則として全額を支払う必要があります。ただし、欠勤などによる賃金カット分を控除して支払うことは、**全額払いの原則**に反しません。

また、労働者の過半数で組織する労働組合との協定により、組合費を賃金から控除することも認められています。

エ) 定期日払いの原則

毎月1回以上、一定の期日を定めて賃金を労働者に支払わなければなりません。

■ 労働時間、割増賃金

(1) 労働時間に関する原則

- **法定労働時間**★：労働基準法で定められている労働時間の上限。休憩時間を除き、1日8時間以内、1週間40時間以内。
- **所定労働時間**★：各事業場において、就業規則で定められている労働時間。

労働時間は、使用者の指揮監督下にある時間をいいます。したがって、必ずしも業務に携わっている時間だけでなく、手待時間 (業務の合間の待機時間) も労働時間に含まれます。

(2) 時間外・休日労働

当該事業場に労働者の過半数以上で組織する労働組合がある場合はその労働組合、労働組合がない場合は労働者の過半数の代表者と、使用者との間で書面による協定＝**三六協定**★を結び、所管の労働基準監督署に届け出ることによって、法定労働時間を超える時間外・休日労働をさせることができます。

＊**臨時的な特別な事情がある場合**　「月平均60時間以内年間720時間以内」、「法定休日労働を含め単月では100時間未満」、「2か月〜6か月平均で月80時間以内」まで時間外労働が、労働基準法で認められます。使用者がこれらに違反した場合は、罰則の対象となります。

ただし、**時間外労働の上限**は、臨時的な特別な事情がある場合＊を除き、**月45時間、年360時間**となっています。

(3) 割増賃金

①時間外労働：法定労働時間の賃金額の25％以上増し

②休日労働　：法定労働時間の賃金額の35％以上増し

③深夜労働（午後10時から午前5時まで）：

　　　法定労働時間の賃金額の25％以上増し

④時間外労働が1か月について60時間を超えた場合：

　　　超えた時間外労働時間に対し、通常の労働時間の賃金額の50％以上増し

　　　⇒例えば、月に75時間の時間外労働を行った場合、「60時間は25％以上増し、

　　　　15時間は50％以上増し」になるということです。

(4) みなし労働時間制と裁量労働制

・みなし労働時間制

外勤の営業職員のように、労働者が労働時間の全部あるいは一部について事業場外で業務に従事した場合において、労働時間の算定が困難なときは、原則として所定労働時間を労働したものとみなされます。これを「みなし労働時間制」といいます。

なお、以下に述べる2種類の裁量労働制も、みなし労働時間制に含まれます。

・専門業務型裁量労働制

取材記者や研究開発業務、情報処理システムの分析設計業務、デザイナーなど、業務の性質上、その業務の遂行方法を労働者の裁量に大幅に委ねる必要がある業務については、一定の要件の下、労使協定により定めた時間を労働したものとみなす裁量労働制（裁量労働に関するみなし労働時間制）が認められています。

・企画業務型裁量労働制

労使委員会が設置された事業場においては、同委員会の決議に基づき事業運営に関する企画・立案・調査・分析等の業務を行うホワイトカラー労働者についても、一定の要件の下、上記と同様の裁量労働制が認められています。

●"未成年者への賃金の支払いは、本人に代わって親権者・親への支払いも可"という"ひっかけ問題"が過去に出題されています。賃金の直接払いの原則に反するので認められません。

4 休憩時間と 年次有給休暇の取得

重要度：★★★　労働者は自分の好きなときに、年次有給休暇を取得することができるの？

●原則として使用者は、労働者が請求する時季に年次有給休暇を与えなければなりません。ただし、請求された時季に有給休暇を与えると事業の正常な運営に支障をきたす場合は、有給休暇の時季の変更を要請することができます。これを「時季変更権」といいます。

休憩時間・休日と年次有給休暇の取得、時季変更権

(1) 休憩時間・休日

使用者は労働者に対して、少なくとも表7-4-1に示す休憩時間を、労働時間の途中に与えなければなりません。

表7-4-1　労働時間と休憩時間	
労働時間	休憩時間
6時間まで	規定なし
6時間超から8時間まで	45分
8時間超	1時間

休憩時間は、原則として**事業場単位で一斉に付与**しなければなりません。

使用者は、労働者に対し毎週少なくとも1回の休日を与えなければならないとされています。**➡週休制の原則**

週休制を取らずに、4週間を通じて4日以上の休日を与えることもできます（変形週休制）。

●単独出題はなく、労働関係の他の設問と一緒に出題されています。「時季変更権」の出題も見られます。

(2) 年次有給休暇

使用者は、その雇入れの日から**6か月間連続して勤務し、全労働日の8割以上勤務した労働者に対して、合計10労働日以上の有給休暇を与えなければなりません。**

年次有給休暇の日数はその後、継続勤務年数が長くなるに従って増加していきますが、労働基準法上では最大20日間です。

また使用者は、**10日以上の年次有給休暇が付与されるすべての労働者に対し、毎年5日間**、時季を指定して**有給休暇を取得させることが義務付けられています。**これに反した使用者は罰則の対象となります。

この対象には、管理監督者や有期雇用労働者も含まれます。

● 年次有給休暇については、「使用者はその雇用する労働者全てに対し、雇用期間の長短に拘わらず、1年につき10労働日の年次有給休暇を与えなければならない。」とする一見間違えてしまいそうな、"ひっかけ問題"が過去出題されています。年次有給休暇の対象者は6か月以上継続して勤務し、全労働日の8割以上出勤という条件が付けられています。

・時季変更権★

原則として使用者は、労働者が請求する時季に年次有給休暇を与えなければなりません。ただし、請求された時季に有給休暇を与えると、事業の正常な運営が妨げられる場合には、使用者は有給休暇の時季を他の時季に変更することを労働者に要請することができます。

➡これを「**時季変更権★**」といいます。

改正労働基準法（2019年4月施行）

年に10日以上の有給休暇が付与されているすべての労働者に対し、「有給休暇が付与される基準日から1年以内に合計5日分の有給休暇を取得させる」ことが義務付けられました。違反した場合には罰金、場合によっては刑事罰が科されます。

解雇権濫用法理とは

従業員の解雇は会社の一方的な都合でできるの？

重要度：★★☆

●従業員の解雇は、即時解雇の場合を除けば、会社の一方的な都合ではできません。2つの要件に該当する場合は「解雇権濫用法理」が適用され、解雇は無効となります。

即時解雇

(1) 解約申し入れ

「期間の定めのない労働契約」の場合、各当事者はいつでも労働契約の解約を申し入れることができます。

この場合、労働者からの解約の申し入れはいわゆる退職を意味し、解約（退職）申し入れ後2週間を経過することによって、労働契約は終了します。

使用者からの解約については、①解雇権濫用法理（後述）の適用、②解雇制限、③解雇予告などの制限があります。

(2) 解雇

民法は原則として、労働者側の退職の自由および使用者側の解雇の自由を認めています。

しかしながら、使用者からの解雇は労働者の生活に重大な影響を与えるため、労働基準法は、解約の予告期間を30日とし、予告期間を設けない場合には30日分以上の平均賃金（予告手当）を支払わなければならない、としています。

そして、**予告なしの即時解雇**は次のに場合のみ認められています。

①天災事変その他やむを得ない理由で事業の継続が不可能になった場合

②労働者の責に帰すべき事由があった場合

● 「即時解雇の例外を除けば、使用者側の一方的な理由での解雇はできない」とする「解雇権濫用法理」の設問はよく出題されます。

ただし、いずれの場合も所轄の労働基準監督署の認定が必要です。

さらに、労働災害などで療養のための休業期間およびその後の30日間は、原則として解雇することができません。

解雇権濫用法理とは

解雇の要件を充たした場合でも、労働契約法は、

①**客観的に合理的な理由を欠き**、

②**社会通念上相当であると認められない場合の解雇は**、

使用者が解雇権を濫用したものとして**無効とする**、という「**解雇権濫用法理★**」を規定しています。

- 法律用語の「濫用」は一般的に「乱用」と読み替えてください。賃金と同様、解雇に関しても労働者は使用者とは対等でないため、労働者保護のために設けられた民法の特例法（第1章Theme 4（1）参照）が労働基準法です。
- 解雇権濫用法理は2つの要件を充たしていないと適用されないので、注意が必要です。過去問では「片方の要件を充たせば認められる」という"ひっかけ問題"が出題されています。

男女雇用機会均等法： セクシャル ハラスメントほか

セクハラは、女性労働者に対する行為だけでなく、男性労働者に対する行為も対象になるの？

- セクシャルハラスメント（セクハラ）は、女性労働者に対する行為だけでなく、男性労働者に対する行為も対象になります。
- 企業はセクハラ防止のために体制整備などの一定の具体的な措置を講じることが義務付けられ、これを怠ると、厚生労働大臣による勧告を受けることがあります。

男女雇用機会均等法

（1）男女雇用機会均等法の内容

ア）募集・採用

事業主は、労働者の募集・採用にあたり、その性別に関わりなく均等な機会を与えなればなりません。

イ）性別を理由とした差別的取扱いの禁止

事業主は労働者の配置*、昇進、降格および教育訓練など、労働者の性別を理由として、差別的取扱いをしてはなりません。

ウ）間接差別の禁止

事業主は、上記**イ）** に例示したような性別を理由とした差別が禁止されている事項に関する措置であって、労働者の性別以外の事由を要件としながら、実質的に性

- 「男女雇用機会均等法」の内容を問う基本的な設問が、正誤問題として出題されます。職場におけるセクハラ対策も過去に出題されています。

---

*＊**労働者の配置**　同じ役職や部門への配置であっても、業務の配分や権限の付与について、性別による差別をすることは禁じられている。

別による差別となる一定の措置については、一定の合理的な理由がある場合でなければこれを講じてはなりません。

エ) 婚姻、妊娠、出産などを理由とする不利益取扱いの禁止

事業主は、就業規則等で、女性労働者の婚姻、妊娠、出産などを退職理由として予定する定めをしてはならず、女性労働者が婚姻したことを理由として解雇してはなりません。また、妊娠中の女性労働者、および出産後1年を経過しない女性労働者に対してなされた解雇は無効となります。

【マタニティハラスメント】

職場における女性労働者の妊娠・出産・育児休業などに関する精神的・肉体的ハラスメントのことを**マタニティハラスメント**といいます。

職場における各種ハラスメント

（1）セクシャルハラスメント（以下"セクハラ"）

ア) セクハラの類型

・対価型セクハラ

職場において労働者の意に反する性的な言動がなされ、それを拒否したことで、当該労働者がその労働条件につき解雇、降格、減給、労働契約の更新拒否等の不利益を受けるセクハラ。

・環境型セクハラ

職場において行われる労働者の意に反する性的な言動により、労働者の職場環境が不快なものとなり能力の発揮に重大な悪影響が生じるなど、当該労働者の就業上看過できない程度の支障が生じるセクハラ。

イ) 職場におけるセクハラ対策

事業主は、職場におけるセクハラ対策のため、労働者からの相談に応じ、適切に対応するために必要な体制の整備その他の雇用管理上必要な措置を講じなければなりません。また労働者がセクハラの相談を事業主に対し行ったこと等を理由とする事業主による不利益な取扱いも改正男女雇用機会均等法により禁止されました。

セクハラは、女性労働者に対する行為だけでなく、**男性労働者に対する行為も対象**になります。

ウ) セクハラに対する法的措置

セクハラが発生すると、**加害者は民法の不法行為や刑法**（強制わいせつ罪、暴行罪、強要罪など）**に基づく責任を負います。**

セクハラ行為が「事業の執行につき」従業員によってなされた場合は、企業の使

用者責任が問われます。

企業（使用者）は従業員が働きやすい環境を保つよう配慮する義務を負っていることから、**セクハラ被害**があるにもかかわらずこれを**放置した場合、使用者は債務不履行責任を問われる可能性**もあります。

マタニティ・ハラスメントもセクハラの1類型ということもできます。

(2) パワーハラスメント

ア) パワーハラスメントの定義

職場における優越的な地位を背景とした言動であって業務上必要かつ相当な範囲を超えたものにより、雇用する労働者の職場環境が害されることを、**パワーハラスメント**（以下 "パワハラ"）といいます。

ただし、被害者の労働者が "害された" と主張するだけでは不十分で、一定の客観性が必要であるとされています。

イ) パワハラの相談および協力者への差別的取扱い

事業主は、労働者がパワハラの相談を行ったこと、またはパワハラの相談への対応に協力した際に事実を述べたことを理由として、解雇その他不利益な取扱いをしてはなりません。

ウ) パワハラ防止措置義務

労働施策総合推進法では、事業主に対し、パワハラの防止措置を講ずることを義務付けています。

- "セクハラは女性労働者に対する不快な性的言動が対象で、男性労働者は適用対象外" という "ひっかけ問題" が過去に何回か出題されています。

労働施策総合推進法（2020年6月施行）

　別名 "パワハラ防止法" と呼ばれ、パワハラの防止のために新たに制定・施行された法律です。施行当初は大企業が対象でしたが、2022年4月より中小企業も対象となりました。したがって、現在は全企業がパワハラ防止法の対象といえます。

7 労働者派遣法

請負人（受任者）が、注文者（委任者）の職場に自社の労働者を常駐させ、注文者（委任者）が当該労働者に対し仕事のやり方や休日・休憩などの労働条件について直接、あれこれ指揮命令する——というのは労働者派遣法違反になる？

重要度：★★★

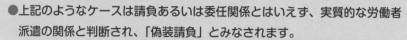

●上記のようなケースは請負あるいは委任関係とはいえず、実質的な労働者派遣の関係と判断され、「偽装請負」とみなされます。

この場合に、請負人または受任者が派遣元事業主としての許可の取得を怠っていると、労働者派遣法違反とされることがあります。

 労働者派遣事業、偽装請負

(1) 労働者派遣事業★

自己の雇用する労働者を、当該雇用関係の下に、かつ他人の指揮命令を受けて他人のための労働に従事させ、この労働者派遣を業として行うことを、「**労働者派遣事業★**」といいます。

「労働者派遣事業」を行おうとする者は、厚生労働大臣の許可が必要です。

(2) 労働者派遣事業と労働者供給事業

「労働者派遣事業」は、**自己の雇用する労働者を派遣**するという点で、自己が雇用していない労働者を派遣するのが通常である「労働者供給事業」と区別されます。

「労働者供給事業」は、職業安定法により原則禁止されています。

(3) 労働者派遣事業と偽装請負の問題

労働者派遣事業は、労働者が他人の指揮命令を受ける点で、労働者が注文主から指揮命令を受けない請負契約と区別されます。事業者間で締結された契約が、名目上は請負契約や委任契約であっても、実態として、その業務に従事する労働者を注

●派遣労働者は派遣先とは雇用関係はなく、指揮命令の関係があるだけですが、「雇用関係を結ばなければならない」とする"ひっかけ問題"が過去に出題されています。ただし、派遣先も労働法上の責任の一部を負うので、注意が必要です。

文者 (委任者) の事業所に常駐させ、注文者 (委任者) が当該労働者に対し、その業務遂行方法や、休日・休憩等の労働条件について直接指揮命令すると、実質的な労働者派遣の関係と判断され、「**偽装請負**」とみなされます。この場合に、請負人 (受任者) が派遣元事業主としての許可のを怠っていると、労働者派遣事業法違反とされることがあります。

(4) 労働者派遣事業を行ってはならない業務

次の業務等に対する労働者派遣事業を行うことは禁じられています。

①港湾運送業務

②建設業務

③警備業務

また、日々または30日以内の期間を定めて雇用する労働者を派遣することは "**日雇い派遣" とみなされ、原則として禁止**されています。

(5) 派遣元・派遣先・派遣労働者の法律関係

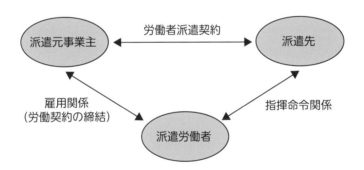

事業者	派遣労働者に対する労働法上の責任
派遣元事業主	労働契約の締結、年次有給休暇、賃金、割増賃金、産前産後休暇、災害補償
派遣先	労働時間、休憩、休日、深夜業、危険有害物業務の就業制限、育児時間

（6）派遣元事業主と派遣先の関係

派遣元事業主と派遣先は、労働者派遣契約を締結します。

その内容として、派遣労働者が従事する業務の内容や所在地、勤務時間、指揮命令に関する事項を定めなければなりません。

派遣期間については、同一事業所への派遣の上限は3年です。これを超える場合は派遣先事業所の過半数労働組合の意見を聞く必要があります。

- 派遣労働者が派遣先事業者の指揮命令下に置かれていても、両者の間で労働契約は締結しないので注意が必要です。これを「契約締結が必要だ」とする"ひっかけ問題"が過去に出題されています。
- 一方、「派遣労働者に対する労働法上の責任は派遣元事業主のみが負い、派遣労働者と派遣先事業主は労働契約を締結しないので、派遣先事業主は責任を負わない」とする"ひっかけ問題"も過去に出題されています。実際は本文に示したとおり両者とも労働法上の責任を負います。

問題を解いてみよう

問 1 労働法に関する次のア及びイの記述についての①～④のうち、その内容が最も適切なものを1つだけ選びなさい。

ア．労働契約法上、使用者は、労働契約に従い、労働者がその生命、身体等の安全を確保しつつ労働することができるよう、必要な配慮をするものとされている。

イ．労働組合は、使用者との間で、労働条件その他の待遇について、労働協約を定めることができる。

① ア及びイのいずれも適切である。
② アのみが適切である。
③ イのみが適切である。
④ ア及びイのいずれも適切でない。

問 2 労働法に関する次のア及びイの記述についての①～④のうち、その内容が最も適切なものを1つだけ選びなさい。

ア．労働基準法上、使用者は、未成年者を労働者として雇い入れた場合、当該未成年者が成年に達するまでは、当該未成年者に賃金を払うことはできず、賃金の全額を使用者が積み立てておかなければならない。

イ．労働組合法上、会社の従業員は、当該会社に申請してその承認を得なければ労働組合に加入することはできない。

① ア及びイのいずれも適切である。
② アのみが適切である。
③ イのみが適切である。
④ ア及びイのいずれも適切でない。

問3 職場におけるハラスメントに関する次のア〜エの記述のうち、その内容が適切なものを〇、適切でないものを×とした場合の組み合わせを①〜⑥の中から1つだけ選びなさい。

ア．労働施策総合推進法は、職場におけるパワーハラスメントについて、事業主に防止措置を講ずることを義務付けている。

イ．男女雇用機会均等法上、事業主は、職場においてセクシュアルハラスメントが行われることのないよう、労働者からの相談に応じ、適切に対応するために必要な体制の整備その他の雇用管理上必要な措置を講じるよう努めるものとされているが、管理上必要な措置を講じる法的義務までは課されていない。

ウ．労働施策総合推進法上、事業主は、労働者がパワーハラスメントの相談を行ったこと、またはパワーハラスメントの相談への対応に協力した際に事実を述べたことを理由として、解雇その他不利益な取扱いをしてはならない。

エ．男女雇用機会均等法上、事業主は、男性労働者が女性労働者に対して行う性的な言動により女性労働者の就業環境が害されることのないよう、労働者からの相談に応じ、適切に対応するために必要な体制の整備その他の雇用管理上必要な措置を講ずる義務を負う。一方、女性労働者が男性労働者に対して行う性的な言動については、当該措置を講ずる義務を負わない。

① ア−〇　イ−〇　ウ−〇　エ−〇
② ア−〇　イ−×　ウ−×　エ−×
③ ア−〇　イ−×　ウ−〇　エ−×
④ ア−×　イ−〇　ウ−×　エ−〇
⑤ ア−×　イ−×　ウ−〇　エ−〇
⑥ ア−×　イ−×　ウ−×　エ−×

問4 A社における労働関係に関する次のア〜エの記述のうち、その内容が適切なものの組み合わせを①〜④の中から1つだけ選びなさい。

ア．A社は、B労働組合から団体交渉の申し入れがなされた場合、特段の理由がなければこれを拒否することができない。

イ．労働組合法上、B労働組合は、A社から労働基準法所定の労働時間（法定労働時間）を超えて労働者に労働させるよう指示を受けたときは、労働者に法定労働時間を超えて労働させなければならない。

ウ．労働基準法上、A社は、A社の労働者の請求する時季に年次有給休暇を与えなければならないが、その請求された時季に有給休暇を与えることが事業の正常な運営を妨げる場合においては、他の時季にこれを与えることができる。

エ．A社の労働者のうち、雇入れの日から5年を経過しない者には、労働基準法は適用されない。

① アイ　② アウ　③ イウ　④ イエ　⑤ ウエ

問5 労働者派遣法および男女雇用機会均等法に関する次の①〜④の記述のうち、その内容が最も適切なものを1つだけ選びなさい。

①派遣労働者と派遣先との関係は、当該労働者が派遣先の指揮命令を受けて労働に従事する点で、請負契約関係にあるといえる。

②労働者派遣事業を行うことのできる業務には、特に種類の制限はなく、すべての業務が労働者派遣事業の対象となる。

③派遣元事業主と派遣労働者との間には労働契約が締結されるが、年次有給休暇・割増賃金・災害補償などの労働法上の義務については、すべて派遣先が負うことになるので、派遣元事業主はこれらの義務を負わない。

④男女雇用機会均等法上、事業主は、女性労働者が婚姻し、妊娠し、また出産したことを退職理由として予定する定めをしてはならない。

問6　労働基準法に関する次の①〜④の記述のうち、その内容が**最も適切でない**ものを1つだけ選びなさい。

①労働契約の締結時に使用者から明示された労働条件が事実と相違するとき、労働者は即時にその労働契約を解除することができる。

②事業または事業所に使用されて賃金を受けるアルバイトやパートタイマーは、労働基準法上の労働者にはあたらない。

③使用者による労働者の解雇は、客観的に合理的な理由を欠き、社会通念上認められない場合は、その権利を濫用したものとして無効となる。

④使用者は、その雇入れの日から起算して6か月継続勤務し全労働日の8割以上出勤した労働者に対して、10日以上の年次有給休暇を与えなければならない。

答え合わせ

問1 正解：①

解説（テキストp230〜233参照）

アは適切である。問題文は、使用者の**安全配慮義務**について述べています。

イは適切である。問題文は、労働組合法で規定する使用者との労働協約の定めについて述べています。

問2 正解：④

解説（テキストp230〜233参照）

アは適切でない。労働契約を締結するにおいて、**強制貯蓄は禁止事項の1つ**となっています。

イは適切でない。問題文は、不当労働行為の1つである**黄犬契約**について述べています。

問3 正解：③

解説（テキストp243〜245参照）

アは適切である。**労働施策総合推進法は別名"パワハラ法"**と呼ばれ、パワハラの**防止措置を講ずるよう事業主に義務付け**ています。

イは適切でない。男女雇用機会均等法は、セクハラの防止措置を講ずることを、努力義務でなく、**法的義務として事業主に課しています**。

ウは適切である。労働施策総合推進法は、**パワハラに関する相談や協力を理由として、相談者や協力者に対し不利益な扱いをすることを禁じています**。

エは適切でない。男女雇用機会均等法は女性従業員に対するセクハラ対策だけでなく、男性従業員に対する、いわゆる**"逆セクハラ"対策も義務付けています**。

問4 正解：②

解説（テキストp236〜240参照）

アは適切である。使用者側が団体交渉を拒否した場合は、**不当労働行為**に該当します。

イは適切でない。法定労働時間を超えて労働者に働かせる場合、使用者は労働組合

と**三六協定を締結しなければなりません**。

ウは適切である。問題文は使用者の**時季変更権**を述べています。

エは適切でない。労働者は雇入れの日（**始業日**）から**労働基準法が適用**されます。

問5 正解：④

解説（テキストp243～248参照）

①は適切でない。**派遣労働者と派遣先の関係は指揮命令関係**です。**派遣労働者と派遣元事業主の関係は雇用関係**です。

②は適切でない。労働者派遣事業を行うことのできる業務には、**種類の制限があります**。

③は適切でない。**派遣元事業主と派遣先はそれぞれ労働法上の義務を負います**。

④は適切である。問題文のとおりです。

問6 正解：②

解説（テキストp230～233、p241～242参照）

①は適切である。問題文のとおりです。

②は適切でない。**アルバイトやパートタイマーも**労働基準法上の**労働者**にあたります。

③は適切である。問題文のようなことを**解雇権濫用法理**といいます。

④は適切である。問題文は**年次有給休暇取得の条件**を述べています。

第**8**章

ビジネスに関する家族法

夫婦間の法律関係

離婚した女性はすぐには再婚できないの？

●離婚後、再婚は原則的に自由ですが、離婚後生まれてくる子の父親が誰であるか不明になることを避けるため、以前は女性については「待婚期間」が設けられ、この期間内は再婚できませんでした。

しかしながら、男女平等の流れでこの規定は撤廃されました。

婚姻の成立、内縁関係、離婚の身分上の効果

(1) 婚姻の成立のための要件

　婚姻は、婚姻の意思があること、婚姻障害（婚姻適齢に達していない、近親婚に該当する、など）がないといった実質要件に加え、**婚姻届の提出・受理という法律で定める形式を整えなければ成立しません**。

(2) 婚姻の身分上の効果

　　①夫婦は婚姻の際に定めた夫あるいは妻の氏を称します。

　　　⇒要するに、"夫婦別姓の禁止"です。

　　②夫婦は同居し、互いに協力し、扶助し合わねばなりません。

　　③夫婦は互いに貞操義務を負い、配偶者の不貞な行為は離婚原因となります。

　　④夫婦間の契約はその種類を問わず、婚姻中はいつでも取り消すことができます。

(3) 内縁関係

　社会的に夫婦と認められる状況があっても、婚姻の届出がない限り婚姻関係は成立せず、内縁関係にとどまります。

●夫婦間の法律関係の問題は毎回出題されます。そのほとんどは、「婚姻中の契約と離婚後」、「婚姻中に使用していた氏」に関するものです。

●離婚に関する出題では、婚姻中に夫婦で締結した契約の離婚後の法的効力の期間を問うものが過去にありました。

　裁判所は近年、**内縁を婚姻に準じた「準婚」関係である**として、届出と不可分のもの以外は、正式の婚姻に近い法律的効果を与える傾向にあります。

　また、労災保険など各種の社会立法の中にも、内縁を「準婚」として扱うものがあります。

　ただし、**内縁の夫が死亡しても、内縁の妻には相続権は認められません（逆も同じです）**。また、内縁関係の夫婦に子が生まれても、その子は非嫡出子として法律上認められません。

（4）離婚による身分上の効果

　離婚により夫婦の法律関係は将来に向かって消滅します。

　配偶者の血族との姻威関係は消滅し、婚姻に際し改氏した配偶者は、**婚姻前の氏に復します（復氏★）**。

　ただし、**離婚時から3か月以内**に本籍地または住所地の市町村役場に届けることによって、婚姻中に称していた氏をそのまま称することができます。

● "離婚した場合の夫婦法律関係は婚姻時に遡って消滅します。"という"ひっかけ問題"が、過去何度となく出題されています。正しくは、"将来に向かって消滅します。"です。

改正民法（2024年4月施行）

　離婚後、再婚は原則的に自由ですが、離婚後生まれてくる子の父親が誰であるか不分明（不明で分からないこと）になるので、女性については**待婚期間**が設けられていました。改正民法では男女平等の原則により**待婚期間**が撤廃されました（施行日である2024年4月1日以降の婚姻に適用）。

8
ビジネスに関する家族法

2 夫婦間の財産関係

「婚姻費用」って何？　また、何が含まれるの？

重要度：★★★

- 「婚姻費用」とは、婚姻生活を維持していくための費用のことをいいます。生活費・医療費・出産費・子供の養育費などが入ります。この「婚姻費用」は、法定財産制の下では配偶者間で分担するものとされています。
- 夫婦間の分担割合は民法には規定がなく、夫婦の話し合いで決められます。

■ 夫婦別産制、婚姻費用、日常家事債務

(1) 夫婦別産制と共有財産

　「**夫婦別産制**」とは、夫婦の一方が、婚姻前から有する財産や婚姻中に自己の名で得た財産を、その者の「**特有財産**」とする制度のことをいいます。

　「**特有財産**★」の例としては、婚姻前から有していた定期預金や、それで購入した財産、相続によって取得した財産などが挙げられます。

　なお、夫婦のうちどちらの所有に属するか明らかでない財産は、その共有に属する「**共有財産**」と推定されます。

(2) 婚姻費用★の分担

　「**婚姻費用**★」とは、婚姻生活を維持していくための費用のことをいいます。生計費・医療費・出産費・子供の養育費などの費用です。

　この「**婚姻費用**」は、法定財産制の下では配偶者間で分担するものとされています。夫婦間の分担割合は民法には規定がなく、**夫婦の話し合いで決められます**。

- 夫婦間の財産関係の問題は毎回出題されます。特に「特有財産と共有財産」、「婚姻費用」に関する設問がよく出題されます。

(3) 日常家事債務の連帯責任

ア) 日常家事債務★

食料や洗剤、衣類の購入など、日常生活に必要な家事に関して生じた債務を、「**日常家事債務★**」といいます。この**日常家事債務は**、民法の夫婦の婚姻費用分担義務に基づき、**共同で負担するものとされています**。

イ) 日常家事債務の範囲

一般的には、生活必需品の購入や病気の際の医療費支出などがこれにあたります。

ウ) 日常家事債務の範囲を超えて行われた取引の相手の保護

日常家事債務の範囲内では、一方の配偶者の行為(取引)により生じた債務について、他方の配偶者も連帯して責任を負うことになります。したがって、日常家事債務の範囲外の取引であっても、取引の相手方である第三者において、その行為が当該夫婦の日常家事の範囲に属すると信じるについて正当な理由があるときに限り、善意で無過失の第三者は保護されます。

(4) 離婚による夫婦財産関係への影響

離婚により夫婦財産関係も、将来に向かって消滅します。

財産分与は、夫婦別産制を基礎としつつ、「離婚により困窮に陥る配偶者の保護」および「夫婦一方の名による蓄財に対する相手方の貢献分(寄与分)の評価」がその目的です。財産分与は、慰謝料請求とともに、あるいは慰謝料請求分も含めて相手方に請求することができます。

- 夫婦関係に関する日頃聞き慣れない法律用語・専門用語が多いので、それぞれの意味を把握しておくことが大事です。
- "離婚した場合の夫婦財産関係は婚姻時に遡って消滅します。"というひっかけ問題が、過去何度となく出題されています。

Theme

3

重要度：★★★

相続①：
法定相続人と
法定相続分

死亡した人（被相続人）が「遺産はすべて子供に譲る」旨の遺言があった場合でも、配偶者は遺産の一部はもらえる？

● 上記の場合でも、財産の一定部分は一定の遺族が取り戻せるようになっています。この一定部分を「遺留分」といいます。
● ①配偶者、②子供・孫などの直系卑属、③両親・祖父母などの直系尊属が「遺留分」をもらえます。兄弟姉妹には「遺留分」はありません。なお、遺産といってもプラスばかりでなく、借金や債務のようなマイナスの遺産＝「消極財産」もあります。

代襲相続、遺留分、寄与分ほか

(1) 相続

死亡した人（被相続人）の財産を相続人が引き継ぐことを「**相続**」といいます。

相続される財産には、不動産・動産・預貯金のようなプラスの財産（**積極財産**）ばかりでなく、借金や債務のようなマイナスの財産（**消極財産**）もあります。

(2) 法定相続人と法定相続分

・代襲相続★

子供が先に死亡していて孫がいる場合は、子に代わって孫が相続します。これを「**代襲相続★**」といいます。

● 配偶者、直系卑属、直系尊属の法定相続分を問う設問が、毎年必ず出題されます。表8-3-1の内容をよく頭に入れておきましょう。

・**寄与分**

本人の財産形成にあたり特別の貢献をした相続人は、相続財産の分与にあたり、「**寄与分**」として別枠で相続できます。

・**遺留分★**

被相続人が「全遺産はすべて子供に譲る」旨の遺言を残していた場合でも、財産の一定部分は配偶者のような一定の遺族が取り戻せるようになっています。この一定部分を「**遺留分★**」といいます。

・**配偶者**

配偶者は常に法定相続人となります。内縁関係の配偶者には相続権はありません。

・**相続人による協議**

被相続人が遺言を残さずに死亡した場合、法定相続の規定に従って遺産分割が行われますが、相続人の協議によって法定相続分を変更することができます。

（3）遺留分権者

遺留分権者は、

①配偶者、②子・孫などの直系卑属*、③父母などの直系尊属*

に限られます。

したがって、**兄弟姉妹には「遺留分★」はありません。**

遺留分の割合は、原則、法定相続分の2分の1です。ただし、相続人が**直系尊属のみとなる場合は3分の1**です。下記表8-3-1参照。

表8-3-1　法定相続人の法定相続分と遺留分		法定相続分	遺留分
相続人		法定相続分	遺留分
配偶者と子	配偶者	1／2	1／2×1／2＝1／4
	子	1／2	1／2×1／2＝1／4
配偶者と直系尊属	配偶者	2／3	2／3×1／2＝1／3
	直系尊属	1／3	1／3×1／2＝1／6
配偶者と兄弟姉妹	配偶者	3／4	1／2
	兄弟姉妹	1／4	遺留分なし
配偶者のみ		1（すべて）	1／2
子のみ		1（すべて）	1／2
直系尊属のみ		1（すべて）	1／3
兄弟姉妹のみ		1（すべて）	遺留分なし

＊**直系卑属**　直系とは子供、父母、祖父母などのように直系の親族を指す。卑属とは自分より年下の子供、孫などの直系の親族を指す。兄弟姉妹、叔父、叔母は"傍系（ぼうけい）親族"と呼ばれる。

＊**直系尊属**　尊属とは父母と同列以上の自分より目上の親族を指す。

8

ビジネスに関する家族法

(4) 遺留分損害額請求権

遺留分権者は、受遺者や受贈者に対して、遺留分侵害額に相当する金銭の支払を請求することができます。これを**遺留分損害額請求権**といいます。

(5) 配偶者居住権

被相続人の自宅を「居住権」と「財産権」に分けて、別々に相続することが可能になっています。具体的には**配偶者居住権**が配偶者に認められます。

例えば、家や土地を子供などの他の相続人が相続した場合、配偶者（寡婦あるいは寡夫）は家や土地の売却はできませんが、居住することはでき、預貯金などの他の財産も受け取れます。

- 両親や祖父母は昔から"尊敬の対象"なので「直系尊属」になると覚えましょう。
- ただし、「直系尊属」は子や孫の「直系卑属」より相続順位が下なので、言葉に惑わされないようにしましょう。
- 相続順位に関しては、「原則２つのカテゴリーに限られる」と覚えましょう。優先的な相続人である被相続人の配偶者（以下「配偶者」）とそれ以外の法定相続人です。配偶者と子供がいれば、配偶者だけでなく配偶者と子供が相続人となります。
  子供が亡くなって孫になって代襲相続の場合、配偶者と孫が相続人となります。このように、配偶者は常に相続人となります。被相続人に配偶者がいない、あるいは死別した場合は、法定相続人の１つのカテゴリーのみです。
- 「遺族が配偶者、子、親の場合は３人が法定相続人になる」と出題されたことがあります。しかし、これでは３カテゴリーになってしまうので、被相続人の親（直系尊属）は相続順位が第２順位なので、この場合は法定相続人にはなりません。

改正民法（2020年4月施行）

改正民法では、被相続人の自宅を「居住権」と「財産権」に分けて、別々に相続することが可能になりました。具体的には「配偶者居住権」が配偶者に認められました。

4

相続②：
遺言、
相続の承認と放棄

ワープロによる遺言書は有効？
相続の放棄は、他の相続人の承認を得なくても可能なのか？

学習アドバイス

●ワープロによる遺言書は、本人（被相続人）が自書したものか否かの判断が困難なので、遺言書としては無効です。逆に、本人が全文手書きで自書した遺言書は有効です。

●相続の放棄は、他の相続人の承認を得なくても単独で可能です。

●逆に、消極財産だけを放棄したいという「限定承認」（すなわち "いいとこ取り"）は他の相続人全員の承認が必要です。

遺言の方式、撤回、検認

（1）遺言

　被相続人が、自分の死後に財産を相続させる者や相続させる財産の内容などについて生前に行う意思表示を「**遺言**」といいます。

　遺言をすることによって、各相続人について法定相続分とは異なる相続分を指定することが認められています。

（2）遺言の方式

　遺言としては通常、民法で定められた普通方式の3つの種類の遺言——自筆証書遺言、公正証書遺言、秘密証書遺言——のいずれかが用いられます。

出題者の目線

●「**自筆証書遺言**」の要件確認を問う問題が過去に出題されています。

●相続人全員の承認が必要な「限定承認」や、相続開始を知って3か月以内に手続を済まさなければならない「相続放棄」の問題は、過去に何回か出題されています。

ア）自筆証書遺言

後日の紛争を避けるため、遺言者が全文および氏名を自書して、これに押印することが必要です。

全文自筆という規定であり、**ワープロや点字**は本人が自書したものか否かの判断が困難なので**無効です**。

なお、遺言書の偽造・変造の防止のため、**検認**[★]（後述）の制度が設けられています。

自筆証書遺言は法務局による保管制度が設けられています。

法務局で保管された自筆証書遺言は、相続発生後の家庭裁判所による検認手続が不要です。

イ）公正証書遺言

公正証書遺言の作成手続は次のとおりです。

①証人2人以上の立ち会いの下で、遺言者が遺言の趣旨を公証人に口頭で伝え、公証人が遺言者の口述を筆記した後、遺言者および証人に読み聞かせ、または閲覧させる。

②遺言者および証人が公正証書の筆記内容を承認した後、署名・押印する。

③最後に公証人が署名・押印する。

ウ）秘密証書遺言

秘密証書遺言の作成手続は次のとおりです。

①遺言内容を記載した証書に、遺言者が署名・押印する。

②遺言者が証書を封じ、証書に用いた印章で封印する。

③遺言者が公証人1人および証人2人以上の前に封書を提出して、自己の遺言書である旨とその筆者の氏名・住所を申述する。

④公証人が証書の提出日および遺言者の申述を封紙に記載した後、遺言者および証人とともに署名・押印する。

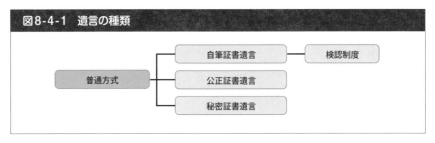

図8-4-1　遺言の種類

普通方式 ― 自筆証書遺言 ― 検認制度
　　　　― 公正証書遺言
　　　　― 秘密証書遺言

（3）遺言できる事項

民法では、**法定遺言事項**として、遺言できる内容が一定のものに制限されています。

(4) 遺言の撤回

　遺言者は別の遺言を書くか、または目的財産を破棄することにより、理由のいかんを問わず**自由に、いつでも遺言を撤回することができます**。

　なお、民法では2人以上の者が同一の証書で遺言を行うことを禁止しています。

(5) 遺言の検認

　被相続人の死亡後に遺言書を発見した場合は、公正証書遺言を除き、**家庭裁判所の検認を受けなければなりません**。これは遺言書の偽造・変造を防止するためです。

　遺言に封印がしてある場合は、家庭裁判所において、相続人またはその代理人の立ち会いの下で開封手続を行わなければなりません。家庭裁判所外で開封されたり、検認の手続を怠っていても、遺言としての法的効力は有効です。

表8-4-2　相続の承認と放棄

単純承認★ （包括承認）	被相続人の財産に属する一切の権利義務を承継すること。 不動産・動産・預金等の積極財産だけでなく、借金・債務などの消極財産も相続の対象となる。	
	限定承認★	**相続放棄★**
内容	相続による積極財産の限度においてのみ消極財産を弁済することを留保して相続の承認をすること。	積極財産も消極財産とも承継を放棄すること。言い換えれば、相続の効果を一切拒否する意思表示のこと。
手続期限	どちらも原則、相続開始を知った日から3か月以内※1	
手続き	複雑	シンプル
手続期間	半年～1年	短期間
裁判所への申立て	相続人全員で行う	単独でできる
特徴①	財産以上の債務は負わなくて良い	財産も借金も全て放棄できる
特徴②		共同相続人には含まれない※2
特徴③		原則として撤回はできない。

※1　熟慮期間といいます。
　　　⇒言い換えれば、限定承認も相続放棄もこの3か月以内にアクションを取らない場合は自動的に単純（包括）承認になるということです。
※2　相続放棄人は最初から相続人にならなかったと見なされます。

● 限定承認（"いいとこ取り"）は相続人全員の承認が必要ですが、相続放棄は単独でできるということを覚えましょう。また、いずれも手続期間が定められていることも要注意です。これに絡めた過去問が正誤問題として出題されています。

問 1　夫婦関係に関する次のア及びイの記述についての①〜④のうち、その内容が最も適切なものを 1 つだけ選びなさい。

　　ア．夫婦間において夫婦財産契約が締結されていない場合、夫婦の一方が婚姻前から有する財産は、その者の特有財産となる。

　　イ．夫婦が離婚したときは、夫婦のうち婚姻に際して改氏した者は、婚姻前の氏に復することとなり、いかなる場合でも離婚後は婚姻中に称していた氏を称することはできない。

　　①　ア及びイのいずれも適切である。
　　②　アのみが適切である。
　　③　イのみが適切である。
　　④　ア及びイのいずれも適切でない。

問 2　遺言と相続に関する次のア及びイの記述についての①〜④のうち、その内容が最も適切なものを 1 つだけ選びなさい。

　　ア．民法の規定に基づき、いったん有効になされた遺言は、撤回することができない。

　　イ．相続人の協議による遺産の分割が成立するには、被相続人のすべての法定相続人の合意が必要であり、この法定相続人には、すでに相続の放棄をした者も含まれる。

　　①　ア及びイのいずれも適切である。
　　②　アのみが適切である。
　　③　イのみが適切である。
　　④　ア及びイのいずれも適切でない。

問 3　婚姻に関する次の①〜④の記述のうち、その内容が最も適切なものを 1 つだけ選びなさい。

①離婚が成立すると、男性および女性のいずれも、一定の待婚期間内は婚姻することができない。

②夫婦のいずれに属するか明らかでない財産は、その共有に属するものと推定される。

③夫婦が離婚した場合、夫婦の財産関係は、婚姻のときに遡って消滅する。

④夫婦の一方が日常の家事に関して第三者と法律行為をしたことによって生じた債務は、当該法律行為を行った者が単独で負担する。

問4 Aが死亡し、相続が発生した場合に関する次のア〜エの記述のうち、その内容が適切なものを○、適切でないものを×とした場合の組み合わせを①〜⑥の中から1つだけ選びなさい。

ア．Aには配偶者Bと子CおよびDがおり、そのほかには親族はいない。B、CおよびDのいずれも相続を放棄してない場合、遺産分割協議を成立させるにはB、CおよびDの全員の合意が必要である。

イ．Aには配偶者Bと子Cがおり、そのほかには親族はいない。この場合においてBが相続について単純承認をした場合、Cは限定承認をすることができる。

ウ．Aには配偶者Bと子CおよびDがおり、そのほかには親族はいない。この場合において、CおよびDが相続について単純承認をした場合、Bは相続を放棄できない。

エ．Aには配偶者Bと子C、父Dがおり、そのほかには親族はいない。この場合、Aの法定相続人になるのは、BおよびCである。

① アー○ イー○ ウー○ エー○
② アー○ イー× ウー× エー○
③ アー○ イー× ウー○ エー×
④ アー× イー○ ウー× エー○
⑤ アー× イー× ウー○ エー○
⑥ アー× イー× ウー× エー×

答え合わせ

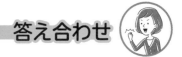

問1　正解：②

解説（テキストp256～259参照）

アは適切である。問題文は**特有財産**について述べています。

イは適切でない。**離婚に際し、復氏を望まない者は離婚から3か月以内に本籍地または住所地の市町村役場に届けることにより、婚姻中使用していた氏を称することができます。**

問2　正解：④

解説（テキストp263～265参照）

アは適切でない。**遺言は被相続人が存命中はいつでも撤回することができます。**

イは適切でない。**相続を放棄した者は、最初から相続に参加していないとみなされ、法定相続人には含まれません。**

問3　正解：②

解説（テキストp256～259参照）

①は適切でない。男性には待婚期間はありません。また、**女性の待婚期間（100日間）も民法改正により、2024年4月1日以降はなくなります。**

②は適切である。問題文は夫婦による**共有財産**の記述です。

③は適切でない。**夫婦財産関係は離婚のときから将来に向かって消滅**します。

④は適切でない。**一方の配偶者の行為（取引）により発生した日常家事債務は、連帯して責任を負う**ものです。

問4　正解：②

解説（テキストp260～265参照）

アは適切である。問題文のとおりで、**遺産分割協議には全員の合意が必要**であり、文書にしなければなりません。

イは適切でない。**限定承認をするには相続人全員の承認が必要**であり、他の相続人が単純承認をした場合には限定承認はできません。

ウは適切でない。**相続放棄は単独で行うことができます。**

エは適切である。問題文のとおりです。

模擬問題

（制限時間 90 分）

全50問
合格点及び問題に対する配点
(1) 配点は1問、2点で、合格は70点以上です。
(2) 全て正誤問題になります。

問題を解いてみよう

問 1　法律の分類方法に関する次のア及びイの記述についての①～④のうち、その内容が最も適切なものを1つだけ選びなさい。

　ア．法は文書の形に表されているか否かによって、成文法と不文法に分けられる。

　イ．契約当事者間において、法律の規定中の強行法規の内容と異なる内容の特約が定められた場合、当該特約は強行法規よりも優先して適用される。

①ア及びイのいずれも適切である。
②アのみが適切である。
③イのみが適切である。
④ア及びイのいずれも適切でない。

問 2　不動産登記に関する次のア及びイの記述についての①～④のうち、その内容が最も適切なものを1つだけ選びなさい。

　ア．土地に地上権が設定された場合、当該地上権に関する事項は、不動産登記簿の表題部に記録される。

　イ．不動産登記簿は甲区と乙区に分けられており、甲区は表題部と権利部に分けられている。

①ア及びイのいずれも適切である。
②アのみが適切である。
③イのみが適切である。
④ア及びイのいずれも適切でない。

問 3　特定商取引法および割賦販売法に関する次のア及びイの記述についての①〜④のうち、その内容が最も適切なものを1つだけ選びなさい。

ア．特定商取引法は、商品の販売に関わる取引のみに適用される法律であり、権利の販売や役務の提供に関わる取引には適用されない。

イ．割賦販売法上の割賦販売の方法により指定商品を販売しようとする場合、割賦販売業者は、その相手方に対して、現金販売価格や割賦販売価格などの割賦販売条件を書面の提示等により示さなければならない。

①ア及びイのいずれも適切である。
②アのみが適切である。
③イのみが適切である。
④ア及びイのいずれも適切でない。

問 4　約束手形に関する次のア及びイの記述についての①〜④のうち、その内容が最も適切なものを1つだけ選びなさい。

ア．約束手形の振出しの原因となった法律関係が無効となった場合、当該約束手形も無効となる。

イ．約束手形の所持人が手形金の支払いを受けるには、支払呈示期間内に手形を提示しなければならず、その期間を経過すると、当該約束手形は無効となり、手形金の支払いを受けることができなくなる。

①ア及びイのいずれも適切である。
②アのみが適切である。
③イのみが適切である。
④ア及びイのいずれも適切でない。

問5 不動産の賃貸借契約に関する次のア及びイの記述についての①〜④のうち、その内容が最も適切なものを1つだけ選びなさい。

ア. 賃借人は、賃貸人の承諾を得ることなく、賃借権の譲渡や賃貸目的物の転貸をすることができない。

イ. 民法の原則では、賃貸借期間が満了すれば、両当事者が更新に合意しない限り賃貸借契約は終了するのに対し、借地借家法の適用を受ける賃貸借契約においては、正当な事由がない場合は、契約の更新を拒絶できないとされている。

①ア及びイのいずれも適切である。
②アのみが適切である。
③イのみが適切である。
④ア及びイのいずれも適切でない。

問6 不正競争防止法上の営業秘密に関する次のア及びイの記述についての①〜④のうち、その内容が最も適切なものを1つだけ選びなさい。

ア. 企業が保有する営業上の機密情報が第三者によって不正に利用されている場合、当該企業は当該機密情報につき営業秘密として特許庁の登録を受けているときに限り、当該第三者に対して、不正競争防止法に基づく差止めや損害賠償を請求することができる。

イ. 企業において、秘密として管理されている生産方法、販売方法その他の技術上または営業上の情報であって、公然と知られていないものは、事業活動に有用なものに限らず、不正競争防止法上の営業秘密に該当する。

①ア及びイのいずれも適切である。
②アのみが適切である。
③イのみが適切である。
④ア及びイのいずれも適切でない。

問7 株式会社のしくみに関する次のア及びイの記述についての①〜④のうち、最も適切なものを選びなさい。

ア．所有と経営の分離は、一般的に、株式会社において、株主総会で選任した取締役などに経営を一任して、機動的な運営が行えるようにするしくみのことである。

イ．株主は、その有する株式を譲渡するには、当該株式を発行した株式会社の承認を受けなければならず、当該株式会社の承認を得ることなく行われた株式の譲渡は無効である。

①ア及びイのいずれも適切である。
②アのみが適切である。
③イのみが適切である。
④ア及びイのいずれも適切でない。

Q
模擬問題

問8 職場におけるハラスメントに対する法規制に関する次のア及びイの記述についての①〜④のうち、最も適切なものを選びなさい。

ア．男女雇用機会均等法上、事業主は、職場においてセクシャルハラスメントが行われることのないよう、労働者からの相談に応じ、適切に対応するために必要な体制の整備その他の雇用管理上必要な措置を講じる法的義務を課されている。

イ．労働施策総合推進法上、事業主は、労働者がパワーハラスメントの相談を行ったこと、またはパワーハラスメントの相談への対応に協力した際に事実を述べたことを理由として、解雇その他不利益な取扱いをしてはならない。

①ア及びイのいずれも適切である。
②アのみが適切である。
③イのみが適切である。
④ア及びイのいずれも適切でない。

問9 相続に関わる次のア及びイの記述についての①〜④のうち、その内容が最も適切なものを1つだけ選びなさい。

　ア. Aには、子Bと、Bの子でありAの孫であるCがいる。この場合において、Bが死亡した後に、Aが遺言をせずに死亡したときには、CはAの法定相続人とはならない。

　イ. 相続人が配偶者および直系尊属である場合、直系尊属の法定相続分は3分の1である。

①ア及びイのいずれも適切である。
②アのみが適切である。
③イのみが適切である。
④ア及びイのいずれも適切でない。

問10 ビジネスに関わる文書に関する次のア及びイの記述についての①〜④のうち、その内容が最も適切なものを1つだけ選びなさい。

　ア. 収入印紙が必要な契約書に収入印紙の貼付けを忘れた場合、印紙税法上、印紙税と同額の過怠税が賦課される。

　イ. 収入印紙が必要な契約書に収入印紙の貼付けをしなかった契約書でも、法的な効力に影響はない。

①ア及びイのいずれも適切である。
②アのみが適切である。
③イのみが適切である。
④ア及びイのいずれも適切でない。

問11 労働契約に関する次のア及びイの記述についての①〜④のうち、その内容が最も適切なものを1つだけ選びなさい。

ア．労働契約法上、労働契約は、労働者が使用者に使用されて労働し、使用者がこれに対して賃金を払うことについて、労働者および使用者が合意することによって成立する。

イ．労働契約法上、使用者が、労働者を解雇しようとする場合において、その解雇が、客観的に合理的な理由を欠き、社会通念上相当であると認められないときは、解雇権を濫用したものとして無効となる。

①ア及びイのいずれも適切である。
②アのみが適切である。
③イのみが適切である。
④ア及びイのいずれも適切でない。

問12 XはY社の株主である。この場合に関する次のア及びイの記述についての①〜④のうち、会社法の規定に照らし、その内容が最も適切なものを1つだけ選びなさい。

ア．Y社は、原則として、Xを含む株主全員を、その所有する株式の内容や数に関わりなく、株主の人数を基準として平等に扱わなければならない。

イ．Y社の株主であるXは、株主総会でY社の取締役に就任することは認められない。

①ア及びイのいずれも適切である。
②アのみが適切である。
③イのみが適切である。
④ア及びイのいずれも適切でない。

問 13 労働者派遣法に関する次のア及びイの記述についての①〜④のうち、その内容が最も適切なものを1つだけ選びなさい。

ア．労働者派遣法上、労働者派遣事業を行うことができる業務には制限はなく、派遣元事業主は、自己の雇用する労働者をあらゆる業務に派遣することができる。

イ．労働者派遣法上、派遣先は、必ず派遣元事業主を通じて派遣労働者に業務上の指揮命令を行わなければならず、派遣労働者に対して直接に業務上の指揮命令を行うことは禁止されている。

①ア及びイのいずれも適切である。
②アのみが適切である。
③イのみが適切である。
④ア及びイのいずれも適切でない。

問 14 不法行為に関する次のア及びイの記述についての①〜④のうち、その内容が最も適切なものを1つだけ選びなさい。

ア．民法上の不法行為が成立するためには、損害が発生していなければならない。この損害には、例えば休業損害のように収入として見込まれたものが得られなかった場合の逸失利益が含まれる。

イ．加害者が複数存在する共同の不法行為によって損害を被った被害者は、各加害者に対して、加害者の人数で均等に分割した額に限り、損害賠償をすることができる。

①ア及びイのいずれも適切である。
②アのみが適切である。
③イのみが適切である。
④ア及びイのいずれも適切でない。

問 15 担保物権に関する次のア及びイの記述についての①～④のうち、その内容が最も適切なものを1つだけ選びなさい。

ア．A社は、B社に対して有する債権を担保するため、B社から、B社がC社に対して有する債権に質権の設定を受けた。この場合、A社は、B社がC社に対して有する債権を直接取り立てることができる。

イ．民法上、先取特権は、債権者と債務者が設定契約を締結することにより、当該債権者が他の債権者に優先して当該債務者の財産から弁済を受けることができる担保物権である。

①ア及びイのいずれも適切である。
②アのみが適切である。
③イのみが適切である。
④ア及びイのいずれも適切でない。

Q
模擬問題

問 16 共同企業に関する次のア及びイの記述についての①～④のうち、その内容が最も適切なものを1つだけ選びなさい。

ア．特定非営利活動促進法に基づく特定非営利活動法人（いわゆるNPO法人）は、その設立目的である保健、医療または福祉の増進を図る活動等であって、特定かつ少数の者の利益の増進に寄与するのみならず、特定非営利活動にかかる事業に支障がない限り、それ以外の事業を行うことができる。

イ．有限責任事業組合契約に関する法律（有限責任事業組合法）に基づく有限責任事業組合は、民法上の組合の特例であり、法人格を有する。

①ア及びイのいずれも適切である。
②アのみが適切である。
③イのみが適切である。
④ア及びイのいずれも適切でない。

問 17 代理に関する次のア及びイの記述についての①〜④のうち、その内容が最も適切なものを1つだけ選びなさい。

ア．商行為の代理人が顕名をせずに代理行為を行った場合、その代理行為の効果は本人に帰属しない。

イ．本人から代理権を与えられていない者が代理人と称して相手方と契約を締結した場合、相手方はその者に代理権がないことを知っていたとしても、代理人と称する者に対して契約内容の履行の請求または損害賠償の請求をすることができる。

①ア及びイのいずれも適切である。
②アのみが適切である。
③イのみが適切である。
④ア及びイのいずれも適切でない。

問 18 商業登記に関する次のア及びイの記述についての①〜④のうち、その内容が最も適切なものを1つだけ選びなさい。

ア．会社が支配人を解任した後、解任の登記をする前に、当該支配人であった者が、当該会社の支配人と称して善意の第三者との間で売買契約を締結した。この場合、当該売買契約の効果が会社に帰属することはない。

イ．個人企業においては、商号を登記するか否かは自由であるのに対し、会社においては、会社の商号は会社設立時の登記事項の1つであり、常に登記される。

①ア及びイのいずれも適切である。
②アのみが適切である。
③イのみが適切である。
④ア及びイのいずれも適切でない。

問 19　労働組合に関する次のア及びイの記述についての①〜④のうち、その内容が最も適切なものを１つだけ選びなさい。

　　ア．労働組合と使用者との間の合意により労働協約が定められた事業場では、就業規則を作成することができない。

　　イ．労働組合から団体交渉の申し出を受けた使用者は、正当な理由がなくこれを拒否してはならない。

　　①ア及びイのいずれも適切である。
　　②アのみが適切である。
　　③イのみが適切である。
　　④ア及びイのいずれも適切でない。

Q 模擬問題

問 20　手形および小切手に関する次のア及びイの記述についての①〜④のうち、その内容が最も適切なものを１つだけ選びなさい。

　　ア．白地手形は、手形要件を欠くため、そのままでは手形として効力は生じないが、手形要件が補充されれば有効な手形となる。

　　イ．小切手は、もっぱら支払いのための手段であるため、支払いのための呈示がされた日が満期となる。

　　①ア及びイのいずれも適切である。
　　②アのみが適切である。
　　③イのみが適切である。
　　④ア及びイのいずれも適切でない。

問 21 著作権法に関する次のア～エの記述のうち、その内容が適切なものの個数を①～⑤の中から1つだけ選びなさい。

ア．著作権および著作人格権は、著作者が著作物を創作し、特許庁の登録を受けることにより成立する。

イ．株式会社の従業員が、当該株式会社の発意に基づき職務上作成する思想または感情の創作的な表現は、著作権法上の著作物に該当し得る。

ウ．事実の伝達に過ぎない雑報および時事の報道は、著作権法によって保護される言語の著作物に該当しない。

エ．著作者が自己の著作物について著作権法による保護を受けることができるのは、原則として生存中に限られ、著作者の死亡と同時にその著作物の著作権（著作財産権）は消滅する。

①0個　②1個　③2個　④3個　⑤4個

問 22 ビジネスに関する犯罪について、次のア～エの記述のうち、その内容が適切なものの組み合わせを①～④の中から1つだけ選びなさい。

ア．株式会社の支配人が、株主総会の議決権に行使に関し、いわゆる総会屋に不正の利益を供与した場合、当該支配人は取締役でないので、利益供与罪は成立しない。

イ．会社の秘密文書の管理権限を有しない従業員が秘密文書を会社に無断で社外に持ち出した場合、当該従業員には窃盗罪が成立し、刑事罰を科され得る。

ウ．株式会社の取締役が、粉飾決算をして架空の利益を計上し株主に剰余金の配当を行った場合、当該取締役には違法配当罪が成立し、刑事罰を科され得る。

エ．会社において手形の振出権限を有しない従業員が、振出権限を有する者に無断で手形を作成して振り出し、自己の借金の弁済にあてた。この場合、当該従業員には有価証券偽造罪、偽有価証券行使罪は成立するが、詐欺罪は成立しない。

①アイ　②アエ　③イウ　④ウエ

問 23　不法行為に関する次の①〜④の記述のうち、民法の規定に照らし、その内容が最も**適切でない**ものを1つだけ選びなさい。

① Aが経営する中華料理店において、Aは自己の過失により、来店客のBに熱湯をかけ火傷を負わせた。Bは火傷を負ったことにより、加入していた傷害保険の保険金を受け取った。この場合、当該保険金は、BからAに対する不法行為に基づく損害賠償請求において損益相殺の対象となる。

② 6歳児のCが自転車で親権者Dと並走中に、Eに衝突し負傷させた。この場合、Cは責任能力がないためEに対して不法行為に基づく損害賠償責任を負わないが、Dは、原則として民法の監督義務者等の責任の規定に基づき、Eに対する損害賠償責任を負う。

③ Fは、Gの暴行により負傷したため、入院し仕事を休んだ。この場合、FはGに対し、Fが現実に支出した治療費・入院費などの財産的損害のほか、精神的苦痛などの非財産的損害についても、賠償を請求することができる。

④ Hは、駅のホームで携帯ゲームを操作しながら歩いていた際、前方不注意によりIに接触し負傷させた。HのIに対する不法行為が成立する場合、HのIに対する損害賠償は、金銭によるのが原則である。

問 24　個人情報保護法に関する次の①〜④の記述のうち、その内容が最も適切なものを1つだけ選びなさい。

① 外国人に関する情報は、個人情報保護法上の個人情報にあたらない。

② 個人情報保護法に基づき行政庁が個人情報取扱事業者に対して行う勧告や命令などの権限は、2017年の法改正より、原則として内閣府の外局である消費者庁に集約された。

③ 個人情報取扱事業者は、保有個人データに関し、利用目的の通知の求めや開示などの請求に応じる手続等の一定の事項について、本人の知り得る状態に置かなければならない。

④ 個人情報を含む情報の集合体は、特定の個人情報を検索できるように体系的に構成しているか否かを問わず、個人情報データベース等に該当する。

問 25 労働基準法に関する次のア～エの記述のうち、その内容が適切なものの個数を①～④の中から1つだけ選びなさい。

ア．使用者は、その事業所の労働者の過半数で組織する労働組合との間で「時間外労働に関する労使協定」（三六協定）を締結した場合は、割増賃金を払うことなく、労働者に、休憩時間を除き1日につき8時間、1週間につき40時間を超えて労働させることができる。

イ．使用者は、就業規則の作成について、当該事業所に労働者の過半数で組織する労働組合がある場合には、その労働組合の同意を得た上で、作成した就業規則にその同意書を添付して所轄の労働基準監督署に届けなれならない。

ウ．使用者は、労働契約の締結に際し、労働者に対して賃金および労働時間等の所定の事項を書面交付などの方法によって明示しなければならない。

エ．使用者は、その雇入れの日から継続勤務の期間の長短にかかわらず、その雇用するすべての労働者に対して、所定の日数の有給休暇を与えなければならない。

①0個　②1個　③2個　④3個　⑤4個

問 26 A社は、B社に対して有する貸金債権を担保するために、B社が所有するX土地に抵当権の設定を受けることとした。この場合、ア～エの記述のうち、民法の規定に照らし、その内容が適切なものを○、適切でないものを×とした場合の組み合わせを①～⑥の中から1つだけ選びなさい。

ア．B社は、A社に対して負う借入金債務をすべて弁済し、A社のB社に対する貸金債権が消滅した。この場合、X土地に設定されていた抵当権は、当該貸金債権が消滅したときでなく、当該抵当権の登記が抹消されたときに消滅する。

イ．X土地に設定される抵当権は、A社とB社の間で抵当権設定契約を締結することにより成立し、抵当権の設定登記は第三者に対する対抗要件である。

ウ．B社は、A社との間でX土地について抵当権設定契約をX土地に締結すると同時に、A社にX土地を引き渡さなければならない。

エ．X土地は、すでにC社が抵当権の設定を受け、その登記を経ている。この場合、B社はX土地を引き渡さなければならない。

①アー〇　イー〇　ウー〇　エー〇
②アー〇　イー×　ウー×　エー×
③アー×　イー〇　ウー〇　エー〇
④アー×　イー〇　ウー×　エー×
⑤アー〇　イー×　ウー〇　エー×
⑥アー×　イー×　ウー×　エー×

問27 特許法に関する次のア～エの記述のうち、その内容が適切なものの個数を①～⑤の中から1つだけ選びなさい。

ア．特許権者は、その有する特許権について第三者に専用実施権を設定し、その旨登録しても、専用実施権を設定した発明を自ら自由に実施することができる。

イ．特許権は、その設定登録によりその効力を生じるが、設定登録後10年を経過するごとに登録の更新の手続を経る必要があり、所定の期間内に更新手続を経なければ、特許権は消滅する。

ウ．特許権者は、自己の特許権が第三者により侵害された場合、当該第三者に対して、侵害の差止請求、信用回復請求、不当利得返還をすることができる。

エ．特許法上の発明をした者が当該発明について特許出願をした後、第三者が当該発明と同一の発明について特許出願をした。この場合において、当該第三者が先に発明を完成させていたときは、当該第三者のみがその発明について特許を受けることができる。

①0個　　②1個　　③2個　　④3個　　⑤4個

問 28 株式会社における会社法上の支配人に関する次のア〜エの記述のうち、その内容が適切なものを○、適切でないものを×とした場合の組み合わせを①〜⑥の中から1つだけ選びなさい。

ア．支配人は、会社の許可を受けなければ、他の会社の取締役、執行役または業務を執行する社員になることができない。

イ．会社が支配人を解任した後、解任の登記を直ちに行わなかった。この間に、その支配人であった者が、当該会社の支配人と称して善意の第三者との間で取引を行った場合、取引の法的効果が会社に帰属することはない。

ウ．支配人の選任および解任は、株主総会で行わなければならない。

エ．会社が支配人の権限に一定の制限を加えた場合、会社はその制限を善意の第三者に対して主張することができる。

①アー○　イー○　ウー○　エー○
②アー○　イー×　ウー×　エー×
③アー×　イー○　ウー○　エー○
④アー×　イー○　ウー×　エー×
⑤アー○　イー×　ウー○　エー×
⑥アー×　イー×　ウー×　エー×

問 29 A社は、B社から事業資金を借り入れるにあたり、A社がB社に対して負う借入金債務を主たる債務として、C社に連帯保証人になることを委託することとした。本保証に関する次のア〜エの記述のうち、その内容が適切なものの組み合わせを①〜④の中から1つだけ選びなさい。

ア．連帯保証人のC社が民法の規定に従い、B社に対し保証債務を履行した場合、民法上、C社はA社に対し求償権が認められる。

イ．C社がB社との間で、A社と連携してその債務を履行することを合意し、連帯保証人となった場合、民法上、連帯保証人のC社には催告の抗弁権と検索の抗弁権が認められる。

ウ. 民法上、保証契約が効力を生じるには、連帯保証人となる C 社と B 社とが保証契約を締結し、かつ A 社がこれに同意することが必要である。

エ. 保証には、A 社の債務が消滅すれば、C 社の保証債務も消滅するという性質、すなわち附従性が認められる。

①アイ　　②アエ　　③イウ　　④ウエ

Q
模擬問題

問 30　行為能力に関する次の①〜④の記述のうち、民法の規定に照らし、その内容が最も**適切でない**ものを 1 つだけ選びなさい。

①被保佐人である A は、保佐人 B の同意を得ずに自らが所有する土地とアパートを第三者 C に売却する旨の売買契約を締結した。この場合、B は当該売買契約を取り消すことができる。

②未成年者 D は、自らを成年者であると信じさせるため、ネットオークションの主催者 E に対し詐術を用い、それを信じた E から高価な美術品を購入する旨の売買契約を締結した。この場合、D の法定代理人 F は、当該売買契約を取り消すことができない。

③未成年者 G は法定代理人 H の同意を得て、大型量販店 I 社からパソコンを購入する旨の売買契約を締結した。この場合、G は、当該売買契約を取り消すことができない。

④成年被後見人 J が単独でスーパーマーケット K 社と、日用品およびその他の日常生活に関わる物品の購入について売買契約を締結した。この場合、成年後見人 L は、当該売買契約を取り消すことができる。

問31 権利の実現方法に関する次のア〜エの記述のうち、その内容が適切なものを○、適切でないものを×とした場合の組み合わせを①〜⑥の中から1つだけ選びなさい。

ア. 日本の裁判所は、最高裁判所、高等裁判所、地方裁判所、簡易裁判所の4種類である。

イ. 裁判所の判決に不服がある場合に、より上級の裁判所に対して再審査を求めることを上告という。

ウ. 裁判所で扱うすべての訴訟は、私人と私人との間の権利義務に関する争いの解決を目的とする民事訴訟、犯罪を犯した人に対して国家が刑罰を科するかどうかを決めるための刑事訴訟のいずれかに分けることができる。

エ. 債権者は、債務者が債務の履行をしないまま、その履行期が過ぎた場合であっても、原則として、自らの実力を行使して、自己の債権を回収することは認められていない。

①ア−○　イ−○　ウ−○　エ−○
②ア−○　イ−×　ウ−×　エ−×
③ア−×　イ−○　ウ−○　エ−○
④ア−×　イ−×　ウ−×　エ−○
⑤ア−○　イ−○　ウ−○　エ−×
⑥ア−×　イ−×　ウ−×　エ−×

問 32 裁判所が関与する民事上の紛争解決手続に関する次のア～エの記述のうち、その内容が適切なものの個数を①～⑤の中から1つだけ選びなさい。

ア．調停の成立により作成される調停調書は、確定判決と同一の効力を有する。

イ．強制執行の申立てをするには、強制執行を根拠付け正当化する文書、すなわち債務名義が必要である。

ウ．即決和解は、当事者間における民事上の法的紛争について、簡易裁判所に対して、即決和解の申立てをし、和解を行う手続である。

エ．民事訴訟は、民事上の法的紛争について、当事者の一方が裁判所に訴状を提出し、口頭弁論を経た上で、判決を受ける手続である。

①0個　　②1個　　③2個　　④3個　　⑤4個

問 33 X社は、Y社との間で、自社の会計システムに用いるソフトウェアの開発をY社に委託する旨の請負契約を締結しようとしている。この場合の請負契約に関する次の①～④の記述のうち、その内容が最も適切なものを1つだけ選びなさい。

①X社とY社との間で本件請負契約が締結された場合、X社は、Y社がソフトウェアを完成させる前は、本件請負契約を解除することができない。

②Y社が完成しX社に引き渡したソフトウェアは、Y社の責めに帰すべき事由によって、品質に関して本件請負契約の内容に適合しないものであった。この場合、X社は、本件請負契約を解除することができない。

③X社とY社との間で本件請負契約が締結された場合、X社とY社の間で特段の約定をしない限り、Y社がX社から請負代金の支払いを受けることができるのは、本件請負契約を締結したときである。

④X社とY社との間の請負契約は、X社とY社との間における意思表示の合致だけで有効に成立する。

問 34 債権の消滅に関する次のア〜エの記述のうち、その内容が適切なものの組み合わせを①〜⑥の中から1つだけ選びなさい。

ア．XはYから100万円を借り入れた。この場合、XはYとの間で特段の合意をしなくても自らの一方的意思表示によって、100万円の弁済に代えて自己所有の100万円相当の貴金属をYに引き渡し、XのYに対する借入金債務を免れることができる。

イ．XはYから100万円を借り入れた。その後、YはXに対し、「100万円のうち、40万円は支払わなくてよい」との意思表示を示した。この場合、XのYに対する借入金債務は40万円の限度で消滅する。

ウ．Xは父親Yから100万円を借り入れた。その後、Yが死亡し、Xが単独でYを相続した。この場合、XのYに対する借入金債務は、原則として混同により消滅する。

エ．XはYから100万円を借り入れた。その後、Xは返済期日に100万円をYに弁済しようとしたが、返済期日より前にYは不慮の事故で死亡しており、相続人が不明であった。この場合、Xは供託することにより、XのYに対する借入金債務を免れることができる。

①ア−○　イ−○　ウ−○　エ−○
②ア−○　イ−×　ウ−×　エ−×
③ア−×　イ−○　ウ−○　エ−○
④ア−×　イ−×　ウ−×　エ−○
⑤ア−○　イ−○　ウ−○　エ−×
⑥ア−×　イ−×　ウ−×　エ−×

問 35 遺言に関する次の①〜④の記述のうち、民法の規定に照らし、その内容が適切なものを2つ選びなさい。

①遺言者が、遺言の内容をパソコンのワープロソフトで作成し、出力した文書に、遺言者自身がその氏名を自署し実印を押捺した書面は、民法上の自筆証書遺言として有効である。

②公正証書遺言は、原則として、遺言者が公証人および証人の面前で口授した内容を、公証人が所定の方式により作成する遺言である。

③いったんなされた遺言は、撤回することができない。

④検認を受ける必要のある遺言書について、家庭裁判所外で開封されたり、検認の手続を怠ったりした場合でも、当該遺言書は有効である。

問 36 A 株式会社における機関に関する次のア〜エの記述のうち、会社法の規定に照らし、その内容が適切なものの個数を①〜⑤の中から1つだけ選びなさい。なお、A 社は、代表取締役を選定している取締役会設置会社であり、監査役設置会社であるものとする。

ア. A 社の代表取締役は対外的に会社を代表する機関であるから、A 社において選定できる代表取締役は1名のみである。

イ. A 社の監査役甲は、A 社の取締役などの機関の業務執行や A 社の計算書類を監査する権限を有するのみならず、A 社の取締役などに対して事業の報告を求める権限を有する。

ウ. A 社の監査役甲は、A 社の取締役会の決議によって選任される。

エ. A 社の取締役乙と A 社との法的な関係は民法上の雇用契約であり、乙は使用者である A 社の指揮命令の下にその職務を代行する。

①0個　②1個　③2個　④3個　⑤4個

問 37 AとBの夫婦間の財産関係について夫婦財産契約が締結されていない場合に関する次のア〜エの記述のうち、その内容が適切なものの組み合わせを①〜④の中から1つだけ選びなさい。

ア．婚姻中に、Aが日常の家事に関して第三者と法律行為を行ったことによって生じた債務は、離婚後も連帯して責任を負う。

イ．夫婦いずれに属するか明らかでない財産は、その共有に属するものを推定される。

ウ．婚姻中に夫婦間で締結した契約は、夫婦といえども、一切取り消すことはできない。

エ．婚姻前からBが所有していた財産は、婚姻中は夫婦の共有財産とされる。

①アイ　　②アエ　　③イウ　　④ウエ

問 38 消費者契約法に関する次の①〜④の記述のうち、その内容が最も適切なものを1つだけ選びなさい。

①消費者契約法上の事業者には、法人その他の団体が該当するが、個人事業主のような事業として契約の当事者となる個人は含まれない。

②消費者契約法は、事業者が消費者に商品を販売する契約に適用されるのみならず、事業者が消費者に役務を提供する契約にも適用される。

③消費者が消費者契約法に基づき、事業者との間の売買契約を取り消した場合、事業者は当該売買契約に基づき、すでに消費者から受領していた売買代金を返還する必要はない。

④消費者契約において、事業者の債務不履行により消費者に生じた損害を賠償する責任の全部を免除する条項が定められている場合、当該条項だけでなく、当該消費者契約全体が無効となる。

問 39 独占禁止法に関する次のア～エの記述のうち、その内容が適切なものを〇、適切でないものを×とした場合の組み合わせを①～⑥の中から1つだけ選びなさい。

ア．独占禁止法上、事業者は、商業、工業、金融業その他の営利事業を行うものをいい、営利を目的としない公益法人や公共団体は事業者には該当しない。

イ．事業者が不当な取引制限にあたる行為を行った場合、公正取引委員会からの課徴金納付命令と排除措置命令の対象となる。

ウ．事業者が、他の同種事業者との間で、製品の出荷量を制限する協定を締結し、その協定に基づいて、制限された量の製品のみを出荷する行為は、不当な取引制限に該当しない。

エ．事業者が、市場シェアを拡大するため、正当な理由がないのに、製造原価を大幅に下回る価格で自社製品の販売を継続した結果、競合他社の販売活動が困難となった。この場合、当該事業者は、公正な競争を阻害するおそれがあるときは、不当廉売として不公正な取引方法にあたる。

①アー〇　イー〇　ウー〇　エー〇
②アー〇　イー×　ウー×　エー×
③アー×　イー〇　ウー〇　エー〇
④アー×　イー〇　ウー×　エー〇
⑤アー〇　イー〇　ウー〇　エー×
⑥アー×　イー×　ウー×　エー×

問 40 条件、期限および期間に関する次の①〜④の記述のうち、民法の規定に照らし、その内容が最も**適切でない**ものを1つだけ選びなさい。

①期限を定めることによって享受できる利益を期限の利益といい、民法上、期限の利益は、債権者でなく債務者のために定めたものと推測される。

②「日、週、月または年」を基準として期間が定められた場合、民法の定める期間の計算方法によれば、原則として、初日は期間に参入される。

③契約の効力の発生ないし履行を、「人の死亡」のように、発生することは確実であるが、いつ到来するか確定していない事実にかからせる特約は、不確定期限に該当する。

④条件のうち、条件の成就により契約の効力を生じさせるものを停止条件という。例えば、A社が新技術の開発に成功した時点で売買契約の効力が生じる、と定めた場合がこれにあたる。

問 41 即時取得に関する次のア〜エの記述のうち、その内容が適切なものの組み合わせを①〜⑥の中から1つだけ選びなさい。

ア. AとBはそれぞれ同機種のカメラを所有していたため、Aは、Bのカメラを自己のカメラだと勘違いして持ち帰った。Aは、当該カメラを持ち帰る際、当該カメラの所有者がBであることを知らず、かつ知らないことに過失がなかった場合、当該カメラを即時取得する。

イ. Cは、Dから預かっていたD所有の絵画をEに売却した。Eは当該絵画がCの所有物であると信じていた場合であっても、そう信じたことに過失があれば、当該絵画を即時取得することができない。

ウ. Fは、不動産登記簿の登記事項を信じて、Gから土地を購入したが、Gは当該土地の所有者ではなかった。Fは、Gが当該土地の所有者でないことについて善意無過失であった場合であっても、当該土地を即時取得することができない。

エ. Hは、Iから借り受けていたI所有の乗用車を使用していたところ、Hは死亡し、Jが単独で相続した。この場合、Jは当該乗用車が

Hの所有物であると過失なく信じていたときは、当該乗用車を即時取得する。

①ア－〇　イ－〇　ウ－〇　エ－〇
②ア－〇　イ－×　ウ－×　エ－×
③ア－×　イ－〇　ウ－〇　エ－〇
④ア－×　イ－〇　ウ－〇　エ－×
⑤ア－〇　イ－×　ウ－〇　エ－×
⑥ア－×　イ－×　ウ－×　エ－×

Q 模擬問題

問42 契約に関する次のア～エの記述のうち、民法または商法の規定に照らし、その内容が適切なものの個数を①～⑤の中から1つだけ選びなさい。

ア．A社は、B社との間で、A社を貸主、B社を借主とする金銭消費貸借契約を締結し、B社に貸付金を交付した。その後、B社は、不可抗力によりA社に対して、約定の期日に返済することができなかった。この場合、B社は、A社から履行遅滞を理由とする損害賠償請求を受けたときは、不可抗力をもって抗弁とすることができない。

イ．倉庫業者であるC社は、D社との間で、D社の商品をC社の倉庫に保管する旨の寄託契約を締結し、その商品の引渡しを受けた。この場合、C社は善良な管理者の注意をもってD社から預かった商品を保管する義務を負う。

ウ．Eは、F社との間で、Eの指定する価格でGから絵画甲を購入することをF社に依頼する旨の委任契約を締結した。この場合、F社は、Eとの間に報酬の支払いを受ける旨の特約があるときは、Gから甲を購入するにあたり善良な管理者の注意義務を負うが、その旨の特約がないときでも同一の注意義務を負う。

エ．H社は、自社の営業所として使用する建物を建築するため、建設会社であるI社との間で請負契約を締結した。この場合、H社は建築工事が完成前であればいつでも損害を賠償して当該請負契約を解除することができる。

①0個　②1個　③2個　④3個　⑤4個

問43 株主総会に関する次の①～④の記述のうち、その内容が最も適切なものを1つだけ選びなさい。

①会社法上の公開会社でない株式会社は、株主総会の設置を義務付けられていない。

②会社法上、取締役会設置会社の株主総会では、会社法や定款に定められた株式会社の基本的事項に限らず、会社運営に関わるあらゆる事項について決議することができる。

③会社法上、株主総会においては、出資額や持ち株数の多寡にかかわらず、株主1人につき1個の議決権が与えられている。

④会社法上、定時株主総会は毎事業年度の終了後一定の時期に招集されなければならない。

問44 約束手形に関する次の①～④の記述のうち、その内容が適切なものを2つ選びなさい。

①約束手形の振出しの原因となった取引が無効となった場合、当該約束手形も無効となる。

②約束手形の不渡りを出した者は、その後6か月以内に再度、約束手形の不渡りを出すと、銀行取引停止処分となる。

③手形法上、裏書の連続した約束手形の所持人は、当該約束手形の正当な権利者として認められる。

④約束手形の所持人が手形金の支払いを受けるには、支払呈示期間内に手形を呈示しなければならず、その期間を経過すると当該約束手形は無効となり、手形金の支払いを受けることができなくなる。

問 45 代理に関する次のア～エの記述のうち、その内容が適切なものの組み合わせを①～⑥の中から1つだけ選びなさい。

ア．Aは、B社から、B社とC社との間の売買契約締結に関する代理権を授与されたが、C社との売買契約締結に際して、B社のためにすることを示さずに意思表示を行った。この場合、当該売買契約の効果はB社に帰属する。

イ．Dは、E社から代理権を与えられていないにもかかわらず、E社の代理人と称して、F社との間で売買契約を締結した。この場合、F社はDに代理権がないことを知っていたとしても、Dに対して当該売買契約の履行の請求または損害賠償の請求することができる。

ウ．Gは、H社から代理権を与えられていないにもかかわらず、H社の代理人と称して、I社との間で売買契約を締結した。この場合、I社はGに代理権がないことを知らなかったときに限り、H社に対して相当の期間を定めて当該売買契約を追認するかどうかを催告することができる。

エ．Jは、K社から与えられた代理権の範囲を越えて、L社との間で、K社の代理人として売買契約を締結した。この場合、L社が当該売買契約の締結について、Jに代理権があると誤信し、かつそのように誤信することについて正当な理由があるときは、表見代理が成立する。

①アイ　②アウ　③アエ　④イウ　⑤イエ　⑥ウエ

問 46 Ａ社は、自社の商品Ｘに使用する商品名として「甲」の商標登録を受けることにした。この場合に関する次の①～④の記述のうち、その内容が最も適切なものを１つだけ選びなさい。

① Ａ社が「甲」について商標権の設定登録を受けた後、Ｂ社はＡ社に無断で商品Ｘと類似するＢ社の商品Ｙに「甲」に類似する商標を使用し、Ｙを販売した。この場合、Ａ社はＢ社に対して、当該類似する商標の使用の差止めを請求することはできない。

② Ａ社は「甲」について商標登録出願をしたが、Ａ社が出願するより先にＣ社が商品Ｘと類似するＣ社の商品Ｚに使用する商品名として「甲」の商標登録出願をしていた。この場合、「甲」について商標登録を受けることができるのは、Ａ社よりも先に商標登録出願をしたＣ社である。

③ Ａ社が「甲」について商標権の設定登録を受けた後であっても、Ａ社が「甲」を継続して一定の期間使用していない場合は、商標法上、その期間の経過により、「甲」の商標登録は当然に無効となる。

④ Ａ社が「甲」について商標権の設定登録を受けた場合、「甲」の商標権は、存続期間の満了によって当然に消滅するため、Ａ社は「甲」の商標登録を更新することはできない。

問 47 Ｘは、Ｙ社との間で、Ｙ社所有の中古住宅甲を購入する旨の売買契約を締結した。この場合に関する次のア～エの記述のうち、民法の規定に照らし、その内容が適切なものの個数を①～⑤の中から１つだけ選びなさい。

ア．甲には、本件売買契約が成立する以前から存在していた隠れた瑕疵が原因で雨漏りがするという欠陥があり、Ｘは、Ｙ社から甲の引渡しを受けた後にこの瑕疵を発見した。この場合、ＸはＹ社に対し、契約不適合責任を追及して損害賠償を請求することはできない。

イ．本件売買契約が成立した後、Ｙ社がＸに甲を引き渡す前に、甲はＹ社の従業員のたばこの火の不始末で全焼し、Ｙ社はＸに対して甲を引き渡すことができなくなった。この場合において、Ｘが本件売買契約を解除するには、ＸはＹ社に対して履行の催告をすることが必要である。

ウ. 本件売買契約が成立した後、Y社がXに甲を引き渡す前に、甲は、第三者の放火により全焼し、Y社はXに対し甲を引き渡すことができなくなった。この場合、本件売買契約に関する危険負担に関する特約がなければ、Y社はXに対して甲の代金の支払いを請求することはできない。

エ. 本件売買契約で定められた甲の引渡期日が到来したが、Y社の従業員の過失により、Y社は正当な理由なく、Xに甲を引き渡すことができなかった。この場合、XはY社に対して、甲の引渡しが遅れたことによる損害賠償の請求をすることができない。

①0個　②1個　③2個　④3個　⑤4個

問48 質権に関する次の①〜④の記述のうち、その内容が最も適切なものを1つ選びなさい。

①動産に質権を設定する場合、民法上、質権設定契約は当事者の合意のみでは成立せず、質権設定契約が法的に有効に成立するためには、当該財産の引渡しが必要である。

②民法上、自己の所有する動産に質権の設定を受けた場合において、債務者が債権者に対して負う債務を弁済しない場合、債権者は、裁判所の手続を経ることなしに、当然に当該財産の所有権を取得する。

③民法上、不動産は質権の目的物とすることができないため、債権者は、債務者が所有する建物に質権の設定を受けることはできない。

④民法上、債権質の設定を受けた質権者は、質権の目的である債権を直接取り立てることはできない。

問49 労働基準法に関する次のア〜エの記述のうち、その内容が適切なものの組み合わせを①〜⑥の中から1つだけ選びなさい。

ア. 労働者は、使用者が指定した時季でなければ、年次有給休暇を取得することができない。

イ. 労働基準法は、労働組合に加入している労働者を保護することを目的とする法律である。したがって、労働組合に加入していない労働者には労働基準法の規定は適用されない。

ウ．使用者は、原則として、賃金を毎月1回以上、一定の期日を定めて労働者に支払わなければならない。
エ．労働者に未成年者や成年被後見人がいる場合、賃金を当該労働者でなく親権者や成年後見人に支払うことは認められない。

①アイ　　②アウ　　③アエ　　④イウ　　⑤イエ　⑥ウエ

問50 Aが死亡し、相続が発生した場合に関する次のア～エの記述のうち、その内容が適切なものの組み合わせを①～⑥の中から1つだけ選びなさい。

ア．Aには、子Bと、Bの子でありAの孫であるCがいる。この場合において、Bが死亡した後に、Aが遺言をせずに死亡したときは、CはAの法定相続人とはならない。

イ．Aに配偶者Bと子CおよびDがおり、そのほかに親族がいない場合、Aが遺言せずに死亡すると、Bと子CおよびDの法定相続分はそれぞれ相続財産の各3分の1である。

ウ．Aの配偶者Bと子CがAを相続した場合、BおよびCは、共同して手続をしなければ、Aの相続について限定承認をすることはできない。

エ．Aの配偶者Bと子CがAを相続した場合において、Cが相続について単純承認をしたときは、Bは相続を放棄することはできない。

①ア－○　イ－○　ウ－○　エ－○
②ア－○　イ－×　ウ－×　エ－×
③ア－×　イ－○　ウ－○　エ－○
④ア－×　イ－×　ウ－○　エ－×
⑤ア－○　イ－×　ウ－○　エ－×
⑥ア－×　イ－×　ウ－×　エ－×

答え合わせ

問1 正解：②

解説（テキストp26〜27参照）

アは適切である。

イは適切でない。**強行規定は任意契約の特約より優先**します。

問2 正解：④

解説（テキストp100〜101参照）

アは適切でない。**地上権に関する事項は権利部の乙区に記録**されています。

イは適切でない。**登記記録は表題部と権利部に分けられ、権利部は甲区と乙区に分けられ**ます。

問3 正解：③

解説（テキストp134〜139参照）

アは適切でない。**特定商取引法は商品の販売だけでなく、権利の販売や役務の提供にも適用**されます。

イは適切である。問題文のとおりです。**割賦販売には書面の提示が特定商取引法上、求められ**ます。

問4 正解：④

解説（テキストp160〜165参照）

アは適切でない。**手形はいったん振り出されると、振出しの原因となった取引とは切り離された別個の債権**となります。これを**手形の"無因証券性"**といいます。

イは適切でない。**支払呈示期間を過ぎても約束手形自体は無効になりません**。ただし、**手形所持人は債務者である手形の振出人の住所地に直接出向いて手形を提示しなければなりません。**

問5 　正解：①

解説（テキストp64〜67参照）

アは適切である。問題文のとおりです。

イは適切である。この規定は、**立場上弱い賃借人を保護するための借地借家法の規定です。** ただし、正当の事由があると認められる場合は契約の更新を拒否できます。

問6 　正解：④

解説（テキストp116〜117参照）

アは適切でない。**営業秘密は特許庁の登録を受けていることは必須事項ではありません。**

イは適切でない。**問題文の2つに加え、「事業活動に有用なもの」であることも営業秘密であることの3要件の1つです。**

問7 　正解：②

解説（テキストp205〜207参照）

アは適切である。問題文は「所有と経営の分離」について述べています。

イは適切でない。**「株式譲渡自由の原則」により、株式の譲渡には株式会社の承認は必要ありません。**

問8 　正解：①

解説（テキストp243〜245参照）

アは適切である。問題文のとおりです。

イは適切である。**労働施策総合推進法は、2022年4月1日よりすべての事業主に対してパワーハラスメントの防止措置を講ずるよう義務付けています。**

問9 　正解：③

解説（テキストp260〜262参照）

アは適切でない。**Cは代襲相続人となり、法定相続人です。**

イは適切である。**問題文のケースでは、配偶者の法定相続分は3分の2となります。**

問10 正解：③

解説（用語集p313参照）

アは適切でない。誤り。**過怠税は同額でなく2倍となります。**

イは適切である。**契約書の効力は有効でも、収入印紙代とその2倍の過怠税の支払義務が生じます。**

問11 正解：①

解説（テキストp230〜233、p241〜242参照）

アは適切である。問題文のとおりです。

イは適切である。問題文は「**解雇権の濫用法理**」を述べています。

問12 正解：④

解説（テキストp205〜212参照）

アは適切でない。「**株主平等の原則**」は、「**株主は原則としてその所有する株式の内容および数に投じて平等に取り扱われる**」ことを意味します。

イは適切でない。問題文のような規定は会社法にはありません。**取締役は株主からも非株主からも株主総会で選任されます。**

問13 正解：④

解説（テキストp246〜248参照）

アは適切でない。**労働者派遣法では、①港湾運送業務、②建設業務、③警備業務などが労働者派遣業務を行ってはいけない業務とされています。**

イは適切でない。**派遣労働者と派遣先事業主は、直接に業務上の指揮命令関係にあります。**

問14 正解：②

解説（テキストp74〜76、p81〜84参照）

アは適切である。なお、**逸失利益の算定にあたっては休業損害から当該期間の利息が控除されます。**

イは適切でない。**共同不法行為においては、加害者の1人に損害賠償額の全額を求償できます。**

問15 正解：①

解説 (テキストp173〜176参照)

アは適切である。**債権質の場合は、債権者は債務者の債権を直接取り立てることが**できます。

イは適切である。問題文は**担保物件の優先的弁済効力**を述べています。

問16 正解：②

解説 (テキストp196〜198参照)

アは適切である。**NPO法人は特定非営利活動に支障がない限り、本来の事業以外**も行うことができます。

イは適切でない。**有限責任事業組合は法人格を有しないのが特徴**です。

問17 正解：④

解説 (テキストp47〜49、p199〜201参照)

アは適切でない。**商法上、商行為の代理人は顕名をしないで代理行為を行っても、法的効力が生じます。**

イは適切でない。**悪意の**（本人の素性を知悉*している）**相手方が表見代理人と締結した契約に、法的効力は生じません。**

問18 正解：③

解説 (テキストp202〜204参照)

アは適切でない。**解任登記をする前の支配人と善意の第三者との売買契約は効果が会社に帰属します。**

イは適切である。問題文のとおりです。

問19 正解：③

解説 (テキストp230〜235参照)

アは適切でない。**就業規則と労働協約はお互い独立している労働契約ですが、齟齬***がある場合は労働協約が優先します（労働協約の方が上位規範です）。

イは適切である。問題文は**不当労働行為**について述べています。

---

*知悉　ある物事について細かい点まで知っていること。

*齟齬（そご）　食い違い、矛盾があること。

問20 正解：①

解説（テキストp162〜167参照）

アは適切である。**白地手形は未完成の手形として商慣習上、その効力が認められています。**

イは適切である。問題文のとおりです。他方、**手形は信用の手段、送金の手段として利用されます。**

問21 正解：③

解説（テキストp102〜105参照）

アは適切でない。**著作権および著作者人格権は、特許庁の登録を受けることなく成立します。**

イは適切である。問題文は**職務著作**について述べています。

ウは適切である。**雑報および時事報道は著作物に該当しません。**

エは適切でない。**著作権の存続期間は著作者死後70年間となっています。**

問22 正解：③

解説（テキストp144〜146参照）

アは適切でない。**利益供与罪は役員だけでなく従業員にも適用されます。**

イは適切である。問題文のとおりです。

ウは適切である。問題文のとおりです。

エは適切でない。**問題文の2つの罪状のほか、詐欺罪も成立します。**

問23 正解：①

解説（テキストp74〜80参照）

①は適切でない。**損害保険金は損益相殺の対象とはなりません。**

②は適切である。問題文のとおり、**親権者には損害賠償責任が生じます。**

③は適切である。問題文のとおりです。

④は適切である。問題文のとおり、**不法行為の損害賠償は金銭によるのが原則です。**

問24 正解：③

解説 (テキストp140〜143参照)

①は適切でない。**個人情報は日本人と外国人の区別なく該当します。**

②は適切でない。**個人情報関係の所管官庁は内閣府の外局である個人情報保護委員会です。**

③は適切である。問題文のとおりです。

④は適切でない。**個人情報データベースとは、特定の個人情報をコンピュータを用いて検索できるよう体系的に構成したものをいいます。**

問25 正解：②

解説 (テキストp230〜233参照)

アは適切でない。**三六協定を労使で締結後、使用者は労働者に対し時間外労働をさせることができます。ただし割増賃金を払わなければなりません。**

イは適切でない。**就業規則作成にあたって、労働組合がある場合は、労働組合の意見を聴取するだけでよく、同意を得る必要はありません。**

ウは適切である。問題文のとおりです。

エは適切でない。**雇入れの日から継続して6か月以上勤務し、出勤率が8割以上の労働者に対し、有給休暇が与えられます。**

問26 正解：④

解説 (テキストp177〜179参照)

アは適切でない。**担保物権の附従性により、抵当権は債権が消滅した時点で同時に消滅します。**

イは適切である。問題文のとおりです。

ウは適切でない。**抵当権は設定後も債務者がそのまま当該物権を継続して使用できるのが特徴です。**

エは適切でない。**抵当権は二重にも三重にも設定でき、上記ウのように引渡義務はありません。**

問27 正解：②

解説（テキストp106〜109参照）

アは適切でない。**専用実施権を設定すると、特許権者はみずからの発明を自由に実施することができません。**

イは適切でない。**産業財産権の中で更新ができるのは商標権のみであり、特許権は特許出願の日から20年をもって消滅します。**

ウは適切である。問題文のとおりです。

エは適切でない。**日本は先願主義を採用しているため、発明の完成時期は考慮の対象外となり、先に出願登録を行った者が、特許を受けることができます。**

問28 正解：②

解説（テキストp220〜221参照）

アは適切である。問題文のとおりです。

イは適切でない。**いまだ解任登記がなされていない支配人が善意の第三者と行った取引は、法的効果が会社に帰属します。**

ウは適切でない。**支配人の選任・解任は取締役、取締役会設置会社では取締役会が行います。**

エは適切でない。**支配人の権限に一定の制限を加えても、善意の第三者には対抗できません。**

問29 正解：②

解説（テキストp182〜184参照）

アは適切である。問題文のとおりです。

イは適切でない。**連帯保証人は催告の抗弁権も検索の抗弁権も認められていません。**

ウは適切でない。**保証契約の締結には、主たる債務者の同意は必要ありません。**

エは適切である。問題文のとおりです。

解説（テキストp38〜43参照）

①は適切である。問題文のとおりです。

②は適切である。**未成年者が詐術を用いて締結した売買契約は、法定代理人は取り消すことができません。**

③は適切である。**法定代理人が同意した売買契約は取り消すことができません。**

④は適切でない。**成年被後見人が行った日常生活に関わる物品の購入契約については、成年後見人は取り消すことができません。**

解説（テキストp28〜29参照）

アは適切でない。**問題文の裁判所以外に、家庭裁判所があります。**

イは適切でない。**「上告」は第二審の判決に対しさらに上級の裁判所に再審査を求めることを意味し、問題文の場合は「上訴」が適切です。**

ウは適切でない。**問題文のほかに、行政権の行使その他公法上の利害関係についての争いの解決を目的とした"行政訴訟"があります。**

エは適切である。**債務の履行期が過ぎた場合であっても、自力救済は法律上禁止されています。**

解説（テキストp185〜187参照）

アは適切である。問題文のとおりです。

イは適切である。問題文のとおりです。

ウは適切である。問題文のとおりです。

エは適切である。問題文のとおりです。

問33 正解：④

解説（テキストp68〜69参照）

①は適切でない。**注文者は仕事が完成する前であればいつでも請負契約を解除することができます。**

②は適切でない。**契約不適合の場合には、注文者は請負契約を解除することができます。**

③は適切でない。**請負代金を受領できるのは、仕事が完成したときです。**

④は適切である。**請負契約は基本的に諾成契約です。**

問34 正解：③

解説（テキストp154〜156参照）

アは適切でない。問題文は「**代物弁済**」について述べていますが、「**代物弁済**」には**相手側の合意が必要です。**

イは適切である。問題文は「**相殺**」について述べています。

ウは適切である。問題文は「**混同**」について述べています。

エは適切である。問題文は「**供託**」について述べています。

問35 正解：②、④

解説（テキストp263〜265参照）

①は適切でない。**ワープロソフトで作成した遺言書は、民法上の自筆遺言書として有効ではありません。**

②は適切である。問題文のとおりです。

③は適切でない。**遺言書は本人が死亡するまで何度でも撤回することができます。**

④は適切である。**検認を受ける必要のある遺言書でも、開封されたり、検認の手続を怠ったとしても、遺言書としては有効です。**

問36 正解：②

解説（テキストp210〜216参照）

アは適切でない。**代表取締役の選定は1人とは限りません。複数選定できます。**

イは適切である。問題文のとおりです。

ウは適切でない。**監査役は株主総会の決議において選任されます。**

エは適切でない。**取締役と会社との関係は委任契約です。**

解説（テキストp258〜259参照）

アは適切である。**婚姻時に成立した債務は、離婚後も継続**します。

イは適切である。問題文は**夫婦の共有財産**について述べています。

ウは適切でない。**婚姻中に夫婦間で締結した契約は、婚姻中いつでも取り消すこと**ができます。

エは適切でない。婚姻前に所有していた相手方の財産は、特有財産として共有財産にはなりません。

解説（テキストp129〜133参照）

①は適切でない。**個人事業主も消費者契約法上では事業者に含まれます。**

②は適切である。**消費者契約法は、事業者が提供する商品のみならず役務にも適用**されます。

③は適切でない。**双方による原状回復義務として、受領した当該代金も返還しなけ**ればなりません。

④は適切でない。**無効になるのは当該消費者契約において、該当する条項のみです。**

解説（テキストp126〜128参照）

アは適切でない。**公益法人や公共団体も独占禁止法の対象となります。**

イは適切である。問題文のとおりです。

ウは適切でない。問題文は**数量カルテル**について述べています。

エは適切である。問題文は**不公正な取引方法の不当廉売**について述べています。

解説（テキストp50〜52参照）

①は適切である。問題文のとおりです。

②は適切でない。**「初日不算入の原則」により、午前0時から始まる場合を除き、初日は期間に算入されません。**

③は適切である。問題文のとおりです。

④は適切である。問題文のとおりです。

問41 正解：④

解説（テキストp96〜97参照）

アは適切でない。**勘違いによる動産の取得は即時取得にはなりません。**

イは適切である。**即時取得の成立要件は善意無過失です。**

ウは適切である。**譲渡人に登記どおりの権限がなければ、即時取得は成立しません。**

エは適切でない。**相続による動産の取得は、即時取得とはなりません。**

問42 正解：⑤

解説（テキストp61〜63、p68〜71参照）

アは適切である。**金銭消費貸借契約において、不可抗力による履行遅滞は認められません。**

イは適切である。**受託者は寄託物に対し善管注意義務を負います。**

ウは適切である。**商人は報酬の支払いの有無にかかわらず、商品に対し善管注意義務を負います。**

エは適切である。問題文のとおりです。

問43 正解：④

解説（テキストp208〜209参照）

①は適切でない。**公開会社、非公開会社にかかわらず、株主総会は会社法上設置が義務付けられている機関です。**

②は適切でない。**株主総会の決議事項は、会社法や定款に定められている事項に限られます。**

③は適切でない。**株主は出資額や持ち株数の多寡により、議決権の個数が変わります。**

④は適切である。問題文のとおりです。

問44 正解：②、③

解説（テキストp160〜165参照）

①は適切でない。**手形はいったん振り出すと、振出しの原因となった取引とは独立した別個の債権となります。**

②は適切である。問題文は「**不渡り手形**」を述べています。

③は適切である。問題文のとおりです。

④は適切でない。**約束手形は支払呈示期間を過ぎても有効ですが、手形所持人は債務者である手形の振出人の住所地に直接出向いて、直接手形を呈示なければなりません。**

問45 正解：③

解説（テキストp47〜49参照）

アは適切である。**商人間の商行為には必ずしも顕名は必要とされません。**

イは適切でない。**悪意の場合の相手側は、当該売買契約の履行の請求や損害賠償の請求はできません。**

ウは適切でない。**代理権の追認は無権代理の場合でなくとも、契約の追認の催告が可能です。**

エは適切である。問題文は**代理権踰越**（ゆえつ）（与えられた代理権の範囲を越えること）の場合の表見代理を述べています。

問46 正解：②

解説（テキストp113〜115参照）

①は適切でない。**類似の商標を使用し販売している第三者に対して、類似する商標の使用の差止めを請求することができます。**⇒商標の禁止権

②は適切である。**商標権も他の産業財産権と同じく先願主義であり、先に商標登録出願をしていたC社が商標登録を受けられます。**

③は適切でない。**設定登録を受けた商標が3年以上継続して使用されていない場合は、不使用取消審判の請求をすることにより取り消されることがあります。**問題文は取消審判請求のアクションを取っていないので、適切ではありません。

④は適切でない。**商標権は10年ごとに更新することが可能です。存続期間の更新が認められている唯一の産業財産権です。**

問47 正解：①

解説（テキストp55〜59参照）

アは適切でない。**買主は隠れた瑕疵について契約不適合責任を追及して損害賠償を請求することができます。**

イは適切でない。**売主の過失による履行不能であり、買主からの履行の催告は必要ありません。**

ウは適切でない。問題文は危険負担のケースで、**危険負担に関する特約がなくとも、売主は買主に対して中古住宅の代金の支払いを請求することはできません。**

エは適切でない。**売主の過失による履行遅滞であり、買主は履行遅滞による損害賠償の請求をすることができます。**

問48 正解：①

解説（テキストp175〜176参照）

①は適切である。**質権設定契約は要物契約で、当該財産の引渡しは成立要件です。**

②は適切でない。**動産質の場合は、相手方が債務を弁済しない場合は、裁判所の手続を経て、当該財産（動産）の所有権を取得できます。**

③は適切でない。**不動産も動産、債権と並び質権設定（質権の目的物とすること）ができます。**

④は適切でない。**債権質は質権の中で唯一、債権を直接取り立てることができます。**

問49 正解：⑥

解説（テキストp230〜233参照）

アは適切でない。**年次休暇は労働者が希望した時季に取得できます。**ただし、事業の運営に支障がある場合、使用者は「時季変更権」を行使して年次休暇を変更することができます。

イは適切でない。**労働基準法は労働組合への参加・不参加を問わず、すべての労働者に適用されます。**

ウは適切である。**使用者は賃金を、定期日払いの原則により、毎月1回以上、一定の期日を定めて労働者に支払わなければなりません。**

エは適切である。**賃金は直接払いの原則により、たとえ未成年者であっても労働者本人に直接支払わなければなりません。**

問50 正解：④

解説（テキストp260～265参照）

アは適切でない。Cは代襲相続で法定相続人となります。

イは適切でない。配偶者は相続財産の半分が法定相続分となり、被相続人の子であるCとDは残額を頭割りで相続します。

ウは適切である。限定承認は相続人全員が共同して手続をすることが規定されています。

エは適切でない。相続放棄は他の相続人に関係なく、単独で行うことができます。ただし、相続の開始を知ったときから3か月以内に手続を行わなければなりません。

ビジネス実務法務3級 実用用語集

用語名	内　容
ア行	
安全配慮義務	「労働契約上の労働者がその生命、身体などの安全を確保しつつ労働することができるよう、必要な配慮をする」という使用者に課せられた義務のこと。
慰謝料	不法行為による非財産的損害の1つである精神的損害を受けた場合に、加害者から支払われる損害賠償（額）のこと。慰謝料請求は、精神的苦痛を感じない幼児にも判例上認められている。
逸失利益	不法行為がなければ本来得られたであろう利益の喪失のこと。"得べかりし利益"の喪失ともいう。逸失利益の損害賠償額の算定においては、将来受領する利益を一時金として受け取るため、賠償額から中間利息が控除される。一般的にこの中間利息は法定利息で計算される。
違法性阻却事由	通常は違法性があるとされる行為が、例外的に違法性がなく不法行為が成立しないとされない事由のこと。正当防衛や緊急避難がこの事由に該当する。
違約手付	債務不履行があった場合に罰として没収される趣旨で、あらかじめ交付する手付のこと。
遺留分	法定相続人の期待に法的保護を与え、また被相続人の遺族の生活保障を考慮し、相続財産の一定部分を遺族のために留保する制度のこと。被相続人の兄弟姉妹には遺留分はない。
印紙の貼付け	契約内容や契約金額により、印紙税法によって印紙の貼付けが義務付けられていること。印紙の貼付けがない場合でも、契約書は有効であるが、必要な印紙税額とその2倍の過怠税が課せられる。
裏書の連続	手形面に記載された受取人が第一裏書人となり、第一裏書人の被裏書人が第二裏書の裏書人となる……というように、受取人から最後の被裏書人に至るまで各裏書が途切れることなく続いていることをいう。銀行は実務上、原則として「裏書の連続」が欠けている手形は取り扱いません。
運用供用者責任	自動車の所有者や賃借人（レンタカーを借りている人）など自動車を使用する正当な権限を持っている者が負う責任。人に車を貸して借用人が事故を起こした場合は、運用供用者はその不法行為につき、免責三要件を証明しなければ、責任を免れることができない。この無過失責任を免れる制度として自賠責保険制度がある。
営業秘密	知的財産権の1つで、不正競争防止法により権利を保護されている。「営業秘密」として認められるには、①秘密管理性、②非公知性、③有用性の3要件をすべて充たさなければならない。特許権など産業財産権のような特許庁への登録は不要。
オプトアウト	原則として、あらかじめ本人の同意を得ずに、個人データを第三者に提供することはできないが、一定の要件を充たせば個人データを第三者に提供できる特例の手続のこと。

用語名	内　容
カ行	
会計参与	会社法上の役員であり、取締役または執行役と共同して、会社の計算書類およびその付属明細書等を作成することをその主たる職責とする機関。定款で定めることにより、すべての株式会社において任意に設置することができる。また、会計参与は監査役との兼任はできない。資格として、公認会計士もしくは監査法人または税理士もしくは税理士法人でなければならない。
解雇権濫用法理	客観的に合理的な理由を欠き、社会通念上相当であると認められない場合の解雇は無効とする、という法理。労働契約法で規定されている。
改氏と復氏	夫婦が婚姻して配偶者が氏姓を変更することを「改氏」、離婚して配偶者が婚姻前の氏姓に戻ることを「復氏」という。離婚後も婚姻中の氏姓を使用したい場合は、離婚後3か月以内に本籍地あるいは住所地の市町村役場に届けることにより可能となる。
解除条件	条件の成就により、効力が消滅する条件。「停止条件」の反意語。
解約手付	売買契約成立時において、当事者が解除権を留保する趣旨で授受される手付の一種。相手が債務の履行に着手するまで買主の場合は手付を放棄して売買契約を解除できるが（手付損）、売主の場合は手付の倍額を買主に提供して契約を解除できる（手付倍戻し）。
貸金業法の規制	貸金業者が業として年109.5％を超える金銭消費貸借契約を締結した場合は、契約自体が無効となる。 貸金業者は、個人を相手に年収の3分の1を超える貸付けはできない。 ⇒総量規制（ただし、銀行の貸付けは対象外）
過失責任主義	人がたとえ他人に損害を与えても、故意・過失がなければ損害賠償責任を負わない、とする原則。
過失相殺	不法行為に際して、被害者にも過失があって、それが損害の発生や拡大の一因となった場合、損害額から被害者の過失割合に相当する額を差し引いて損害額を決定すること。ただし、この被害者の「過失」は不法行為の成立要件である"故意・過失"と異なり、不注意程度でよいものとされている。
瑕疵のある意思表示	瑕疵のある（すなわち当人の意思表示が外部要因によってゆがめられている）意思表示は原則として取消可能。瑕疵のある意思表示には「詐欺」と「強迫」があり、詐欺による意思表示は善意無過失の第三者には対抗できないが、「強迫」は善意無過失の第三者にも対抗できる（引き続き取消可能）。
株主代表訴訟	個々の株主が自ら会社のために取締役の責任を追及する訴えを起こすこと。訴訟を起こせるのは、原則として6か月以上前から株式を有している株主で、単独株主でも訴訟を提起できる。
株主平等の原則	株主がその所有株式数に応じ、原則として平等な取扱いを会社側から受けること。
仮登記担保	代物弁済の約束をする場合、債権者は所有権の移転の仮登記をして他の第三者に対抗することができる。これを仮登記担保といい、譲渡担保と並ぶ非典型担保の1つ。
期間の定めのない労働契約	終身雇用を前提とした正社員との労働契約のこと。契約社員との労働契約は「有期労働契約」と呼ばれる。

用語名	内　容
期限	契約の効力ないし履行を将来発生することが確実な事実にかからせる特約のこと。「確定期限」と「不確定期限」がある。
期限の利益	期限によって享受することができる利益。「期限の利益」は原則、債務者のために定めたものと推定される。
キャッチセールス	路上で消費者を呼び止め、自社の事務所に同行させ、当該事務所で売買契約を締結させる営業行為。特定商取引法に定める訪問販売に該当し、クーリング・オフが可能。
共益権	株主が会社経営に参加し、業務執行を監督・是正することを目的とする権利。代表的なのは、株主総会での議決権、議案提案権や株主代表訴訟提起請求権。
競業避止義務	取締役が会社の事業と同種の取引、つまり自分の会社と競争するような取引をするには、株主総会あるいは取締役会設置会社では取締役会で、その取引に関する重要な事実を開示し、承認を受けなければならないこと。善管注意義務、忠実義務などと並んで取締役の義務の1つ。
供託	弁済の目的物を供託所（法務局）に寄託すること。供託により債務者は債務から解放され、債務者に対する債権は消滅する。
業務上横領罪	自分の役職を利用して利得を得るため、会社の財産、書類あるいは情報を持ち出す犯罪行為。刑法が適用される。
虚偽表示	表意者が相手方と通じて行った虚偽の意思表示のこと。原則として虚偽表示は無効であるが、善意の第三者にはその意思表示の無効を主張できない。
緊急避難	他人の物から生じた急迫*の危険を避けるために、その物を損傷すること。違法性阻却事由の1つ。
クーリング・オフ	「消費者が、申込みまたは契約締結の後の一定期間、冷静に再考して無条件で契約を解除できる」という民事ルールのこと。通信販売を除き、行使できる期間は8日以内と20日間以内がある。また、クーリング・オフによる解約の通知は、電話による連絡は不可で、書面か電磁的記録によらないと有効にはならない。
組物意匠	同時に使用される2つ以上の物品等を組み合わせた全体として統一性のある意匠。例としてコーヒーカップとソーサーが挙げられる。
契約不適合責任	引き渡された目的物が、種類、品質、数量に関して契約内容に適合しないときに、買主から売主に対し追及できる責任のこと。追及できる内容は①追完請求、②代金減額請求、③損害賠償請求、④契約解除の4つ。
検索の抗弁権	債務者に請求したが弁済を受けられなかったとして、債権者が保証人に請求してきても、執行が容易な主たる債務者の財産からまず弁済を受けることを求める権利のこと。連帯保証人にはこの権利はない。
限定承認	「相続による積極財産の限度においてのみ、被相続人の消極財産を弁済する」ことを留保して、相続の承認をすること。相続人全員で承認を行う必要がある。限定承認は、被相続人が死亡して自己が相続人になったことを知ったときから3か月以内に、家庭裁判所に対して手続をしなければならない。

＊**急迫**　急で緊迫な意味。

用語名	内　容
検認	被相続人の死亡後に遺言書を発見した場合、遺言書の正当性を認めてもらうための手続。通常、家庭裁判所の検認が必要となる。遺言書に封印がしてある場合は、家庭裁判所で相続人またはその代理人の立ち合いの下に開封手続をしなければならない。家庭裁判所外で開封されたり検認の手続を怠った場合でも、遺言書の効力は変わらないが、所定の過料が科せられる。
顕名	代理人が相手方に、本人のために行うのだと示すこと。「顕名」と「代理権の存在」、「代理行為」の3要件があって初めて代理が成立。ただし、商行為の代理の場合は、代理人が顕名をしなくても、原則として代理が成立する。言い換えれば、商法が適用される場面では、「顕名」は不必要となる。
権利部	不動産登記簿のうち、所有権ならびに用益物権など所有権以外の権利が記載された部分。所有権に関する事項は「甲区」、所有権以外の権利に関する事項は「乙区」と呼ばれる。差押えを受けているか否かの確認は、（差押えでは所有権の制限を受けるため）甲区で行う。
牽連関係 （けんれんかんけい）	関連性のことを意味する法律用語。一般的な意味と一緒に覚えること。
更改	債務の要素を変更することによって、新債務を成立させるとともに、旧債務を消滅させる契約。
公開会社	その発行する全部または一部の株式について、「株式会社の承認を得る」などの譲渡制限を設けていない株式会社。会社法上、公開会社には取締役会、監査役（あるいは委員会）と代表取締役の設置が義務付けられている。
公序良俗	「公の秩序、善良なる風俗」の略語。民法は、公序良俗に反する法律行為（契約など）を無効とする旨定めている。（例）麻薬取引、賭け麻雀、殺人委嘱契約など
控訴	第一審の判決に不服がある当事者が、上級の裁判所に再審査を求めること。
合筆 （ごうひつ）	土地の場合、登記の単位は筆（ひつ）といい、数筆の土地を一筆にすることを合筆という。分割の場合は分筆（ぶんぴつ）という。
公表権	著作者人格権の1つ。未公表の著作物を公表するかしないか、公表するとしたら、いつ、どのような方法で公表するかを決定できる権利。
個人識別符号	①特定の個人の身体の一部の特徴を電子計算機のための変換した符合、あるいは②対象者ごとに異なるものとなるように役務の利用、商品の購入または書類に付されている符合のこと。
婚姻費用	婚姻生活を維持していくための費用。生活費・医療費・出産費・子供の養育費などが入る。また、「婚姻費用」は法定財産制の下では配偶者間で分担するものとされている。
混同	債務者が債権者を相続するなど、債権および債務が同一人に帰属すること。その結果、債権は原則として消滅する。

用語名	内　容
サ行	
債権譲渡	債権の同一性を保持したまま、合意（契約）により譲渡人から譲受人に債権を移転させること。債務者の同意は不要で、譲渡人と譲受人の合意（契約）のみで成立する。対抗要件は、①譲渡人から債務者への通知、あるいは②債務者から譲渡人あるいは譲受人への承諾の意思表示である。債権者と債務者の契約に債権譲渡禁止特約があっても、債権譲渡の法的効力は妨げられない。ただし、悪意・重過失の譲受人ほか第三者には、債務者は対抗可能。
催告	相当の期間を定めて相手方に履行を督促・催促すること。債権者が債務者に対し請求書を送付する行為（一般的な請求行為）も「催告」という。
催告の抗弁権	債権者に対して、主たる債務者にまず請求することを求める権利のこと。連帯保証人にはこの権利はない。
債務超過	法人の場合、貸借対照表において、資産の総額よりも負債の総額が上回り、全財産を売却しても債務を完済することのできない財産状態のこと。法人特有の破産原因である。
債務の要素	債務の同一性を決定する重要な客観的部分のこと。
債務名義	強制執行の申立てをするため、根拠付けの正当化に必要な文書。「債務名義」は次の6つがある。①確定判決、②仮執行宣言付判決、③仮執行宣言付支払督促、④強制執行認諾文言付公正証書、⑤和解調書、⑥調停調書。
先取特権	法律で定められた債権を持つ者が、債務者の財産から他の債権者に優先して弁済を受ける権利。先取特権には「一般の先取特権」、「動産の先取特権」、「不動産の先取特権」の3種類がある。
先日付小切手	実際に小切手を振り出す日よりも先（将来）の日付を振出日として記載する小切手。「先日付小切手」にすれば、「実際に小切手を振り出す日には資金の準備ができていなくても、何日か後には資金の準備ができる」場合には有効である。
三六協定 （さぶろくきょうてい）	当該事業場に労働者の過半数以上が加入する労働組合がある場合はその労働組合、労働組合がない場合は労働者の過半数の代表者と、使用者との間で合意した時間外・休日労働に関する労使協定。協定は書面により交付され、所管の労働基準監督署に届けることによって法的に有効となる。労働基準法の第36条に該当規定があることにより、「三六協定」と呼ばれる。
自益権	株主が会社から経済的利益を受けることを目的とする権利。代表的なのは、剰余金配当請求権、残余財産分配請求権と株式買取請求権。
時季変更権	労働者から請求された時季に有給休暇を与えると、事業の正常な運営が妨げられる場合には、使用者は有給休暇の時季を他の時季に変更することを労働者に要請することができる。この事業者の権利を「時季変更権」という。

用語名	内　容
時効	一定の事実状態が一定期間を超えて継続する場合に、その状態が真実の権利状態と一致（整合）するかどうかを問わずに、そのまま権利関係として認める制度。「時効」には、事実状態の継続をもって事実状態どおりの権利が存在するものとする「取得時効」、および権利状態の不行使を根拠に権利が存在しないものとする「消滅時効」の2つがある。
時効の援用	時効の成立により利益を受ける者が、その利益を受ける旨の意思表示をすること。
実体法	権利・義務などの法律関係の内容を定める法律。民法、商法などが該当する。
私的独占	ある事業者が他の事業者の事業活動を排除し、または支配することにより、公共の利益に反して一定の取引分野における競争を実質的に制限すること。独占禁止法では禁止行為にあたる。
支配人	会社の重要な業務執行を担う者で、取締役会などで選任される。支配人を選任・解任した場合は、商業登記簿への登記義務がある。支配人は会社の許可を得なければ、他社の取締役、執行役には就任できない。⇒支配人は包括的な代理権を付与されているため、たとえ解任されていても登記簿上で消滅手続をしていない場合は、善意の第三者に対抗できない。
支払督促	簡易裁判所による督促手続で、金銭の支払請求等について債権者が簡易裁判所の書記官に支払督促の申立てを行い、支払督促を債務者に対して発することを求める手続。⇒支払督促を発するのは、簡易裁判所の裁判官ではなく書記官であることに注意！
事務管理	法律上の義務がないのに、他人のために事務の管理を行うこと。事務管理者には報酬請求権、損害賠償請求権がない。他方、事務管理にあたっては善管注意義務を負う。
指名委員会等設置会社	指名委員会、監査委員会および報酬委員会の3委員会を設置する株式会社。取締役会と会計監査人の設置義務があり、代表取締役でなく代表執行役が置かれる。
氏名表示権	著作者人格権の1つ。著作物を公表するときに、著作者である自分の名前を表示するかしないか、表示するとしたら実名にするか変名、ペンネームにするかを決定できる権利。
就業規則	事業場における労働条件や職場の規律などを画一的かつ明確に定めた規則。使用者が一方的に作成する権限を有している。労働基準法上、常時10人以上の労働者を使用する使用者は、就業規則を作成し、管轄地の労働基準監督署に提出しなければならない。その際、労働者の過半数を有する労働組合の意見を聴取しなければならない。労働協約と内容につき抵触する部分があるときは、労働協約が優先する。⇒労働組合の意見を聴取するだけで足り、同意は不要なことに注意！
出資法による規制	貸金業者が業として金銭消費貸借契約を締結した場合、 （1）出資法の限度である109.5％を超える利息の約定をした場合、当該契約自体が無効となる。 （2）年利率20％を超える高利の貸付契約をしたり、利息を受け取ったりすると、刑事罰が科せられる。

用語名	内　容
商業登記	商号、商人の規模、取引権限を持つ者の氏名など、商人の営業に関する取引上重要な事項を公示して集団的・大量に行われる営業活動の円滑化と安全を確保するため、商業登記簿に行う登記を指す。商業登記簿は登記所（法務局）が有しており、所定の金額を払えば誰でも閲覧・謄写できる。商業登記の効力として、商号譲渡を登記することにより第三者に対抗でき、会社はその本店所在地において設立登記することにより成立する。
条件	将来発生するかどうか不確実な事実に、契約の効力の発生・消滅を絡ませる特約のこと。「停止条件」と「解除条件」がある。
上告	第二審（控訴審）の判決に不服のある当事者が、さらにより上級の裁判所に対して再審査を求めること。 ⇒「上告」は「上訴」の一部で下部概念なので、注意が必要。
使用者責任	被用者が使用者の事業の執行において起こした不法行為について、使用者が負う責任のこと。被害者は加害者である被用者と使用者の双方に対して責任を追及できる。
少数株主権	総株主の議決権の一定割合以上または一定数以上の株式を有する株主が行使できる権利。株主提案権、株主総会招集請求権、会計帳簿閲覧請求権などがある。公開会社では、例えば株主提案権としては総株主の議決権の1％以上か、300個以上の議決権を有することが、少数株主権行使の条件。
上訴	裁判所の判決に不服がある場合、より上級の裁判所に対して再審査を求めること。上訴には「控訴」と「上告」がある。
譲渡担保	「担保のために財産をいったん債権者に譲渡し、債務が返済された場合には返還する」という形式による債権担保の方法。民法では明文化されておらず、非典型担保物権の1つ。譲渡担保の特徴：①裁判所の関与を経ず債権者自ら財産の処分（私的実行）を行える、②諾成契約、不要式契約なので、債権者と債務者の間で譲渡担保契約書を作成することは必須ではない、③必ずしも目的物等の引渡しを成立要件とするものではない、④集合物も譲渡担保の目的物とすることができる。
職務発明	企業の従業者が、企業の業務範囲に属し、企業の設備などを利用して現在または過去の職務として実現した発明。企業にはその発明を実施する権利＝通常実施権が認められる。また、"従業者"には一般の従業員に加え、取締役等の役員も含まれる。
所定労働時間	各事業所で就業規則等に定められている労働者の労働時間の上限。労働基準法で定められた法定労働時間より実態に近いといえる。
初日不算入の原則	期間の計算において、午前0時から始まる場合を除き、初日は原則不算入とする、という民法の原則。
白地手形 （しらじてがた）	手形要件の全部あるいは一部を記入しないまま、後の所持人に空白を補充させる趣旨で振り出した手形。いわば"未完成の手形"。
自力救済の禁止	権利を有する者が自力で権利を行使することを、現代の法律では認めないこと。

用語名	内　容
事理弁識能力	物事の良し悪しを判断できる能力。通常、小学校入学前後（5〜6歳）でその有無が区別される。制限行為能力者はこれを欠く状況にある。また、過失相殺が適用される要件でもある。 ⇒似たような能力制限として「責任能力」があるが、こちらは小学校高学年（11〜12歳）を区別の基準としており、年齢的に高いといえる。
審級制度	裁判所の判決に不服がある場合、より上級の裁判所に対して再審査を求めることができる制度。
進歩性	「当該発明の属する技術分野における通常の知識を有する者が、従来の技術知識に基づいて容易に発明することができない」ことをいう。「産業上の利用可能性」、「新規性」とともに特許3要件の1つ。
心裡留保	表意者が、真意でない（その気でない）ことを自分では知りながら意思表示をすること。民法では、心裡留保による意思表示・契約は原則有効である。
制限行為能力者	意思能力の認められない者やその不十分な者を、一定の年齢や手続によって画一的に定めたもの。民法では未成年者、成年被後見人、被保佐人、被補助人の4つが規定されている。
正当防衛	他人の不法行為に対して、自己または第三者の権利・利益を守るためにやむなく加害行為をすること。違法性阻却事由の1つ。
責任能力	自分のしたことがどのような結果をもたらすかを予想でき、かつ、それを回避するために必要な行動を取ることができる能力のこと。判例では、小学校高学年の年齢（11〜12歳）を下限としており、この年齢より下なら"責任能力なし"となる。
絶対的商行為	商人か否かにかかわらず、誰が行っても常に商行為となるもの。例として、不動産や有価証券の（有償）取引などがある。
窃盗罪	他人の財物を窃取したものに科せられる刑罰。窃盗罪は10年以下の拘禁刑または50万円以下の罰金刑が科せられる。（刑法第235条）
先願主義	最先の出願人に特許権ほか産業財産権を認める考え方のこと。日本では先願主義が採られ、米国では先発明主義が採られている。すなわち、日本では特許を考案した日が他人より早くても特許庁への出願が遅れれば、特許として認められない。この考え方は、特許権のみならず他すべての産業財産権にも及ぶ。
善管注意義務	「善良なる管理者の注意義務」を略したもの。取引行為を行うに際し、当事者に取引通念上一般的に要求される注意義務のこと。
線引小切手	小切手は受取人の名前が記載されておらず、紛失した場合は不正な取得者に支払われてしまう恐れがあるため、小切手の表面に2本の平行線を引くことで作成した小切手。「一般線引」と「特定線引」に分類される。
専用実施権	特許権者に認められた権利の1つで、独占的排他権のこと。第三者に専用実施権を設定し、特許庁に登録した場合、設定契約で定めた専用実施権の範囲において、特許権者といえども特許発明を自ら実施することができなくなる。

用語名	内　容
相殺と相殺適状	2人の者が相手に対して同種の債権を有している場合、その債務を対等額で消滅させること。相殺には「相殺に適している状態」すなわち相殺適状の3要件を充たしていることが必要。3要件とは、①債権が対立していること、②双方の債権が同種の目的の債権であること、③双方の債権が弁済期であること。ただし、③については、片方の債権者が受働債権を放棄すれば、弁済期より前でも相殺可能。
造作買取請求権	賃借人が賃貸人の同意を得て借家に建具などを設置した場合、当事者間に特約がない限り、賃借人は、賃貸借契約終了時に借家に投下した費用を賃貸人に請求し回収することができる。この行使する権利を「造作買取請求権」という。
相続放棄	積極財産・消極財産とも承継を放棄すること。言い換えれば、相続の効果を一切拒否する意思表示のこと。相続人が他の相続人と関係なく単独で行うことができる。ただし、相続手続中に相続放棄をした場合、相続放棄者は最初から相続人にならなかったとみなされる。
相当因果関係	「その行為があれば通常そのような結果が発生したであろう」と一般的に予知できる関係。不法行為成立の要件の1つ。
即時取得	売買などの取引行為により動産を取得した者が、取得の際に相手の所有物であると信じるなど善意・無過失の取得者だった場合に、その動産に関する権利を取得すること。別名、「善意取得」ともいう。 ⇒「即時取得」は動産には認められるが、不動産の場合は、譲渡人に登記どおりの権利がなければ、所有権を取得できない。
訴訟制度	日本の法律では自力救済が禁じられているので、裁判により法律上のトラブル（紛争）を解決する制度。日本では民事訴訟、刑事訴訟、行政訴訟の3種類の訴訟がある。
即決和解	民事上の紛争当事者による紛争の解決に向けた合意を前提に、簡易裁判所の関与の下に和解を行う手続。 ⇒"即決和解"という言葉から、当事者双方のみが直ぐに和解したと誤解されがちであるが、「即決和解」には裁判所という第三者の公的機関が関与するので注意が必要！
損益相殺	被害者が不法行為によって損害を受ける一方で何らかの利益を受けた場合に、その利益額を損害額から差し引いて賠償額を決定すること。生命保険金や傷害保険金、香典・見舞金はすべて「損益相殺」の対象とならない。
タ行	
大会社	①最終事業年度にかかる貸借対照表に資本金として計上した金額が5億円以上、②最終事業年度にかかる貸借対照表に負債として計上した金額が200億円以上——のいずれかに該当する株式会社。大会社は、取締役会設置に加え、会計監査人と（監査役会設置会社の場合）常勤監査役の設置が義務付けられている。
対抗要件	第三者に対して自己の権利を主張するために必要とされている要件。不動産の場合は登記、動産の場合は当該動産の引渡し。
代襲相続	被相続人の子供が先に死亡して孫がいる場合、子に代わって孫が相続すること。

用語名	内　容
代表取締役	取締役が2名以上いる場合、取締役の互選あるいは株主総会の決議によって選任される。取締役会設置会社では、代表取締役の設置が会社法上、義務付けられている。会社としての意思決定は株主総会と取締役会が行い、代表取締役は決定されたことを執行する権限がある。1名とは限らず、2名以上でも可であり、単独で会社を代表することができる。
諾否通知義務 （だくひつうちぎむ）	契約は申込みと承諾の合致があって成立するものであるが、商法では商人が平常取引をしている者から、その営業の部類に属する契約の申込みを受けた場合、遅滞なくその諾否の通知をしなければならない。この義務のことを諾否通知義務という。通知を発しなかったときは、契約の申込みを承諾したものとみなす、と商法では規定されている。
単純承認	被相続人の財産に属する一切の権利義務を承継すること。不動産・動産・預金等の積極財産だけでなく、借金・債務などの消極財産も相続の対象となる。
担保物権	物の利用を目的とするものでなく、債権の担保のための物の価値を把握する物権。具体的には、留置権や質権、抵当権などがある。
地域団体商標	団体の構成員などが使用するものであって、地域経済の活性化を目的に、地域の名称と商品の普通名称または慣用名称のみの組み合わせからなる商標（例：「松坂牛」、「京人形」、「関さば」、「長崎カステラ」。地域産品の保護育成のための、一般的には認められない例外的制度。
忠実義務	取締役が会社法上、負う義務の1つ。法令、定款および株主総会の決議を遵守し、忠実に職務を行う義務。 ⇒「忠実義務」は「善管注意義務」と並んで取締役の2大義務の1つ。
調停	紛争当事者が裁判所に出頭して、話し合いを行う手続のこと。調停が成立すると調停調書が作成される。調停調書は債務名義となり、確定判決と同じ効力がある。
著作財産権	著作物の財産的権利、利益に関する権利であり、狭義の「著作権」はこちらに該当する。著作者人格権と違い、譲渡可能である。複製権・上演権と演奏権・上映権・公衆送信権・頒布権・譲渡権・貸与権・翻案権などがある。
著作者人格権	著作者の一身に専属する著作権。他人にその全部または一部でも譲渡できない（譲渡できるのは著作財産権）。著作者人格権は、①公表権、②氏名表示権、③同一性保持権の3要素からなる。
著作隣接権	著作物そのものの直接の創作者ではなく、著作物を広く公衆に伝達するために重要な役割を果たしている者に認められた権利のこと。実演家、レコード製作者、放送事業者、ケーブルテレビ事業者などが「著作隣接権」を認められている。
賃借権の譲渡・転貸	賃借権を第三者に譲渡・転貸（又貸し）する場合は、賃貸人の承諾を得なければならない。転貸が認められると、賃貸人は転借人に直接賃料を請求できる。
追完請求	契約不適合責任の1つ。追完請求は具体的にはa.目的物の修補、b.代替物の引渡し、c.不足分の引渡しなどが挙げられる。 ⇒「追完」とは**追**って契約を**完**了させるという意味。

用語名	内　容
追及効	債務者が担保に提供した物件を第三者に売却するなどの処分をしても、抵当権は消滅せず、その第三者の所有名義のままで、その物件から競売等の手続により債権回収ができる、という抵当権の法的効果のこと。
停止条件	条件の成就により、効力が発生する条件。 ⇒用語のみを見ると"効力が停止"してしまうように見えるが、逆に"効力が発生"するので注意が必要。
抵当権	債権者がその債権を担保するために、債務者もしくは第三者が占有を移さず自ら使用したままで不動産等を債務の担保に供し、債務者が弁済しない場合には、その目的物を競売にかけ、その代金から優先的に弁済を受ける、という場合の担保物権。 【抵当権の特徴】①効力発生：抵当権設定契約の成立時、②第三者に対する対抗要件：登記、③抵当権は複数設定することが可能、④債権の利息部分も抵当権に含まれる。
手形の不渡り	手形交換所から手形を持ち帰った支払銀行が、手形振出人の当座預金から手形を引き落とそうとした際、残高不足で引き落としができないこと。これが半年間で2回あると、手形振出人は銀行取引停止処分を受け、会社は倒産に至る。
適格消費者団体	不特定多数の消費者の利益のために消費者契約法の差止請求権を行使するにあたり適格性を有する法人であって、内閣総理大臣（消費者庁長官）の認定を受けた団体。差止請求権だけでなく、必要に応じて訴訟を提起することもできる。
手付倍戻し	買主の履行着手前に、売主が買主から受けた解約手付の倍額を買主に提供して売買契約を解除すること。
手続法	実体法の内容を実現するための手続を定める法律。民事訴訟法、刑事訴訟法などが手続法の範疇に入る。
典型契約	民法は売買契約をはじめ13種類の契約を規定している。この13種類の契約を典型契約、あるいは「有名契約」（民法に契約の名前が載っているという意味で）という。代表的な典型契約として売買契約、消費貸借契約、賃貸借契約、請負契約、雇用契約等があり、贈与（契約）も含まれる。実際のビジネスの場面では、契約自由の原則により典型契約以外の契約もある。これは「非典型契約」あるいは「無名契約」といわれる。
同一性保持権	著作権者が自己の意に反して著作物およびその題号の変更、切除その他の改変を受けない権利のこと。著作者人格権を構成する権利の1つで、ほかに「公表権」と「氏名表示権」がある。
当事者自治の原則	外国企業との間でトラブルが生じた際、どこの国の法律に基づいて解決するのかという問題を、準拠法の問題という。「準拠法」の選択・決定は当事者の自由意思に委ねる、というのが当事者自治の原則であり、わが国ではこの原則を採用している。
同時履行の抗弁権	双務契約で双方の履行期が同一である場合、当事者の一方は、自己の債務の履行期が到来しても、相手方がその債務の履行を提供するまで、自己の債務の履行を拒むことができる権利のこと。

用語名	内　容
到達主義	当人の意思表示の通知が相手方に到達したときから契約の効力が生じること。電子商取引において、事業者が契約承諾の電子メールを送信しても、通信設備、サーバー等の不具合により、購入申込者がメールを受信できなかった場合には、契約は不成立となる。
動的意匠	意匠にかかる物品の形状が有する機能によって変化する場合、その変化の前後にわたる形状に関わる意匠のこと。
特定非営利活動法人	NPO法人ともいう。非営利の保健、医療または福祉の増進を図る活動を行うことを主たる目的とする団体であって、特定非営利活動促進法によって設立された法人。特定非営利活動に関わる事業以外によって利益が生じた場合、その利益は特定非営利活動のために使用しなければならない。
特定物	不動産、中古車、美術品のように、当事者が物の個性に着目して取引をする場合の、その物をいう。特定物の引渡しは、その物が存在する場所で行うのが原則。
特別決議	議決権の過半数を有する株主が出席し、出席株主の議決権の3分の2以上の賛成が必要となる、会社の重要な決議。主なものとしては、①自己株式の取得、②定款の変更、③事業譲渡の承認、④監査役の解任、⑤解散などが挙げられる。
特別背任罪	会社法における犯罪類型の1つで、役員など組織運営に重要な役割を果たしている者による背任行為のこと。例えば金融機関において、返済見込みのない相手先に不良貸付を行い、債権回収ができず会社に損害を与えた場合の担当役員に適用される。 ⇒金融機関の従業員でなく、担当役員に適用される点に注意が必要。
匿名加工情報	特定の個人を識別できないように個人情報を加工し、復元不可能にしたものをいう。改正個人情報保護法において、個人情報が入ったビッグデータを一定のルールのもとで自由に利用できるよう法整備が行われた。
特有財産	夫婦の一方が、婚姻前から有する財産、および婚姻中に自己の名前で得た財産をいう。例として、親から贈与を受けたり相続をした財産が「特有財産」にあたる。
土地工作物責任	建物や電柱など土地に付着した工作物の設置や保存に欠陥があり、そのために損害が発生したとき、その工作物の占有者（管理人、賃借人）または所有者が負う損害賠償責任。
ナ行	
名板貸人 （ないたがしにん）	自己の「商号」を使用して営業・事業を行うことを他人に許諾した者。
日常家事債務	婚姻生活を営む上で、食料や洗剤、衣類の購入など、日常生活に必要な家事に関して生じた債務。日常家事債務は、夫婦間で連帯して責任を負うものとされている。
任務懈怠責任 （にんむかいたいせきにん）	取締役がその任務を懈怠（けたい）し、それにより会社に損害を与えた場合に、その取締役が会社に対し負う損害賠償責任のこと。

用語名	内　容
ネガティブ オプション	消費者が商品の申込みをしていないにもかかわらず、事業者が一方的に商品を送付し、消費者からの返品や購入しない旨の通知がない限り、売買契約が成立したとして、代金を請求する販売形態。特商法の規制を受けている。いわゆる"送り付け商法"。
根抵当権 （ねていとうけん）	被担保権について一定の「極度額」を定め、その「極度額」の限度で、一定の範囲に属する不特定の債権を担保する抵当権のこと。不動産上に設定された抵当権。根抵当権を実行するには、被担保債権の元本が確定していることが必要。
ハ行	
背任罪	会社の役職員のように、他人（会社）のために業務を行う者が、自己または第三者の利益を図り、または本人（会社）に損害を加える目的で、その任務に背く行為をすることにより成立する犯罪。
必要費	賃貸借契約において、賃貸目的物の保存に必要な費用のこと。賃借人が必要費を支出した場合、賃貸人は直ちにその全額を賃借人に支払わなければならない。 ⇒必要費と有益費の償還時期の違いに注目。
表見代理	相手方から見ていかにも代理権があるように誤信し、かつそのように誤信することについて正当な理由があるときは、それを信頼した相手方を保護する必要があるために設けられた制度。表見代理に該当する場合は、代理権がなくても代理人と同じように代理効果が有効となる。
表題部	不動産登記簿のうち、土地・建物の物理的現況が記載された部分。
不使用取消審判	指定商品あるいは指定役務が継続して3年以上使用していない登録商標は、不使用として第三者から取消審判の請求により取り消されることがある。これを不使用取消審判という。
附属的商行為	商人が営業のためにする補助的な行為のこと。
物上代位	目的物の売却・賃貸・滅失・損傷により得られた金銭その他の物に対しても担保権の効力が及ぶこと。
不当利得	法律上の原因なく他人の財産・労務により利益を受け、そのために他人に損失を及ぼすこと。不当利得者はその利益を不当利得として返還する義務を負う。返還すべき利益の範囲は、受益者が善意であったか悪意であったかにより異なる。
不当廉売	独禁法で禁じられている「不公正な取引方法」の1つ。正常な価格競争の観点から見て不当に安い価格で商品や役務を提供し、競合事業者の販売活動を困難にさせる行為。
不法原因給付	「不法な原因のために給付をした場合、給付者は給付物の返還を請求することができない」ことを表す法律用語。例として賭け麻雀の賭け金が挙げられる。賭け麻雀は公序良俗に反する行為であるが、不法原因給付にあたるため、賭け金の返還請求はできない。
分筆 （ぶんぴつ）	土地の場合、登記の単位は"筆（ひつ）"といい、一筆の土地を二筆以上に分けることを分筆という。一筆に統合することは合筆（ごうひつ）という。

用語名	内　容
法定労働時間	労働基準法が定める労働時間の上限。休憩時間を除き1日8時間、1週間で40時間までと規定されている。 ⇒各事業所で就業規則等で定められている「所定労働時間」とは違うことに注意！

マ行～ヤ行

用語名	内　容
免除	債権を無償で消滅させる行為のこと。言い換えれば「債権の放棄」であり、債権者の一方的な意思表示で実現。
役員	会社法と会社法施行規則では、取締役、監査役、会計参与、執行役の4つの機関が該当する。 ⇒執行役員は役員ではないことに注意！　あくまで、取締役会から委任された使用人の位置付け。
有益費	賃貸借契約において、賃貸目的物に改良を加えるなど、賃貸目的物の価値を高める費用のこと。賃借人が有益費を支出した場合、賃貸人は賃貸借契約終了時に「賃借人が事実上支出した金額」あるいは「目的物の価格の現在の増加額」のいずれかを支払う。 ⇒必要費と有益費の償還時期の違いに注目
用益物権	所有権が制限される制限物権の1つ。誰かの所有権を何らかの形で制限する物権のうち、使用・収益できる権利に関するものをいう。代表例は、地上権、地役権、永小作権。
要配慮個人情報	基本的な個人に関するデータとは別に、人種、信条、宗教、犯罪歴など、プライバシー度がより高く、管理によりいっそうの配慮が必要な個人情報のこと。要配慮個人情報を個人情報取扱事業者が取得するには本人の同意が必要なことを、個人情報保護法では原則として義務付けしている。また「オプトアウト」の適用外となっている。
予約承継	契約・勤務規則などにおいてあらかじめ定めを置くことで、職務発明について特許を受ける権利を、その発生した時点から原始的に使用者に帰属させる制度、しくみのこと。

ラ行

用語名	内　容
利益供与罪	会社法における犯罪・背信行為の1つで、取締役などの役員や支配人などが、不当な利益を得ようとする株主の権利行使に対し、会社の財産上の利益を提供する犯罪。懲役刑や罰金刑が科せられる。
利息制限法	経済的に弱者の立場にある金銭の借主を保護するために、また貸金業者の暴利を排除するために、利息に制限を設けた法律。約定利率に一定の制限を設けており、上限を超えた利息の部分のみ約定は無効となる。 ⇒過去問では「法定利息を超えた場合、約定自体が無効になる」との設問が多いので、注意が必要。
留置権 （りゅうちけん）	他人の物を占有している者が、その物に関して生じた債権の弁済を受けるまで、その物を留置することにより、債務者の弁済を促す権利。優先的弁済効力はないが、競売権はある。法律で認められた法的担保物権の1つ。
両罰規定	法律違反を犯した役職員に罰則が科されるのみならず、その役職員が所属する企業自身にも罰金などの罰則が課されること。独占禁止法や不正競争防止法などで両罰規定が適用される。

用語名	内　容
連帯保証	保証人が主たる債務者と連帯してその債務を履行することを特に合意した保証。連帯保証の特徴としては、①連帯保証人には催告の抗弁権、検索の抗弁権のいずれもないこと、②連帯保証契約による主たる債務者の関与が必ずしも必要でないこと、が挙げられる。
労働協約	労働組合が、使用者との交渉で合意した労働条件についての取り決め。有効期間は3年で、①労働組合と使用者との合意事項を書面に作成し、②両当事者が署名または記名押印することによってその効力が生じる。就業規則と内容につき抵触する部分があるときは、労働協約が優先する。
労働者派遣事業	自己の雇用する労働者を他人の事業所に派遣して役務対価を得る事業。労働者派遣事業を行う者は厚生労働大臣の許可が必要。また、①港湾運送業務、②建設業務、③警備業務その他政令で定められた業務に関しては、労働者派遣が禁じられている。 ⇒労働者派遣事業は「労働者が他人の指揮命令を受ける」点で、注文主から指揮命令を受けない請負とは区別されるので、注意が必要！
アルファベット	
PL法（製造物責任法）上の"欠陥"	PL法（製造物責任法）上、"欠陥"の範囲には次の3種類がある。①設計上の"欠陥"、②製造上の"欠陥"、③指示・警告上（例として取扱説明書）の"欠陥" ⇒製造物責任法の名前から、②の製造上の"欠陥"のみだと誤解しやすいため、注意が必要！

索引

あ行

アポイントメントセールス……… 137
安全配慮義務………………… 231,313
按分……………………………… 168
委員会設置会社………………… 217
意思能力………………………… 39
意思の不存在…………………… 45
意思無能力者…………………… 39
慰謝料………………… 75,79,313
意匠……………………………… 110
意匠権…………………………… 110
一覧払い………………………… 166
逸失利益…………………… 78,313
一般線引………………………… 167
一般の先取特権………………… 173
一般法…………………………… 26
一方的商行為…………………… 200
移転型の契約…………………… 35
委任……………………………… 70
委任契約………………………… 70
違法性阻却事由…………… 75,313
違法配当罪……………………… 145
違約手付…………………… 36,313
遺留分……………………… 261,313
遺留分損害額請求権…………… 262
印紙の貼付け…………………… 313
請負契約………………………… 68
内金……………………………… 36
裏書……………………………… 164
裏書の連続………………… 164,313
運用供用者……………………… 313
運用供用者責任………………… 313
運用共用者責任………………… 83
営業的商行為…………………… 200
営業秘密…………………… 116,313
営利社団法人…………………… 197
営利法人………………………… 197
役務商標………………………… 113

得べかりし利益………………… 75
黄犬契約………………………… 233
オプトアウト………… 142,143,313

か行

会計監査………………………… 214
会計参与…………… 213,216,314
解雇……………………………… 241
解雇権濫用法理…………… 242,314
改氏……………………………… 314
解除条件…………………… 52,314
改正民法…………………… 184,201
解約手付…………………… 36,314
確定期限………………………… 51
瑕疵ある意思表示……………… 45
貸金業法の規制………………… 314
過失責任主義……………… 22,314
過失相殺…………………… 80,314
瑕疵のある意思表示…………… 314
株式会社………………………… 205
株式譲渡自由の原則…………… 206
株主総会………………………… 208
株主代表訴訟……………… 212,314
株主平等の原則…………… 205,314
仮差押え………………………… 158
仮処分…………………………… 158
仮登記担保………………… 181,315
カルテル………………………… 127
環境型セクハラ………………… 244
監査委員会……………………… 219
監査等委員会設置会社……… 215,219
監査等委員会…………………… 214
監査役……………………… 214,215
監査役会………………………… 215
監査役等………………………… 213
間接有限責任…………………… 206
監督義務者……………………… 81
関連意匠制度…………………… 111

企画業務型裁量労働制……………… 238
期間の定めのない労働契約… 231,314
期限…………………………… 51,315
期限の利益………………………… 51,315
擬制商人…………………………… 200
帰責事由…………………………… 55
偽装請負…………………………… 247
偽造有価証券行使罪……………… 144
起訴前の和解……………………… 186
寄託契約…………………………… 71
機微情報…………………………… 141
基本的商行為……………………… 200
キャッチセールス……… 137,138,315
休日労働…………………………… 237
求償権……………………………… 182
急迫………………………………… 315
共益権…………………… 206,315
競業避止義務………………… 211,315
強行法規………………………… 27
行政訴訟………………………… 28
強制貯蓄の禁止………………… 233
供託…………………………… 155,315
共同不法行為……………………… 84
業務監査…………………………… 214
業務上横領罪………… 144,145,315
共有財産…………………………… 258
虚偽表示…………………… 45,315
寄与分……………………………… 261
緊急避難…………………… 75,315
銀行取引停止処分………………… 165
金銭消費貸借契約………………… 61
金銭賠償の原則…………………… 78
クーリング・オフ……… 136,138,315
組合………………………………… 197
組物意匠…………………………… 315
組物意匠制度……………………… 110
経済的役割………………………… 161
刑事訴訟………………………… 28
刑事法…………………………… 27
契約解除…………………………… 156
契約不適合責任…………… 58,315

懈怠………………………………… 212
検索の抗弁権………………… 183,315
原状回復義務……………………… 66
現存利益…………………………… 87
限定承認…………………… 265,315
検認……………………… 264,316
顕名…………………… 47,201,316
権利部…………………… 100,316
権力能力…………………………… 39
牽連関係……………… 172,201,316
行為能力…………………………… 39
公益法人…………………………… 197
更改……………………… 156,316
公開会社…………………… 206,316
公衆送信権………………………… 104
公序良俗…………………… 50,316
公正証書遺言……………………… 264
控訴……………………… 29,316
合筆……………………… 101,316
公表権…………………… 104,316
公法……………………………… 27
小切手…………………… 160,166
国際裁判管轄……………………… 72
個人識別符号……………… 141,316
個人情報データベース等………… 141
個人情報保護管理員会…………… 143
固有の商人………………………… 200
婚姻……………………………… 256
婚姻費用…………………… 258,316
混同……………………… 156,316

さ行

サービスマーク…………………… 113
債権回収…………………………… 185
債権者平等の原則………………… 168
債権譲渡…………………… 98,317
債権の消滅事由…………………… 154
債権の放棄………………………… 156
催告…………………… 56,158,317
催告の抗弁権………………… 183,317
財産的損害………………………… 75

財団法人………………………… 197
債務承認書……………………… 159
債務超過………………………… 317
債務の要素………………… 156,317
債務不履行責任…………………… 55
債務名義…………………… 186,317
差押え…………………………… 158
詐欺罪…………………………… 144
先取特権…………………… 173,317
先日付小切手…………………… 317
錯誤………………………………… 45
詐術………………………………… 43
三六協定…………………… 237,317
残高確認書……………………… 159
自益権……………………… 206,317
時間外労働……………………… 237
時季変更権………………… 240,317
自己宛小切手…………………… 167
時効………………………… 157,318
時効の援用………………… 157,318
時効の完成猶予…………… 158,159
時効の更新………………… 158,159
自己契約…………………………… 48
持参債務…………………………… 53
自助売却権………………………… 58
自然災害リスク…………………… 20
質権………………………… 169,175
失火責任法………………………… 84
実体法……………………… 27,318
実用新案権……………………… 109
私的独占…………………… 127,318
支配人……………………… 220,318
支払誓約書……………………… 159
支払呈示期間…………………… 164
支払督促…………………… 185,318
自筆証書遺言…………………… 264
私法………………………… 22,27
資本充実・維持の原則………… 206
事務管理…………………… 85,318
指名委員会………………… 217,218
指名委員会等設置会社…214,218,318

氏名表示権……………………… 318
社外監査役……………………… 215
借地借家人………………………… 65
社団法人………………………… 197
週休制の原則…………………… 239
就業規則…………………… 234,318
集合譲渡担保…………………… 181
収賄罪…………………………… 145
出資法による規制……………… 318
受領遅滞…………………………… 57
種類債務…………………………… 54
準委任……………………………… 70
準拠法……………………………… 72
準婚……………………………… 257
商業登記…………………… 202,319
消極財産………………………… 260
消極的損害……………………… 75,78
条件……………………………… 319
商号……………………………… 203
商行為…………………………… 199
上告………………………… 29,319
使用者責任………………… 82,319
商事留置権……………………… 172
少数株主権……………………… 319
上訴………………………… 28,319
譲渡制限会社…………………… 206
譲渡担保…………………… 180,319
商人……………………………… 200
承認……………………………… 159
消費寄託契約……………………… 62
消費者契約法…………………… 129
消費者庁………………………… 129
消費貸借契約……………………… 61
商標……………………………… 113
商品商標………………………… 113
消滅時効………………………… 157
職務著作………………………… 103
職務発明…………………… 107,319
所定労働時間……………… 237,319
初日不算入の原則……………… 319
所有と経営の分離……………… 206

白地手形‥‥‥‥‥‥‥‥‥‥‥ 163,319
自力救済‥‥‥‥‥‥‥‥‥‥‥‥‥ 28
自力救済の禁止‥‥‥‥‥‥‥‥‥ 319
事理弁識能力‥‥‥‥ 41,75,80,320
新規性‥‥‥‥‥‥‥‥‥‥‥‥‥ 106
審級制度‥‥‥‥‥‥‥‥‥‥‥‥ 29
審査級制度‥‥‥‥‥‥‥‥‥‥‥ 320
人的担保‥‥‥‥‥‥‥‥‥‥ 168,182
進歩性‥‥‥‥‥‥‥‥‥‥‥ 107,320
信用取引‥‥‥‥‥‥‥‥‥‥‥‥ 161
心裡留保‥‥‥‥‥‥‥‥‥‥ 45,320
随伴性‥‥‥‥‥‥‥‥‥‥‥‥‥ 174
請求‥‥‥‥‥‥‥‥‥‥‥‥‥‥ 158
制限行為能力者‥‥‥‥‥‥‥ 40,320
制限物権‥‥‥‥‥‥‥‥‥‥‥‥ 25
清算義務‥‥‥‥‥‥‥‥‥‥ 180,181
精神的苦痛‥‥‥‥‥‥‥‥‥‥‥ 79
製造物責任‥‥‥‥‥‥‥‥‥‥‥ 82
製造物責任法‥‥‥‥‥‥‥‥‥‥ 83
正当防衛‥‥‥‥‥‥‥‥‥‥ 75,320
成年被後見人‥‥‥‥‥‥‥‥‥‥ 41
成文法‥‥‥‥‥‥‥‥‥‥‥‥‥ 26
責任能力‥‥‥‥‥‥‥‥‥‥ 75,320
セクハラ‥‥‥‥‥‥‥‥‥‥‥‥ 244
積極財産‥‥‥‥‥‥‥‥‥‥‥‥ 260
積極的公示力‥‥‥‥‥‥‥‥‥‥ 203
積極的損害‥‥‥‥‥‥‥‥‥‥ 75,78
設権証券性‥‥‥‥‥‥‥‥‥‥‥ 160
絶対的記載事項‥‥‥‥‥‥‥‥‥ 162
絶対的商行為‥‥‥‥‥‥‥‥ 200,320
窃盗罪‥‥‥‥‥‥‥‥‥‥‥ 144,320
善意取得‥‥‥‥‥‥‥‥‥‥‥‥ 97
全額払いの原則‥‥‥‥‥‥‥‥‥ 237
先願主義‥‥‥‥‥‥‥‥‥‥ 107,320
善管注意義務‥‥‥ 71,86,211,320
先日付小切手‥‥‥‥‥‥‥‥‥‥ 167
線引小切手‥‥‥‥‥‥‥‥‥ 167,320
専門業務型裁量労働制‥‥‥‥‥‥ 238
専用実施権‥‥‥‥‥‥‥‥‥ 108,320
相殺‥‥‥‥‥‥‥‥‥‥‥‥ 155,321
相殺適状‥‥‥‥‥‥‥‥‥‥ 155,321

造作買取請求権‥‥‥‥‥‥‥ 67,321
創作非容易性‥‥‥‥‥‥‥‥‥‥ 111
相続‥‥‥‥‥‥‥‥‥‥‥‥‥‥ 260
相続放棄‥‥‥‥‥‥‥‥‥‥ 265,321
相当因果関係‥‥‥‥‥‥‥‥ 75,321
双方代理‥‥‥‥‥‥‥‥‥‥‥‥ 48
双務契約‥‥‥‥‥‥‥‥‥‥‥‥ 35
贈賄罪‥‥‥‥‥‥‥‥‥‥‥‥‥ 145
即時取得‥‥‥‥‥‥‥‥‥‥‥‥ 321
即自取得‥‥‥‥‥‥‥‥‥‥‥‥ 97
訴訟制度‥‥‥‥‥‥‥‥‥‥‥‥ 321
訴訟リスク‥‥‥‥‥‥‥‥‥‥‥ 20
即決和解‥‥‥‥‥‥‥‥‥‥ 186,321
損益相殺‥‥‥‥‥‥‥‥‥‥ 79,321
損害賠償請求‥‥‥‥‥‥‥‥‥‥ 59
損害賠償予定の禁止‥‥‥‥‥‥‥ 233

た行

大会社‥‥‥‥‥‥‥‥‥‥‥ 207,321
対価型セクハラ‥‥‥‥‥‥‥‥‥ 244
代金減額請求‥‥‥‥‥‥‥‥‥‥ 59
対抗要件‥‥‥‥‥‥‥‥‥‥ 96,321
待婚期間‥‥‥‥‥‥‥‥‥‥‥‥ 257
第三債務者‥‥‥‥‥‥‥‥‥‥‥ 176
代襲相続‥‥‥‥‥‥‥‥‥‥ 260,322
代表取締役‥‥‥‥‥‥‥‥‥ 213,322
代物弁済‥‥‥‥‥‥‥‥‥‥ 155,181
代理監督者‥‥‥‥‥‥‥‥‥‥‥ 81
諾成契約‥‥‥‥‥‥‥‥ 35,70,178
諾否通知義務‥‥‥‥‥‥‥‥ 37,322
建物買取請求権‥‥‥‥‥‥‥‥‥ 67
談合‥‥‥‥‥‥‥‥‥‥‥‥‥‥ 127
単純承認‥‥‥‥‥‥‥‥‥‥ 265,322
男女雇用機会均等法‥‥‥‥‥‥‥ 243
担保‥‥‥‥‥‥‥‥‥‥‥‥‥‥ 168
担保権‥‥‥‥‥‥‥‥‥‥‥‥‥ 168
担保物権‥‥‥‥‥‥25,101,168,322
地域団体商標‥‥‥‥‥‥‥‥ 114,322
知的財産権‥‥‥‥‥‥‥‥‥‥‥ 25
知的所有権‥‥‥‥‥‥‥‥‥‥‥ 25
忠実義務‥‥‥‥‥‥‥‥‥‥ 211,322

調停‥‥‥‥‥‥‥‥‥‥‥‥‥ 186, 322
調停調書‥‥‥‥‥‥‥‥‥‥‥‥‥ 186
直接払いの原則‥‥‥‥‥‥‥‥‥ 237
著作権人格権‥‥‥‥‥‥‥‥‥‥ 103
著作財産権‥‥‥‥‥‥‥ 103, 104, 322
著作者‥‥‥‥‥‥‥‥‥‥‥‥‥ 103
著作者人格権‥‥‥‥‥‥‥‥ 104, 322
著作隣接権‥‥‥‥‥‥‥‥‥ 104, 322
直系尊属‥‥‥‥‥‥‥‥‥‥‥‥ 261
直系卑属‥‥‥‥‥‥‥‥‥‥‥‥ 261
賃金‥‥‥‥‥‥‥‥‥‥‥‥‥‥ 236
賃借権の譲渡・転貸‥‥‥‥‥‥‥ 322
賃貸型の契約‥‥‥‥‥‥‥‥‥‥ 35
追完可能‥‥‥‥‥‥‥‥‥‥‥‥ 57
追完請求‥‥‥‥‥‥‥‥‥‥ 58, 323
追完不能‥‥‥‥‥‥‥‥‥‥‥‥ 57
追及効‥‥‥‥‥‥‥‥‥‥‥ 169, 323
通貨払いの原則‥‥‥‥‥‥‥‥‥ 237
通常実施権‥‥‥‥‥‥‥‥‥‥‥ 108
通常損害‥‥‥‥‥‥‥‥‥‥‥‥ 78
定期日払いの原則‥‥‥‥‥‥‥‥ 237
定時株主総会‥‥‥‥‥‥‥‥‥‥ 209
停止条件‥‥‥‥‥‥‥‥‥‥ 52, 323
抵当権‥‥‥‥‥‥‥‥‥‥‥ 177, 323
手形‥‥‥‥‥‥‥‥‥‥‥‥ 160, 162
手形の不渡り‥‥‥‥‥‥‥‥ 164, 323
手形割引‥‥‥‥‥‥‥‥‥‥‥‥ 164
適格消費者団体‥‥‥‥‥‥‥ 130, 323
適格消費者団体制度‥‥‥‥‥‥‥ 130
手付‥‥‥‥‥‥‥‥‥‥‥‥‥‥ 36
手付金‥‥‥‥‥‥‥‥‥‥‥‥‥ 36
手付倍返し‥‥‥‥‥‥‥‥‥‥‥ 36
手付倍戻し‥‥‥‥‥‥‥‥‥‥‥ 323
手続法‥‥‥‥‥‥‥‥‥‥‥ 27, 323
典型契約‥‥‥‥‥‥‥‥‥‥ 35, 323
典型担保物権‥‥‥‥‥‥‥‥‥‥ 169
填補賠償‥‥‥‥‥‥‥‥‥‥‥‥ 56
同一性保持権‥‥‥‥‥‥‥‥‥‥ 323
登記‥‥‥‥‥‥‥‥‥‥‥‥‥‥ 65
投機リスク‥‥‥‥‥‥‥‥‥‥‥ 20
動産の先取特権‥‥‥‥‥‥‥‥‥ 173

当事者自治の原則‥‥‥‥‥‥‥‥ 323
同時進行の抗弁権‥‥‥‥‥‥‥‥ 56
同時履行の抗弁権‥‥‥‥‥‥‥‥ 323
到達主義‥‥‥‥‥‥‥‥‥‥ 37, 324
動的意匠‥‥‥‥‥‥‥‥‥‥‥‥ 324
動的意匠制度‥‥‥‥‥‥‥‥‥‥ 111
独占禁止法‥‥‥‥‥‥‥‥‥‥‥ 126
特定債務‥‥‥‥‥‥‥‥‥‥‥‥ 54
特定線引‥‥‥‥‥‥‥‥‥‥‥‥ 167
特定非営利活動法人‥‥‥‥‥ 197, 324
特定物‥‥‥‥‥‥‥‥‥‥‥ 54, 324
特別決議‥‥‥‥‥‥‥‥‥‥ 214, 324
特別損害‥‥‥‥‥‥‥‥‥‥‥‥ 78
特別背任罪‥‥‥‥‥‥‥‥‥ 145, 324
特別法‥‥‥‥‥‥‥‥‥‥‥‥‥ 26
匿名加工情報‥‥‥‥‥‥‥‥ 142, 324
匿名組合‥‥‥‥‥‥‥‥‥‥‥‥ 197
特有財産‥‥‥‥‥‥‥‥‥‥ 258, 324
土地工作物責任‥‥‥‥‥‥‥ 82, 324
特許権‥‥‥‥‥‥‥‥‥‥‥‥‥ 106
取締役‥‥‥‥‥‥‥‥‥‥‥ 208, 210
取締役会‥‥‥‥‥‥‥‥‥‥‥‥ 210
取締役会設置会社‥‥‥‥‥‥‥‥ 210
取立債務‥‥‥‥‥‥‥‥‥‥‥‥ 53
トレードシークレット‥‥‥‥‥‥ 116
トレードマーク‥‥‥‥‥‥‥‥‥ 113

な行

内縁関係‥‥‥‥‥‥‥‥‥‥‥‥ 256
名板貸人‥‥‥‥‥‥‥‥‥‥ 204, 324
日常家事債務‥‥‥‥‥‥‥‥ 259, 324
任意的記載事項‥‥‥‥‥‥‥‥‥ 163
任意法規‥‥‥‥‥‥‥‥‥‥‥‥ 27
任務懈怠責任‥‥‥‥‥‥‥‥ 212, 324
ネガティブオプション‥‥‥‥‥‥ 325
根抵当権‥‥‥‥‥‥‥‥ 177, 179, 325
年次有給休暇‥‥‥‥‥‥‥‥‥‥ 240

は行

配偶者居住権‥‥‥‥‥‥‥‥‥‥ 262
背任罪‥‥‥‥‥‥‥‥‥‥‥ 144, 325

パワーハラスメント……………………… 245
頒布権………………………………………… 104
非公開会社………………………………… 206
非財産的損害…………………………… 75,79
必要的記載事項…………………………… 162
必要費…………………………………… 66,325
非典型契約………………………………… 35
非典型担保………………………………… 180
非典型担保物権…………………………… 169
被保佐人……………………………………… 42
被補助人……………………………………… 42
秘密証書遺言……………………………… 264
表見支配人………………………………… 221
表見代表取締役…………………………… 214
表見代理………………………………… 48,325
費用償還請求権…………………………… 66
表題部…………………………………… 100,325
引渡し………………………………………… 65
日雇い派遣………………………………… 247
夫婦別産制………………………………… 258
不確定期限………………………………… 51
不完全履行…………………………… 55,57
復氏……………………………………… 257,314
附従性………………………………………… 172
不使用取消審判…………………… 115,325
不正競争防止法…………………………… 204
附属的商行為…………………………… 200,325
物上代位………………………… 170,178,325
物上保証人………………………………… 177
物的担保…………………………………… 168
物的担保の有する性質………………… 179
不当原因給付……………………………… 325
不動産登記簿……………………………… 100
不動産の先取特権………………………… 173
不当な取引制限…………………………… 127
不当利得………………………………… 86,325
不当廉売………………………………… 128,325
不当労働行為……………………………… 233
不特定債務………………………………… 54
部分意匠制度……………………………… 110
不文法………………………………………… 26

不法原因給付…………………………… 87,325
不法行為……………………………………… 74
分筆……………………………………… 177,325
弁済…………………………………………… 155
包括承認…………………………………… 265
報酬委員会………………………………… 219
法人著作…………………………………… 103
法人番号…………………………………… 204
法定担保物権……………………………… 169
法定遺言事項……………………………… 264
法定労働時間…………………………… 237,326
法務リスク………………………………… 20
法律行為の取消し………………………… 156
補充権……………………………………… 163
保証………………………………………… 182
補助的商行為……………………………… 200
翻案権……………………………………… 104

ま行

マイナンバー法…………………………… 143
前借金相殺の禁止………………………… 233
マタニティハラスメント……………… 244
みなし労働時間制………………………… 238
民事訴訟……………………………………… 29
民事訴訟手続……………………………… 185
民事法………………………………………… 27
民事留置権………………………………… 172
無因証券性………………………………… 161
無益的記載事項…………………………… 163
無権代理……………………………………… 48
無名契約……………………………………… 35
名義借受人………………………………… 204
名誉・信用の毀損…………………… 75,79
免除………………………………………… 156,326
最密接地関係法…………………………… 72
文言証券性………………………………… 161

や行

役員……………………………………… 216,326
約定担保物権……………………………… 169
遺言………………………………………… 263

遺言者‥‥‥‥‥‥‥‥‥‥‥‥ 265
有益的記載事項‥‥‥‥‥‥‥‥ 163
有益費‥‥‥‥‥‥‥‥‥‥ 66,326
有害的記載事項‥‥‥‥‥‥‥‥ 163
有価証券‥‥‥‥‥‥‥‥‥‥‥ 160
有価証券偽造罪‥‥‥‥‥‥‥‥ 144
有期労働契約‥‥‥‥‥‥‥‥‥ 231
有限責任事業組合‥‥‥‥‥‥‥ 198
有償契約‥‥‥‥‥‥‥‥‥‥‥ 35
優先弁済権‥‥‥‥‥‥‥‥‥‥ 169
優先弁済的効力‥‥‥‥‥‥ 169,172
有名契約‥‥‥‥‥‥‥‥‥‥‥ 35
用益物権‥‥‥‥‥‥‥ 25,101,326
要式証券性‥‥‥‥‥‥‥‥‥‥ 161
要配慮個人情報‥‥‥‥‥‥ 141,326
要物契約‥‥‥‥‥‥‥‥‥‥‥ 176
予告なしの即時解雇‥‥‥‥‥‥ 241
予約承継‥‥‥‥‥‥‥‥‥ 107,326

ら行

利益供与罪‥‥‥‥‥‥‥‥ 145,326
利益相反取引の制限‥‥‥‥‥‥ 211
履行遅滞‥‥‥‥‥‥‥‥‥‥‥ 55
履行不能‥‥‥‥‥‥‥‥‥‥ 55,56
リスク‥‥‥‥‥‥‥‥‥‥‥‥ 21
リスクマネジメント‥‥‥‥‥‥ 20
利息制限法‥‥‥‥‥‥‥‥‥‥ 326
流質‥‥‥‥‥‥‥‥‥‥‥‥‥ 175
留置‥‥‥‥‥‥‥‥‥‥‥‥‥ 171
留置権‥‥‥‥‥‥ 169,171,172,326

留置的効力‥‥‥‥‥‥‥‥‥‥ 169
両罰規定‥‥‥‥‥‥‥ 117,128,326
例外事由‥‥‥‥‥‥‥‥‥‥‥ 75
連帯債務‥‥‥‥‥‥‥‥‥‥‥ 183
連帯保証‥‥‥‥‥‥‥‥‥ 183,327
労働基準監督署‥‥‥‥‥‥‥‥ 230
労働基準法‥‥‥‥‥‥‥‥‥‥ 230
労働者供給事業‥‥‥‥‥‥‥‥ 246
労働協約‥‥‥‥‥‥‥‥‥ 235,327
労働契約‥‥‥‥‥‥‥‥‥‥‥ 231
労働契約法‥‥‥‥‥‥‥‥ 230,231
労働時間‥‥‥‥‥‥‥‥‥‥‥ 237
労働施策総合推進法‥‥‥‥‥‥ 245
労働者派遣事業‥‥‥‥‥‥ 246,327
労働者派遣法‥‥‥‥‥‥‥‥‥ 246
労務型の契約‥‥‥‥‥‥‥‥‥ 35

わ行

割増賃金‥‥‥‥‥‥‥‥‥ 237,238

数字

1株1議決権の原則‥‥‥‥‥‥‥ 209

アルファベット

CSR ‥‥‥‥‥‥‥‥‥‥‥‥ 21
NPO法人 ‥‥‥‥‥‥‥‥‥‥ 197
PL ‥‥‥‥‥‥‥‥‥‥‥‥‥ 83
PL法(製造物責任法)上の"欠陥"‥ 327

●飯田　善明（いいだ　よしあき）

1953年生まれ。ビジネス実務法務検定2級、知的財産管理技能士2級、ビジネス著作権検定上級、認定コンプライアンス・オフィサー、リテールマーケティング試験（旧販売士試験）1級販売士、日本販売士協会・登録講師。
1976年東京大学経済学部卒業。
大手総合商社で37年間勤務。その間、ジャスダック上場の子会社に内部監査室長として出向。帰任後、本社監査部内部統制監査室に勤務。

【イラスト】
・キタ大介
【校閲】
・齋藤　彰

これ1冊で最短合格
ビジネス実務法務検定試験®3級
（本書専用CBT/IBT付き！）
要点解説テキスト&問題集

発行日	2024年　2月24日	第1版第1刷
	2024年　6月18日	第1版第2刷

著　者	飯田　善明

発行者	斉藤　和邦
発行所	株式会社 秀和システム
	〒135-0016
	東京都江東区東陽2-4-2　新宮ビル2F
	Tel 03-6264-3105（販売）Fax 03-6264-3094
印刷所	三松堂印刷株式会社　　　　Printed in Japan

ISBN978-4-7980-7159-6 C2032